我心中的歌

—現代文學星空

許 俊 雅 著

現代文學研究叢刊
文史哲出版社印行

我心中的歌

—— 現代文學星空

目　次

文學與創意（代序）

許 俊 雅

這世界是豐富的，超越地球的豐富，沒有找到的、不確定的，永遠是充滿想像的空間，永遠是讓人無限的憧憬。文學創作也是這樣，一旦新的創造形式與題材被使用過，就成為不足為奇、平淡的，甚至缺少深刻意義的。

這幾年我感受到人類的想像力與創造力，隨著文明的進步，資訊的發達，影像世界無所不在的侵吞霸占，我們的想像與思考正逐漸在流失之中。獨創、原創的獲取，與人類無拘無束的想像有著密切的關係。高科技、高工業，事物精細到無以倫比，可以看到的地方，任何事物都可以確定，使得想像力日益萎縮。這應該也是二十世紀末的作家、藝術家開始脫離寫實、模擬現實的主流風格，希望尋找新的風格，企圖回到想像的世界，因為人類本不是單純的生物，人類也不是電腦，當一切被電腦控制以後，只有一個東西可以脫離電腦，那就是創造力很主要的根源 — 想像力。電腦只能代替我們的記憶力，但代替不了我們的思考和想像，它挾持不了無法無天的想像力。

傳統教育總是希望人人謹守規範，行為中規中矩，以便於統治或管教，但是進入自由民主的時代，愈是在某一方面特殊有創造力的人，他們的想法、行為經常不同於一般人，可惜大多數人對這少數的特殊行為，不一定能包容，因為尊重每一個體的想法、做法，在我們的社會，還不被普遍實施，我們在生活中，仍是不知不覺扮演著指導的角色。因爲不夠充分自由，人的創造力無形中被壓抑、被限制，這樣的現象，不僅導致社會創造力的退化，也導致某些獨特的人，其人生不舒暢，生命本身不快樂。

現時的教育、社會雖比過往開放、多元化，但是長期的觀念要一下子改變也並非易事，廖玉蕙在〈我從小喜歡種樹〉這篇文章說及，我們的教育根本上是否產生很大的問題，我們教導孩子說真話、要誠實，可是在藝術、創作上卻一再要他們說謊，揣摩上意，說些言不由衷的話。這篇文章說出青少年爲文時缺乏獨立思考，人云亦云、千篇一律的情況。台灣的作文班或作文教學，有很大成分是扼殺小孩文學想像與創造力的最大溫床。大人透過經驗知識法則教導孩子，久之，孩子也習慣了以刻板單一印象去認識世界上的事物。修伯里的《小王子》，書一開頭的繪圖「蛇吞象」，成人以知識的經驗視之爲一頂帽子，當然它也不一定是莽蛇吞大象，各種不同的想法都可能。作者真正想表達的是一種重想像而輕知識的思考。想像力是天生具有，後天教育常使想像力枯萎，我們需要的是趕緊去澆水，使它活過來，只要我們願意去澆水，在我們腦中想像的種子就可以發芽成長。

葉綠娜曾寫過一篇散文〈我心中的山〉，據悉是《聯合文學》邀請在各行業表現傑出者，回憶他們一生中所遇到的最大挫折。葉綠娜在這篇散文裡並不是寫她在學鋼琴上的困境，而是回憶小學五年級上美術課時的某次經驗，她依照她心中的想法去畫畫，老師卻認爲她亂畫一通，要她參考課本上漂亮花兒的素描來畫。文章最後說：「從此，一直到今天，似乎，我只敢做給人看他們愛看的漂亮花兒素描。不論在真實人生，或甚至在舞台上，我怎樣都提不起勇氣，也沒有『能力』讓大家看，告訴大家，其實，那兩座蒙在白霧後面的『黑山』，才是我心中真正的強烈感受，……真正想捕捉的影像呢！」做爲一位演奏家，她必須重新詮釋曲子，賦予曲子新的生命。但她不敢貿然將之發揮出來，因內心總不免顧慮到別人的想法，考慮聽眾喜愛與否？這壓力形成她邁向更大成就時的絆腳石。從這樁「美術事件」，我們可以看到成人不自覺的錯誤指引，對有潛力、有創意的孩子，是件相當殘忍的打擊。

三毛的〈拾荒夢〉提到小時候作文課，寫「我的志願」，當她寫著：「我有一天長大了，希望做一個拾破爛的人，因爲這種職業，不但可以呼吸新鮮的空氣，同時又可以大街小巷的遊走玩耍，一面工作一面遊戲，自由快樂得如同天上的飛鳥。更重要的是，人們常常不知不覺的將許多還可以利用的好東西當作垃圾丟掉，拾破爛的人最愉快的時刻就是將這些蒙塵的好東西再度發掘出來，這……」，結果老師丟過來一隻黑板擦，驚天動地亂罵一番，並處罰她重寫，她又寫到：「希望做一個夏天賣冰棒，冬天賣烤紅薯的街頭小販，因爲這種職業不但可以呼吸新鮮空氣，又可以大街小巷的遊走玩耍，更重要的是，一面做生意，一面可以順便看看，沿街的垃圾箱裡，有沒有被人丟棄的好東西，這……」，這次又被老師劃了大紅叉，丟下來重寫。她只好胡亂寫著：「我長大要做醫生，拯救天下萬民……。」老師才終於滿意。三毛一生幾乎就是一面工作一面遊戲，生活中喜歡拾荒，那是她絕大的生活快樂。她深刻理解拾荒的趣味及吸引人，就在於它永遠是一份未知，在下一分鐘裡，能拾到的是甚麼好東西誰也不知道，它是一個沒有終止，沒有答案，也不會有結局的謎。

作文、美術課應該都是一種創作的課程，與創意、創造有很密切的關係，我不知道這情況究竟改善了多少？但在 1996 年大學推甄作文時，這樣的窘態仍然畢現。

某天我聽了唐翼明先生談韓少功《馬橋詞典》，很是精彩，對作者以別開生面的詞典手法敘述發生在馬橋小鎮的故事，其創意令人讚嘆，而最吸引我的倒不如說是透過語言文字所讀到的作者深刻精湛的思想。「創新」是純文學最可貴的特質，它獨一無二，不模仿別人，不受別人影響，有時一點點的影響都會遭到批評，這是最高的獨創性、絕對的創意。意識流小說的出現打破過去以情節為中心的敘述手法，而以人物的思維為主，這在小說上是很大突破的創意；後設小說切斷過去閱讀小說產生的移情作用，重新思考什麼是小說，也是創作手法上很大的突破，就文學的敘述手法來看，正是無窮無盡的形式等待開發。未曾找到的形式，總是永遠讓人充滿憧憬和想像力，如同文明古城的遺址沒被發現以前，讓人不斷幻想、尋覓，世界之美是在猶未出現的期待想望之中。幾年前，我看到卡爾維諾《看不見的城市》，對它的創作形式有很大的震驚，它叛逆了傳統小說故事、人物、情節的敘述，顛覆以情節為中心的閱讀習慣。整本書像活頁的書可以前後抽換，它的結構、排列順序本身也是可以倒置的，它介於小說、散文，甚至帶有點詩意的中間文類，這新奇的寫法，讓人有一新的啓示，原來小說也是可以這樣寫。然而此書之可貴並不全在於寫法的新奇，而是文學性中貫穿作者的哲學觀、文化觀。城市是文明的化身，而文明是人的慾望來推動的。忽必烈汗以游牧民族的軍事力量征服世界，馬可波羅是商人，一個新時代的游牧民族。城市雖是定點，但基本精神是游牧的，所有的城市將會變成廢墟再重建，永遠在變化之中。元帝國在很短時間內橫掃歐亞非，建立強大無以倫比的大帝國，這是人類慾望權力最極端的代表，然而這麼大的疆域還來不及一步步地走過，就迅速腐敗，腐敗的速度比它建立的速度還快。元帝國的快速膨脹，像極後來資本主義興起之後，整個人類似乎希望我們回到文明的急速膨脹。卡爾維諾藉著人類史上最強悍的民族，同時在最短時間內腐敗的民族，諷喻了人類的現代文明。同時因看不見，整本書每一則都展現他的想像力，而深刻的思想內涵，多重的主題更是可以讓人不斷咀嚼的。過去在存在主義時期，小說作者強調人自身存在的困惑，但閱讀此書讓人理解到作者另一創意是，跳出人的角度看人，不從生命挫折的本身來看人的困惑，而是跳出生命的挫折，用更巨大的、宏觀的眼睛來看人類文化的發展，探討人的心靈。

不久我又看到西西的《哀悼乳房》，也是一種多文類的綜合小說體，他像一本醫學常識（醫治惡性腫瘤）介紹的小冊子，結構上也是同樣有很大的隨機性，可以跳躍自行組合，也可以從頭看到尾，多重角度閱讀，同樣是一本具有創意的作品。這樣的創新形式輔以豐富的內涵，宛如猛虎添翼，令人嘆服。

然而我個人認爲文學的創新、創意，倒也非形式、內容都得一新耳目不可，何況所謂的獨創性，就其結構、精神、內涵上也常可在過往文學史中找到，有時獨創性是在於如何將舊有類型的精華整合在一起，如何組合這些元素成爲聖代冰淇淋。有時舊瓶新裝的小說，也同樣展現作者的創意，李喬《新白蛇傳》、朱西甯《破曉時分》不都是如此？有時氣勢的磅礡，寫人面臨生死存亡之際的逃亡與恐懼，或生命的淋漓酣暢，也是一種創意，李喬《寒夜三部曲・孤燈》用了極大篇幅寫異域絕境中的逃亡，堅毅尋找生路的情景，在一片叢林中，白天拖著皮包骨的兩腿蹣跚地往北海岸移動，晚上不約而同地面朝北方靜坐，默默朝向故鄉台灣的方向。司馬中原的《荒原》寫大火燎原之後，似乎荒原上所有的生機都盡失了，然而肆虐後的復甦卻是爭先恐後出現了，體現了民間強大堅韌，可久可大的生命力。在一片灰燼的土地上，來春時一百多種的植物不約而同抽芽生長。這一種純史詩式的境界，也是作者的獨創力表現。

我還是固執認定：要讓思想活潑，需多讀文學作品。有跳躍性思考的人，才能聯想，才能寫詩，我們的生活應該偶而要有跳躍性的思考，我們才不會變成一個呆板的人。今天我們的生活空間、心理空間都塞的太飽和了，如何化實爲虛，讓自己想像力飛揚，凸顯創意，成了很重要的一件事，也是困境中得以逆勢操作，反敗爲勝的關鍵。這時代正日新月異地飛速發展，資訊、商品、消費、電子、網路、數位等語詞成了關鍵詞，無數的誘惑與刺激，如走馬燈似地出現在我們的面前。我衷心期待著「文學」成爲我們生命的伙伴，「文學」成爲這時代的關鍵詞。

附記：超過十年的時間，在繁重的學術研究壓力下，仍然撥出一大半時間從事中學教材的編寫，心裡頭總是覺得這是學以致用，走進社會，走入人群的方式之一，多希望透過編撰的語文讀本，能讓讀者走進來，就彷彿走進一個純真自足的世界，走進一個屬於我們的生命可安頓的園地，可以使人感受到一種光從遠遠的地方透視過來照耀著人群，感受到心靈與心靈之間的相互溫慰，通過感性的、感情的交流，將心靈中美好的因素、崇高的因素躍動起來，建立一種對生活的美好信心，及對生活的獨立思考。編寫之際，也深深體會到，閱讀文學作品除了是一種愉快的人生經驗與豐富的生命啓示外，學習如何挖掘出被表面故事內容所遮蔽的文學本身的意義也是很必要的。所謂文學本身的意義，也就是要追尋文學作品是如何形成的？作家是如何把一個故事敘述出來，這涉及一系列敘事角度、人稱、語言等概念，而不僅僅關心故事的表面內容，因此特別費心於作品的賞讀。而今年適値休假，我靜看過去所留下的片鱗鴻爪，覺得一個工作超過十年是該換跑道的時候，因此把過去編寫的教材重新修訂整理，爲所耗去的十年青春做個總結，未來將期許自己迎向臺灣文學典籍的校釋及今注今譯工作上，雖然體力日衰，每完成一件要事，幾乎都是拿身體某一器官交換所得，但在這條自己選擇的道路上，我心中的歌仍將繼續唱下去。

二〇〇五年七月廿五日於蘆洲

新 詩 卷

一、徐志摩〈再別康橋〉

本　文

輕輕的我走了，
　　正如我輕輕的來；
我輕輕的招手，
　　作別西天的雲彩。

那河畔的金柳，
　　是夕陽中的新娘；
波光裡的艷影，
　　在我的心頭盪漾。

軟泥上的青荇，
　　油油的在水底招搖；
在康河的柔波裡，
　　我甘心做一條水草！

那榆蔭下的一潭，
　　不是清泉，是天上虹
揉碎在浮藻間，

沉澱著彩虹似的夢。

尋夢？撐一支長篙，
向青草更青處漫溯；
滿載一船星輝，
在星輝斑斕裡放歌。

但我不能放歌，
悄悄是別離的笙簫；
夏蟲也為我沉默，
沉默是今晚的康橋！

悄悄的我走了，
正如我悄悄的來；
揮一揮衣袖，
不帶走一片雲彩。

題　解

本文選自《徐志摩詩選》。康橋（Cambridge），又譯爲劍橋，在倫敦北面八十公里左右，瀕臨康河（劍橋），風景優美，以康橋大學（劍橋大學）而馳名於世。作者於於民國十年春至十一年八月，曾在康橋大學研讀，他深爲康橋的生活所陶醉，爲康橋的景色所癡迷。他說：「那些清晨、那些黃昏，我一個人發癡似的在康橋！」「大自然的優美，寧靜、調諧，在這星光與波光的默契中不期然地湮入了你的靈魂。」、「在康河邊上過一個黃昏是一服靈魂的補劑。」

由於他對康橋有深厚的感情，因此在民國十一年八月回國之前寫了〈康橋再會罷〉一詩後，後又寫了〈我所知道的康橋〉一文，表現對康橋的眷戀。民國十七年六月，他再度造訪康橋，舊地重遊，在歸國海輪上，他寫下了此詩（刊於《新月》第一卷第十號），篇題〈再別康橋〉，即再度向康橋告別之意。

本詩以輕放瀟灑的筆致，描寫康橋黃昏的豔麗景色，寓情於景，抒發了輕煙似的離愁別緒，表達了對康橋無限眷戀之情。全詩意境幽美，情真意摯，節奏又和諧，如一曲悅耳的音樂，迴旋動聽，是新詩中罕見的佳構，也是徐志摩的代表作。

作　者

徐志摩，原名章垿（音ㄒㄩˋ），字又申，浙江海寧縣人。生於清德宗光緒二十二年（西元一八九六年），民國二十年十一月，由上海搭機飛往北平，途經山東濟南上空，遇著大霧，飛機觸山墜毀，志摩遇難身亡，時年僅三十六歲。

志摩曾先後就讀於上海浸信會學院（滬江大學前身），北洋大學和北京大學。民國七年夏天，赴美國馬薩諸塞州的克拉克大學歷史系，又進紐約哥倫比亞大學經濟系攻碩士學位。民國九年赴英國，入劍橋大學研究政治經濟，十年開始寫新詩，努力於詩歌創作。十一年冬回國，歷任北京、清華、中央等大學教授。曾和聞一多在《北京晨報》刊行《詩鐫》，並與胡適、梁實秋、聞一多、朱自清等於上海組織新文學團體—「新月社」，創辦《新月雜誌》，倡導自由主義文藝。「新月社」的作家講究新詩形式的整齊和詞藻的華美，被稱爲「新月派」。徐志摩是「新月派」的代表詩人，創作思想受英國羅素，印度泰戈爾的影響，謳歌人生和大自然。

志摩具備中國古典文學的素養，又兼融西洋文學的長處，所作新詩，形式整齊、音節和諧、意境優美、詞藻華麗，具有很高的藝術性。所做散文則晶瑩蘊藉、詞采絢爛、富於情趣。在中國現代文學發展上，是位才華洋溢、風格獨特、充滿濃厚浪漫色彩的大家。

民國七十六年楊牧編校《徐志摩詩選》，所撰導論，對一代詩人有極深入而公允的評斷，特摘錄三小段：

> 「徐志摩所最致力的詩藝，質言之，乃英國十八世紀末年以降的主流，澎湃地通過浪漫時期和維多利亞時期的詩人，而止於他留英前後的詩壇時尚。在這一百多年風氣雲湧的英詩世界裡，對徐志摩影響最大的是華滋華斯（William Wordsworth）。幾乎志摩所有詩作的形式，我們都可以在華滋華斯的集子裡找到……」
>
> 「我們以比較文學的好奇心觀察他那十年詩作，覺得他左右逢源，上下其手，文字的力量在他的布置驅遣裡，確實已經發揮到時代所允許的最充分的地步。」
>
> 「他的浪漫精神是真實的，無可動搖的。他關懷社會現狀，往往熱中處理痛苦不安的主題……我們若以徐志摩只是一個情詩夢幻能手，則我們錯會了他正面的浪漫精神，誤解了他維多利亞風度的人生介入……」

至於其婚姻、愛情生活，頗爲眾人關注。志摩爲人本浪漫多情，追求情愛之自由、自主。但二十一歲時，在父母的安排下，與張幼儀女士（十六歲）結婚。對於這段「父母之命，媒妁之言」的婚姻，他可能很不滿意。所以婚後便往天津、北平遊學，三年後便出了國。他到了康橋大學後，更親自送其妻張幼儀赴德國柏林求學。後來因追求英國求學的林徽因，於民國十一年三月徵得張幼儀的同意，辦理離婚手續。但林徽因早已名花有主，使其原望落了空。回國後結識王賡將軍夫人陸小曼，彼此一見傾心，雙雙墜入愛河。由於陸小曼是有夫之婦，徐志摩又是離過婚的，他們的戀情，受到社會甚猛烈批評，但最後兩個人還是結婚了。可惜這段婚姻只維持了五年，徐志摩即因飛機失事喪生。陸小曼亦於數年後再嫁。兩人在戀愛間的往來書信輯成《愛眉小札》。

志摩著作有詩集《志摩的詩》、《翡冷翠的一夜》、《猛虎集》、《雲遊》，散文集《落葉》、《自剖》、《巴黎的鱗爪》，小說集《輪盤》等，還有譯著多種。總計兩百多萬字，作品現輯為《徐志摩全集》。

賞讀

本詩通過對康橋景物的眷戀，抒發作者再別康橋時的不捨之情，是一首極講求韻律的新詩。

全詩共七節，每節四行，每節句子排列整齊。節與節之間，環環相扣，層層相因，首尾銜接，具有回環往復之美。詩由敘事開始（第一節）而帶入寫景（第二、第三節的前兩句），由寫景而引起抒情（第二、第三節的後兩句），再由抒情而引起回憶（第四、五節），然後由回憶返回現實（第六節），最後再用敘事（第七節）回應第一節作結。

第一節一開頭，詩人就說他是「輕輕的來」，而且馬上要「輕輕的走」，他用「輕輕的」作為告別，是有不願驚動（康橋）的心境，表達了纏綿沉鬱之後無可奈何的瀟灑之情，可說是口頭瀟灑，心中卻依依不捨。「黯然銷魂者，唯別而已矣」，何況康橋景色如此迷人！

第二節詩人寫他看到河畔的金柳，看到夕陽下的波光瀲艷，心中不能平靜，心頭爲之「蕩漾」。因此到第三節，他不禁從心中迸發出甘願做一條水草，流露了對康橋景色的無限依戀和陶醉的感情。

接著，第四節寫詩人撐舟上溯，到了拜倫潭，在那裡，他泛舟漫遊，流連忘返，勾起無窮的回憶。他陶醉在人間仙境裡，彷彿身在夢中，所以這節以「沉澱著彩虹的夢」結束。

第五節以「尋夢」開始，表明他對以往生活的無限憧憬，他一邊泛舟，一邊緬懷如彩虹般多姿多采的往昔，從黃昏到晚上，時間慢慢過去，那些如星輝斑斕的往事，令他心情激動而愉悅，甚至要放聲歌唱，但一旦從夢中（回憶）回到現實，想到離別在即，心情便急轉低落，悲從中來。事實上，「尋夢」二字跟著是個問號，即有縱然在夢中也心神恍惚，有好夢難圓的預感。

第六節便寫他「不能放歌」，千言萬語，頓時化爲一片沉默，夏蟲也爲我沉默，康橋也因他的離去而沉默無聲。充分抒寫了詩人內心依依難捨的情懷。

到了結尾（第七節），詩中再次坦陳心境，他只能「悄悄」無聲的走，而且不帶走一片雲彩。其實，此時已日落西沉、滿空星輝，雲彩也早就「消滅了蹤影」，詩人瀟灑嗎？不得不如此而已。這是情深意濃，卻故意表現不在意，使感情更顯得淒然欲絕。

就修辭而言，以「夕陽中旳新娘」喻柳，自有楊柳依依，充滿離愁之思。「在康河的柔波裡，我甘心做一條水草」，以誇張手法，極寫自己對康橋的迷戀、擁抱，以拜倫潭喻「天上虹」，此句寫法特殊，明明是清泉，卻說「不是」，明明不是虹，卻說「是」，詩人想像奇特，強化了泉之美，猶如光華燦爛的虹。同時，詩中有三處頂真手法。第四節以「沉澱著彩虹似的夢」結束，第五節以「尋夢？」肇端，加強纏綿癡迷的氣氛。第五節末行是「在星輝斑斕裡放歌」，第六節首行是「但我不能放歌」，寫出夢醒之悲愴悽惋。此節末兩行亦是頂真，以「夏蟲也為我沉默，沉默是今晚的康橋」，襯托出內在的心緒。

在用韻上，頗有規律，全詩都在雙句末字上用韻，每節換韻，擅以不同的韻律來表達不同的情感。如：來、彩；娘、漾；搖、草；虹、夢；溯、歌；簫、橋；來、彩。依情選韻，使本詩有起有伏，迴旋動聽。此外，詩中首尾兩節採用回環技巧，前後呼應，構成柔和的旋律。

從黃昏到夜裡，從極欲放歌到只有沉默，從輕輕的來到悄悄的走，情因景生，感情波瀾起伏，層層深化。豐富的想像力，加上奔放的情感、流瀉的音符旋律，有力烘襯出詩人為康橋美景所深深陶醉的心情，以及無以言說的萬分愁緒。為數十年來，此詩所以傳誦不絕做了最佳的註腳。

二、覃子豪〈吹簫者〉

本文

吹簫者木立酒肆中

他臉上累集著太平洋上落日的餘暉
而眼睛卻儲藏著黑森林的陰暗
神情是凝定而冷肅
他欲自長長的管中吹出
山地的橙花香

他有弄蛇者的姿態
尺八是一蛇窟
七頭小小的蛇潛出
自玲瓏的孔中
纏繞在他的指間
昂著頭　飢餓的呻吟

是飢餓的呻吟　亦是悠然的吟哦
悠然的吟哦是為忘懷疲倦
柔軟而圓熟的音調

混合著夜的淒冷與顫慄

是酩酊的時刻
所有的意志都在醉中
吹簫者木立
踩自己從不呻吟的影子於水門汀上
像一顆釘　把自己釘牢於十字架上
以七蛇吞噬要吞噬他靈魂的慾望
且欲飲盡酒肆欲埋葬他的喧嘩

他以不茫然的茫然一瞥
從一局棋的開始到另一局棋的終結
所有的飲者鼓動著油膩的舌頭
喧嘩著　如眾卒過河

一個不曾過河的卒子
是喧嘩不能否定的存在
每個夜晚　以不茫然的茫然
向嘵嘵不休的誇示勝利的卒子們
吹一闋鎮魂曲

題解

本詩選自《覃子豪全集》。〈吹簫者〉是首感情真摯、用力極深的傑作。作者將現實社會比作酒肆，眾人集中意志買醉，鼓動著油膩的舌頭喧嘩，爲慾望而爭先向前，只有吹簫者 — 一個不曾過河的卒子能堅持理性，堅持靈魂的不墮落，並且以時代之音 —— 簫聲，爲奔競於人生棋戲中的眾人鎮魂。

〈吹簫者〉表面上藉著吹簫之人及其簫聲，凸顯其人之風骨與理想，事實上，作者處處以之爲自我的象徵，全詩充滿詩人自我意志與理想的深刻反映、人生問題的嚴肅探索，以及對時代迷醉的批判。「吹簫者」可視爲詩人心目中特立獨行的時代人物，亦可視爲詩人的自畫像。

詩人喜以音樂、自然樂章入詩，欣賞此詩同時，不妨進一步誦讀〈秋之管弦樂〉，詩人同樣以音樂暗示自己即是徘徊於夢境外的豎笛手。覃氏善於驅使聯想、比喻以寫音樂，而寫音樂，又有已知暗示「詩聲」的意味，對詩人來說，「新詩」就是時代之音，是洗滌污濁心靈的良劑。因此這類詩作大抵可看作是詩人真摯的告白，洋溢著詩人的自我期許和莊嚴沉潛的一面。

作　者

覃子豪（覃，音ㄑㄧㄣˊ），四川廣漢人。生於民國元年元月十二日，逝於民國五十二年十月十日，年五十二。

民國二十一年赴北平，就讀中法大學。接觸法國浪漫詩人雨果（Victor Hugo）及象徵派詩人波特萊爾（Charles Baudelaire）、馬拉美（Mallarme,S.）等人作品，並從事詩歌創作。民國二十四年東渡日本，入東京中央大學，投身留日學生文化政治運動，並與雷石榆、王應平等人致力新詩運動。與李春潮、賈植芳等見文海社，出版大型文藝刊物《文海》。抗戰期間，他一面從事戰地新聞工作，一面致力新詩創作，很早就出版詩集《自由的旗》（民國二十八年）、《永安劫後》（民國三十四年），譯詩集《匈牙利斐多菲詩抄》及散文集《東京回憶散記》。

民國三十六年來台後，擔任台灣省物資調節委員會專員，五年後改任糧食局督導員。民國四十年，他與紀弦、鍾鼎文、葛賢寧等人，商借《自立晚報》版面，編輯出版《新詩週刊》（自當年十一月至民國四十二年九月），共九十四期，從此與台灣詩壇結下不解之緣。自此之後至其逝世十二年間，他先後創辦「藍星詩社」（民國四十三年三月），出版《藍星新詩週刊》（民國四十三年六月，《公論報》）、《藍星宜蘭版》（民國四十六年元月，月刊），主編《藍星詩選叢刊》（民國四十六年），創刊《藍星季刊》（民國五十年六月），復長期主持文藝函授學校新詩講座，栽培後進，爲台灣詩壇開創出嶄新氣象。

他的詩力求形式的嚴謹和內容的細密，初期作品大多情感深摯，堅持以詩抒情，他說：「詩的特徵就是在於抒情，詩如果沒有抒情成分，也就沒有了詩的本質。」民國四十六年，紀弦「現代派」提示六大信條，主張主「知」之詩，以爲現代詩乃橫的移植，覃子豪曾提出六大原則與之對抗，認爲詩應蘊蓄人生的意義，使現代人在物質的掙扎中獲得精神上的甦醒；詩要能與讀者心靈共鳴，重現實質的表現與表現的完美，並追求詩的思想根源，在準確中求新的表現，而以自我創造的完成風格的表現。

其後期詩作偏向於理性的觀照，追求神秘奧義的遇合，他自己認爲〈瓶之存在〉便是「抽象表現的實驗」。此詩也確爲詠物的新開啓一扇哲理探索的窗子。

洛夫於〈覃子豪的世界〉一文中說：「『熱情穩實，名徹達練』不僅是他人格的寫照，也是他詩風的註腳。……覃子豪一生都在爲詩辛勤耕耘，奮勉不懈。詩是他生命的根，也是他生命的果，生爲詩人，死爲詩魂。」

詩人死後，他的生前好友及學生組成「覃子豪全集出版委員會」出版了《覃子豪全集》。其中包括詩集：《生命的弦》、《永安劫後》、《海洋詩抄》、《向日葵》、《畫廊》、《集外集》、《斷片》等；另有詩論、譯詩及散文作品。

賞讀

〈吹簫者〉一詩是覃子豪的精心結作。他透過對吹簫者的描繪，表露了自我的生命型態，在慾望橫流得時代裡，他儼然有眾人皆醉我獨醒的情操，及堅忍撐持的精神，和拯救迷惘、空虛心靈的願力。

全詩共分七節，每節句數少則一句，多則七句，多寡不一，有如節奏之長短高弱，錯落有致，反覆吟讀，有種連綿不絕，如音樂生福的自然律動，充滿聲韻之美。

第一節僅一行，就詩句的視覺意象而言，孤立一行，呈現了吹簫者毅然、毫無依傍與特立獨行的勇者形象。這一句將吹簫者這個人物、動作、地點，十分簡潔勾勒出來。

第二節描寫吹簫者的神情。第一節先將吹簫者呈獻讀者眼前，到了此節，鏡頭縮小範圍到臉上、眼睛，作者以「太平洋上落日的餘暉」、「黑森林的陰暗」，襯托其凝定而冷肅的神情。「他欲自長長的管中吹出/山地的橙花香」，則以無形、摸不著的香氣來描寫簫聲的純粹柔和。「橙香花」在這裡應該有屈原〈橘頌〉之象徵意味，暗示了吹簫者堅貞執著的品格與芬馨無塵的思想行為。

第三節緊承上節，進一步描述其吹簫者之姿態，詩題既是「吹簫者」，當然得對此有所交代。作者以聯想、譬喻的修辭手法來展現其姿態如弄蛇般，尺八（簫管）是一蛇窟，而七頭小小的蛇自簫孔中潛出，纏繞其指尖。意象獨造，頗不同凡響，具體呈現了吹簫者嫻熟靈動的藝術技巧。

第四節善用頂真手法，以上句結尾的「飢餓的呻吟」作為開頭，又以「悠然的吟哦」，前後蟬聯，上下遞接，有流暢婉轉之至與歌謠之趣，在吟頌之中，特別動人。這一節說「是飢餓的呻吟，亦是悠然的吟哦/悠然的吟哦是為忘懷疲倦」，足見其憂道不憂貧，又能藉簫聲以忘懷疲倦。疲倦也可引申為生活的不如意、境遇的困阨等。他的簫聲，音調「柔軟而圓熟」，這裡呼應小蛇盤繞之身姿，然而原本吹者可以鍛鍊控制的音調，卻「混合著夜的淒冷與顫慄」，說明了環境的影響，是詩人所無可奈何的。

第五節「眾人皆醉我獨醒」，吹簫者毅然背負起十字架，面對外界的喧嘩、慾望，他要以簫聲抵擋這一切。以七蛇吞噬「要吞噬他靈魂的慾望」，句子結構複雜，但說法極其巧妙，意思是說欲望想吞噬他的靈魂，他用簫聲來吞噬欲望。簫聲是他的武器，如同詩是詩人的武裝，可以抵抗一切。

第六節，作者以棋局比喻人生，以「所有的飲者」比擬為「如眾卒過河」。「他以不茫然的茫然一瞥」，第一次出現的「茫然」，說明自己的自信、自許與堅定，第二次的「茫然」，則是對所有飲者喧嘩、逐利之舉，感到茫然，並非自己有所動搖、茫然，因為他看盡人生舞台的此起彼落，所謂的勝利很可能是出賣靈魂換得的。

第七節肯定了自己（是吹簫者，也是詩人）「一個不曾過河的卒子/是喧嘩不能否定的存在」，他要吹一闋鎮魂曲，安時代之魂。結尾這一節從上節的「眾卒過河」，對比「一個不曾過河的卒子」，足見別人早已酩酊，只有他不盲從隨俗，然而不盲從隨俗，畢竟只是消極的獨善其身，他更積極地以堅忍的撐持力，兼濟天下，每個夜晚爲過河的眾卒安魂。「每個晚上」一句，說明了縱然環境險惡，但吹簫者不會放棄其手中的尺八，就猶如詩人不會輕易放下腕中的詩筆，他要在每一個無邊的暗夜，與眾多陷溺慾望之流而不自知的人們吹一闋安魂曲，爲奔兢於人生棋戲中的眾人鎮魂。

吹簫者可以說是作者自我的化身。簫聲，就詩人而言即是他所寫的詩，簫管猶如筆管，寫作本是艱辛之事，背負人生的十字架，孜孜矻矻每晚挑燈夜戰爬格子。就詩的六、七節來看，詩人強調「局棋」、「每個夜晚」，似乎也都暗合了寫詩之志業，其莊嚴之使命、責任之擔當，在這首詩中表露無遺，讀之使人深有體悟，也得到莫大的鼓舞。

三、楊　喚〈夏夜〉

現代社會，生活節奏快速，與自然鄉親相諧的鄉野情趣，是現代孩子普遍缺乏的生活經驗。本詩充滿動植物可親可愛的情趣及大自然生生不息的活力，可啟發孩童真善美的生命情境，是一首很適合學童閱讀的新詩。

本　文

蝴蝶和蜜蜂們帶著花朵的蜜糖回來了，
羊隊和牛群告別了田野回家了，
火紅的太陽也滾著火輪子回家了，
當街燈亮起來向村莊道過晚安，
夏天的夜就輕輕地來了。
來了！來了！
從山坡上輕輕地爬下來了。
來了！來了！
從椰子樹梢上輕輕地爬下來了。
灑了滿天的珍珠和一枚又大又亮的銀幣。

美麗的夏夜呀！
涼爽的夏夜呀！

小雞和小鴨們關在欄裡睡了。
聽完了老祖母的故事，
小弟和小妹妹也闔上眼睛走向夢鄉了。
（小妹妹夢見她變做蝴蝶在大花園裡忽東忽西地飛，
小弟弟夢見他變做一條魚在藍色的大海裡游水。）
睡了，都睡了！
朦朧地，山巒靜靜地睡了！
朦朧地，田野靜靜地睡了！
只有窗外瓜架上的南瓜還醒著，
伸長了藤蔓輕輕地往屋頂上爬。
只有綠色的小河還醒著，
低聲地歌唱著溜過彎彎的小橋。
只有夜風還醒著，
從竹林裡跑出來，
跟著提燈的螢火蟲，
在美麗的夏夜裡愉快地旅行。

作者

楊喚，本名楊森，民國十九年生於遼寧省 興城縣 的菊花島。楊喚的童年是不幸的，生活充滿悲苦。由於家裡貧困，生母早逝，自幼即受繼母凌虐。他在照片上題辭：「從小就是個可憐的小東西。那在北風裡唱著：『小白菜呀，遍地黃』的，那挨打受罵，以痛苦做糧食，被眼淚餵養大的小東西。」因為童年生活沒有溫暖，所以特別關愛兒童，反而寫出許多膾炙人口的童詩。他說：「兒童詩，我還想再寫下去，因為我想從裡面找回一些溫暖。」初級農業職業學校畢業後，就開始寫詩、繪畫。

抗戰勝利後，他離開家鄉到青島，十八歲時任青島青報校對，後升任編輯，開始發表作品，其後時局緊張，輾轉到了廈門，加入部隊爲上等兵。民國三十八來隨部隊來台，在軍中由上等兵升爲陸軍文書上士。以楊喚、金馬、白鬱、白羽、路加等筆名發表創作，極受注目。

在台灣現代詩人中，楊喚是最早關切兒童詩的，他給摯友歸人的書簡中，提及他爲什麼致力於兒童詩的創作，歸結他的話，有兩方面原因：第一，由於他有一個「萎謝的童年」，所以他有一顆「嚮往於童年的心」，他「想從這裡面找回一些溫暖」。第二，他發現「兒童文藝在中國是最弱的一環」，而「孩子們也有他們的鑑賞力的」。覃子豪在論楊喚的詩一文中讚譽他在童話詩上的成就：「有新鮮的內容，獨創的格調，不是陳腔濫調的兒歌，是培育兒童心靈的新鮮的讀物。」歸人也說他：「將愛付諸人間，將美呈諸兒童，將真摯的血淚投諸文學。」可見楊喚一系列的兒童詩，在在表現出他對兒童的關愛。對於「詩」，楊喚說：「詩，是不凋的花朵，／但，必須植根於生活的土壤裡；／詩，是一隻能言鳥，／要能唱出永遠活在人們心裡的聲音。」

民國四十三年三月七日，詩人爲了趕早場的勞軍電影 — 安徒生傳，在台北西門町火車平交道上，因腳滑進鐵軌的細縫被嵌住，不幸被火車輾斃，震驚當時的文學界。論者以爲他的詩運用清新的思維和語言，表露真摯童心，閃現智慧光采，推爲一時難得的天才。

楊喚的生前好友歸人（黃守誠）說：「楊喚的短促一生，表現了一個追求文學，擔負歷史，渴望知識，實踐仁愛理想的熱烈生命。」歸人並爲他的作品輯印爲楊喚全集兩冊，一九八五年五月洪範書店出版。收其詩做、散文、童話、日記、書簡等，並附錄可資參考的紀念文字及詩人筆跡圖象等，內容完整，可以一窺楊喚的創作觀，亦可以看出他的時代責任感。他的作品內容中有人間的悲哀、戰事的殘酷、愛人的離散、生命的無常、家國的熱愛、兒童的關懷等諸多題材。此書是目前閱讀楊喚最佳的讀本。

賞讀

本詩全篇分成兩段，第一段十行，第二段十八行，共二十八行。首段宛如一幅美麗熱鬧、變幻有致的圖畫。詩中蝴蝶蜜蜂翩翩飛起，羊隊牛群相映成趣，太陽也滾著火輪子，和動物們一起暮歸。街燈終於取代了白晝的烈日，在黑暗中散布光明溫暖的希望。萬千期待之下，「來了！來了！」的歡呼聲中，帶來了溫馨有味的夏夜，也將黃昏的美景轉換成夏夜的輕靈。而夏夜是怎麼來的呢？是輕輕地來，從山坡上椰子樹梢上，輕輕地爬下來的。這裡連續出現數次「來了」，它的語調略帶急促高昂，或驚喜或期待，充滿了活潑可愛的氣息。這種由上而下的感覺，就如同溜滑梯般輕巧而愉悅。在「撒了滿天的珍珠和一枚又大又亮的銀幣」這一句中，「撒」字用得極為巧妙，用「丟」、「拋」或者「擲」字，味道都不足，唯獨「撒」的動作優美飄逸，輕輕一撒，星月因而自然地各現姿態，夏夜也變得璀璨輝煌。此外，本詩在層次上，先由較小的蝴蝶和蜜蜂們消失寫起，然後再寫較大的羊隊和牛群，最後是天邊的火紅太陽，筆致井然有序。

第二段，前七行先描寫夏夜溫馨的景象。小雞、小鴨們寧靜地睡了，小弟弟、小妹妹也在老祖母的慈祥安撫中恬適的進入夢鄉，呈現出一幅天倫圖，也表現出作者對人間至愛的憧憬、期待和歌頌，正是詩人童年生活缺少關愛的一種熱切想望。這七行在時間上介於首段的夜暮低垂與末十一行的深夜。然後寫夜深之後，山巒田野漸漸在月色朦朧裡成眠，這個世界宛若靜止了，停了呼吸。然而，夜裡還有南瓜、小河、風、螢火蟲不肯睡，享受著靜謐涼爽的夏夜。這一幅幅轉換的景象，乃是以豐富的想像力構成，有次序地加以變化。萬事萬物各顯姿態，整個世界，在寧靜中充滿了感動與活力，爲靜謐安詳的夏夜增添無限生機。作者在這一段以映襯方式敘述大自然的夏夜，當萬物都已沉沉睡去進入夢鄉時，仔細一瞧，三組以「只有……還醒著」開頭的句子，正說明了世界仍有生命在活動，大自然的生命氣息其實並未休止。

作者在時空的處理上，猶如一幕幕生動的影片，時間上採取順敘法，從黃昏寫到深夜；空間上是由近而遠，由上而下。先從近處的蝴蝶、蜜蜂，到稍大的羊隊、牛群，一直到天邊火紅的太陽。鏡頭從下方的花朵開始，逐漸向上到街燈，然後是山坡，一直到滿天的珍珠和又大又圓的銀幣。

新詩的書寫形式自由，沒有固定的格律，可以押韻，也可以不押韻，但本詩在分行、排列的技巧上，仍保有節奏和整齊之美，如首段前三句末尾以「回家了」結束，而以「當街燈亮起來向村莊道過晚安」作爲轉接。下面五句都以「來了」結束，再以「撒了滿天的珍珠和一個又圓又大的銀幣」停頓，富有節奏之變化。詩中如「輕輕地」用了四次，「靜靜地」和「朦朧地」用了兩次，「只有……還醒著」也用了兩次，這些詩句中多次應用疊字，將詩的氣氛塑造得十分輕盈，經營出類似第一段的節奏與韻律效果，使詩歌的音樂性更加豐富。而「醒」、「蟲」、「行」是近乎押韻的形式；「朧」、「靜」、「藤」、「輕」、「頂」、「聲」、「風」、「燈」等字的使用，在句中也造成類似「暗韻」的效果，使整段詩給人輕快的韻律感。和諧的節奏往往使人產生美感，本詩在聲音上即充分表現了音樂性節奏，很適合朗讀。

詩中擬人法的使用，也讓詩的整體表現更有生命力，更貼近人心。作者不用「夏夜像人般走來」的明喻，而用「來了」、「爬下來了」、「撒了」這些擬人化的動詞，將抽象的夜變得如同慧黠的孩子，活潑有趣，生意盎然。其他如：「帶著」、「告別」、「回家」、「滾著」、「道過」等，也都是用擬人的動詞來達到擬人的效果。因為用語得當，形成一種親切感，於是夏夜的熱鬧，使大自然的生命氣息與人融為一體。

這首詩用語淺近自然，節奏和諧，讀後自有一種溫馨、寧靜、愉悅的感受。

四、張香華〈行到水窮處〉

本詩是一首充滿隱喻的作品。文字淺顯，蘊義卻相當深刻。對新詩欣賞與寫作的學習，可說具有很好的示範作用。莊子・人間世說：「知其無可奈何而安之若命，是德之至也。」對於命運的打擊，不怨天，不尤人，能夠面對，能夠平靜的接受，這樣的「安之若命」，就像王維的「行到水窮處，坐看雲起時」，當我們盡了最大的努力之後，依然走到窮途末路，那就接受一切，坐下來看看天空中的白雲。這樣的人生境界誠為難得。因為這個世界本來就不完美，人生本來就有種種缺憾，能夠包容，能夠接納，缺憾也就不成為缺憾了。而本詩則較王維的詩更翻新一層，在面對困境之餘，仍然堅持努力、不放棄希望，又不失對前景的樂觀想望，就人生啓示而言，極富教育意義。

讓青少年階段的學子接觸詩，是種相當美好的生命經驗，沒有詩的人生，雖不能說不幸，但至少是一種遺憾，很希望透過新詩教學讓孩子們接觸詩、喜歡詩。正如席慕容〈早餐時刻〉所說：「詩　其實也不能怎麼教育我／不是箴言　不是迷津的指點／也不是必備的學歷和胭脂／然而是何等的幸福　如果可以／在早餐的桌上遇見一首好詩……」（迷途詩冊，圓神出版社）

本文

從來，我是一脈緩緩的細流
不慕揚波的衿耀
不曾駐足流連於一匹芳草
我愛戀著岸上每一處風景
我還忘不了
　　　我要奔向的遠方

而今，我忽然穩住了腳步
— 已然行到水窮處了
從此，我要穿入地心，懷著遠行的
夢，想試一試溫砂的熱度
把自己分作無數潛伏的脈絡
我要點點滴滴沁入其中

隔著層泥，讓我
想望一片雲升起的樣子吧！

作者

張香華，福建龍岩人，民國三十八年七月生於香港，國立臺灣師範大學國文系畢業，曾任教建國中學、北一女中、世界新專、致理商專。十九歲第一次發表詩作《門》於《文星》雜誌，曾任《草根》詩刊執行編輯，《文星詩頁》主編、警廣「詩的小語」節目主持人，香港筆會理事、世界華文詩人筆會發起人之一。1984

年應邀到美國愛荷華大學「國際作家工作坊」訪問。推廣詩及參與東歐文化交流不遺餘力。參加各種跨國的文學交流活動，並積極致力於外詩中譯、中詩外譯的計畫，成績粲然可觀，尤其與南斯拉夫、羅馬尼亞二國的交流更是頻繁，以詩從事國民外交，貢獻良多。為菲華文學所編選的出版品，亦使她在菲華文壇獲得濃厚友誼。曾獲中國文協文藝廣播獎章、舊金山國際桂冠詩人協會頒贈桂冠詩人榮銜，南斯拉夫頒贈傑出文化貢獻獎，第三屆五四獎文學交流獎。

張香華寫作文類以詩為主，散文次之。她認為凡是人生真相都可以入詩，所以她不排斥純抒情的作品，同時也認為新詩是「廣大眾生心靈生活的映象與實錄」（《愛荷華詩抄》代序），因此在她的詩裡我們常可以看見「她個人面對現實的關懷，對生命的透視，對生活的執著，詩人以其特有的敏銳，觀察人間的一切，既有表現女性感覺細膩的好詩，也有批評嘲弄充滿生活景象的連作，而挖掘新的經驗，習用平常抒情的語言，擁抱更實際的一生，則一直是張香華創作專注的主題。」（見張默、蕭蕭編《新詩三百首》，九歌出版社）

出版詩、散文及譯著多種，作品亦曾被譯為英、德、日、韓等多國文字。著作有《不眠的青青草》（1985 年出版）、《愛荷華詩抄》（1985 年出版）、《星湖散記》（1988 年出版）、《張香華詩選》、《千般是情》（1987 年出版）、《南斯拉夫的觀音》（1996 年出版）等書。主編菲華詩選《玫瑰與坦克》、菲華女作家文選《茉莉花串》在台出版，她參加許多國際詩人會議，編輯並與人合作翻譯塞爾維亞語的《中國現代詩選》。另譯有《南斯拉夫詩選》及南國、韓國詩人的作品集。

除了個人詩集、翻譯之作外，作者在 1995 年由遠流出版社發行有聲書茶，不說話，錄製了我的愛人在火燒島上、一張吸墨紙、觀音等九首詩，配以翁志鴻的音樂，由詩人自誦，呈現一種新形式的藝術 —— 詩的聲音。

賞讀

作者張香華在不眠的青青草・自序中說：「在這個人間世上，有許多事當時過境遷之後，終究發現它的徒然、荒謬甚至於欺罔。可是，那本可蘭經說過的『如果山不來就我，我就走過去就山。』而我怎麼說呢？我將說『如果風不自山谷中吹來，我就自己搧動我的雙翼吧！』」行到水窮處這首詩，正呈現此一精神氣度。

詩共有三節十四行，作者以盛唐詩人王維膾炙人口的「行到水窮處，坐看雲起時」入詩，分別放在第二、三節，並以之爲題。首節用擬喻法，說自己是一道要奔向遠方的細流。主角是流動的細水，從語詞的使用，「我」應是一位女性（有著女性的細膩特質與感性思維），有詩人自況的意味。我不橫衝直闖，不流連芳草，我很清楚自己要不斷精進，奔向遠方。本來用水來比喻女性並不新鮮，但大多數寫流水無情甚至水性楊花的一面。本詩反而極力寫出看似柔弱的水，有它堅韌的一面，自有新意。

次節先用「忽然」，顯示狀況突然，詩人一時爲之錯愕，但仍「穩」住腳步。這時已然是行到水窮處，詩人面對山窮水盡無路之困境，並沒有因之感傷或幻滅，依然堅持對夢想的追求和嚮往，水不畏橫逆，分作無數脈絡，穿入地心，無止息的流，點點滴滴的沁入。這一節沒有頹傷哀怨的情緒，反而唱出一曲激揚奮進的窮水禮讚，詩人心中那不熄的綺麗夢想，那堅忍的信念令人動容。這一節富強大情緒感染力，令人熱血賁張。而生命如水的滋潤大地，及生活的信念、溫柔與堅毅，又在在呈現一種母性的基調。

結語（第三節）翻入一層，說即使潛伏，隔著泥層，仍然想望著雲起的樣子，歸結到詩人的期待。結句綰合王維詩末句「坐看雲起時」。末節語勢一轉，生命成長的衝力仍沛然莫之能禦！從第二節到第三節，有種強大的張力，從意志無比堅定到極其溫柔的感性筆調，正體現出柔能克剛之本質。欣賞此詩還有以下幾點可以留意。

一、節奏自然

詩的藝術缺少不了「音樂性」，詩的音樂性可以在韻腳上做安排，也可以就詩本身內在的節奏考量，尤其今天寫詩的人，多半不再在韻腳上做刻板的工夫、機械的形式，而由詩作表現上的需要產生自然的節奏，以形成詩的律動美和自然的諧和的效果。本詩中用了「一脈」、「一匹」、「一處」、「一片」等數字詞，及「我要」出現三次，除了呈現一種主動積極的精神樣態，也形成上述所說的一種自然的節奏。

二、文字洗鍊，意象突出

「從來」放在詩的最前頭，在語意上有貫串而下的作用，說明了自己「從來」就是一脈緩緩的細流，「從來」就不慕揚波的矜耀，「從來」不曾駐足流連岸邊的芳草……。在詩句上的擺置，強調了「從來」，好似詩人本來就如是，以前如此，現在也如此。第一節的「從來」與第二節的「而今」都放在每節最前面，一者，呈現了時間的進行，細流奔向遠方之後，已然流到盡頭，無路可走。二者，「從來」，也隱含了水流從發源初始緩緩而來的流向。

從語言上說，「一匹」芳草並不合常規，然而給人的印象反而是突出的，芳草好似綿延不已、繽紛燦爛的一匹絲織品。最後一句使用驚嘆號，尤具畫龍點睛的效果。

三、視覺動感，如在眼前

這首詩也是充滿視覺感的詩作，全詩似自細流遠處，以廣角取鏡，而流水流程一覽無遺。第一節所寫，其實只是細水長流的尋常情事而已，但詩人匠心獨運，把自己說成是一脈細流，詩中連續以四個動詞（不慕、不駐足、愛戀著、忘不了）串接，形成一種緩緩流動的行進感。行經的「每一處風景」呈現了水流纖細、修長、柔美的風姿，水流過處，水上芳草、岸上風景明亮展開，向遠方出發。「我要奔向的遠方」這一行低了三格，形式上形成一種動感。全詩均屬動態行進，行到，本來就是沿著一條路走去。而第二節點染出水之滲透力，亦彷彿眼前視覺所見。即使到了結尾，仍然呈現一幅雲起的樣子。

四、富象徵意義，發人深省

全詩頗具象徵意義，是一首豐富多義性的詩作（探索生命意義、或對自我生命的抉擇方式等等）。水的源遠流長，可歸屬於生命的層次 — 綿延不斷的生命，一種對理想事物的執著追尋，最後到達了生命超越的境界。第一節，詩人說我就是細流，細流就是我，細流（水）和我相互指涉。從細流的流動，從而聯想到細流靜靜流淌，淙淙水聲，亂石激起水花，但我不羨慕揚波，外在的名利不值得衿耀。細流經過的水中芳草、岸上風景，固然很美好，雖然令人愛戀著，但心中仍念茲在茲要奔向遠方。第一節象徵著人生之路要「慢慢走，欣賞啊！」，路上有許多讓人流連駐足或深深誘惑的人事（芳草盛開於水面的繽紛燦爛、外在世界的誘惑），令人分神的種種力量，但腳步不因之駐足，最後把所有一切美景拋置在後、拋棄一切世俗的牽連，奔向遠方。向過去告別的姿態，真誠堅定，簡單幾行，卻隱喻了人世間，多少心靈深處的嚮往與渴望。水，除非是死水，不然水之本質不進則退，人生亦如是。

沒有理想，生命毫無意義。沒有生命，理想也無從生長。第二節緊接著進入一個理想的、如夢的境界之內。人生旅途漫長，人類的追求（奔赴遠方），有時難免倦怠困阨、跌進深谷，遇到巨大的挫折與絕望。行到水窮處時，水流仍不止息，點點滴滴沁入地心，呈現信念和理想的不可奪去，和積極奮發進取的人生態度。第三節則緊接第二節而來，即使潛伏地底下，仍有展翅飛翔的意念，信念所鼓舞的生命，仍然飛翔著，詩人不氣餒的，要透過層泥，想望著地面上雲起時的美麗。寫得有力並富於內涵。詩雖短，但其小可以象徵詩人自我生命抉擇、堅持夢想的歷程，大可以象徵全人類在宇宙間的奮鬥，對人類生命的禮讚與期許。

「行到水窮處，坐看雲起時」，人們常用來自勉或勉勵他人，遇到逆境絕境時，把得失放下，也許會有新的局面產生。本來「水窮處」指的是登山時溯流而上，走到最後溪流不見了。有一個可能是該處爲山泉的發源地，掩於地表之下。另一個可能是下雨之後匯集而成的澗水在此地乾涸了。這個登山者走著著，走到水不見了，索性坐下來，看見山巔上雲朵湧起。原來水上了天了，變成了雲，雲又可以變成雨，到時山澗又會有水了，何必絕望？人生境界也是如此。在生命的過程中，不論是愛情、事業、學問等等，你勇往直前，到後來竟然發現那是一條絕路，沒法走下去了，山窮水盡悲哀失落的心境難免出現。此時不妨往旁邊或回頭看看，也許有別的路通往別處；即使根本沒有路可走了，往天空看吧！雖然身體在絕境中，但是心靈還可以暢遊天空，還可以很自在、很愉快地欣賞大自然，體會寬廣深遠的人生境界，再也不會覺得自己窮途末路。過去對王維詩之體會，多半如是。但張香華此詩則有一股精進的力量：身處逆境，仍應懷著堅強的意志，尋找生命的出路與活路。

在詩人細心的經營下，激情內注，凝練深沉，「我」譬喻爲水，水也因詩人的深情凝視，而有了真實的生命，且人性化起來。水看似柔弱，但所爆發的能量是驚人的，猶如女性的溫柔與堅忍、堅韌，也充分流露詩人溫柔堅忍的個性。全詩剛柔並濟，有一種剛勁的筆觸和力度，但又有溫柔的抒情。全詩以獨白語調敘說，是詩人純淨內在的投影與寫照。立意高，落筆奇，意象新，貼切而有餘味，誠爲難得的精美小品。

文學作品以情動人，它通過打動讀者而產生感情的共鳴，並且聯繫與讀者的不同人生經歷，從而使讀者獲得某種精神上的愉悅。本詩頗適合正處於人生起步的青年學子，讀了本詩之後，是否也應好好反省：自己對自己的了解有多少？如何建立自信、執著？讓踏上人生之路的每一步伐，都穩妥恰適。

五、鄭愁予〈賦別〉

鄭愁予是現代詩歌史上極為重要的詩人之一，而賦別一詩則是令讀者廣為傳頌的詩作之一。在此詩中，我們可以見到作者別具一格的書寫筆調及創作手法。而人生在世，總不免要面對大大小小、或親或疏的別離，離情別緒也成為人人成長歷程中不可避免的經驗，因此，如何面對離別、排遣情緒，也就成為人們共通的情感經驗。若對此詩細佳品味、分析，亦將有助於我們面對生活中眾多情緒的體會與理解。

本　文

這次我離開你，是風，是雨，是夜晚，
你笑了笑，我擺一擺手
一條寂寞的路便展向兩頭了
念此際你已回到濱河的家居
想你在梳理長髮或整理濕了的外衣
而我風雨的歸程還正長
山退得很遠　平蕪拓得更大
哎　這世界　怕黑暗已真的成形了……

你說　你真傻　多像那放風箏的孩子

本不該縛它又放它
風箏去了　留一線斷了的錯誤
書太厚了　本不該掀開扉頁的
沙灘太長　本不該走出足印的
雲出自岫谷泉水滴自石隙
一切都開始了　而海洋在何處？
「獨木橋」的初遇已成往事了
如今又已是廣闊的草原了
我已失去扶持你專寵的權利
紅與白揉藍於晚天　錯得多美麗
而不錯入金果的園林
卻誤入維特的墓地……

這次我離開你便不再想見你了
念此際你已靜靜入睡
留我們未完的一切 留給這世界
這世界我仍體切地踏著
而已是你底夢境了……

作　者

鄭愁予，本名鄭文韜，原籍河北，民國二十二年（一九三三年）生於山東濟南一個軍人家庭，因此，幼年即隨父親轉戰馳徙於大江南北，六十年代詩選特別強調他童年的「閱歷」，說：「鄭愁予是在中國許多地方長大的北方人。童年在江南，在湘桂粵，在北平，在接近邊塞的北方鄉下，在台灣。雖然，來臺灣時已經是十多歲了，而他覺得，他的童年是來臺灣一年之後才結束的。」鄭愁予是民國三十八年來台的，換句話說，他有長達十七年的童年感覺。這樣綿長的童年閱歷，所以有人稱他「山川文物既入秉異之懷乃成迭宕宛轉之詩篇。」

初中二年級開始學寫詩，十五歲就開始在報刊上發表詩作。鄭愁予來台後，陸續在野風、現代詩、公論報、自立晚報發表詩作。一九五六年加入紀弦所主導的「現代派」，一九六七年任中國青年寫作協會總幹事時與朱橋合編幼獅文藝，次年成爲美國愛荷華大學「國際寫作計畫」成員，一九六九年進入該校東亞語文學系，一九七〇年於人文學院「詩創作坊」就讀，並獲藝術碩士學位。復被接受進入該校「大眾傳播學」博士班研讀。一九七三年轉赴耶魯大學東方語文學系教書。

鄭愁予來台後先住在「風城」新竹，中興大學畢業後，又在「雨港」基隆度過他的青年時期，因而風、雨、山、海時時出現在他的詩中，形成迷人的意象。早年初版過三本詩集：《夢土上》（四十四年）、《衣缽》（五十五年）、《窗外的女奴》（五十七年），獲得讀者熱烈迴響，然於民國五十四年赫然停筆，直到民國六十八年底才又開始發表新作，六十九年集結出版《燕人行》（洪範版）。早期，《夢土上》等三集作品，曾分別於六十三年及六十八年出版《鄭愁予詩選集》（志文版）及《鄭愁予詩集Ⅰ》（洪範版），蒐羅完整。楊牧在《鄭愁予傳奇》中指出：一般人最熟悉的愁予句法大多來自一九五七年以前的愁予。楊牧一再讚賞鄭愁予，說：「鄭愁予是中國的中國詩人，用良好的中國文字寫作，形象準確，聲籟華美，而且是絕對地現代的。」說：「愁予赫然站在中國詩傳統的高處。」說：「愁予繼承古典中國詩的美德，以清楚乾淨的白話，又爲我們傳達了一種時間和空間的悲劇情調。」應該是指這一時期的作品。余光中說他是「浪子」，瘂弦說他是「謫仙」，也應該是《窗外的女奴》之前的作品。

一九八七年鄭愁予以黃土地等十首作品獲得時報文學獎推薦獎，一九九〇年接任聯合文學總編及期間，立「詩」爲一專欄，開放新詩作品的刊登空間，一九九四年以《寂寞的人坐著看花》獲國家文藝獎。著有十本詩集：《草筏與鞋子》、《夢土上》、《衣缽》、《窗外的女奴》、《燕人行》、《蒔花刹那》、《雪的可能》、《長歌》、《刺繡的歌謠》、《寂寞的人坐著看花》，三本選集：《鄭愁予詩選集》、《鄭愁予詩集》、《隨身讀 12 夢土上》，詩作近四百首。其詩可分三期，早期浪漫感性、熱情洋溢，中年因受西方文學的影響轉爲知性內斂，晚近期的作品則富有道家的豁達與不經意的禪悟之思。他以一種獨特的風格，表現了靈活的語言，創造了明淨的意象，一面深具中國古典詩的情懷，一面又善於融化近代各種詩風的技巧，在詩壇上有極肯定的地位。

賞讀

楚辭說：「哀莫哀兮生別離，樂莫樂兮新相知。」離情別緒一向是最令人難以負荷的了，而鄭愁予寫來卻駕輕就熟般，在淡淡哀愁中，令人引發離別的昇華情感。

全詩一開頭即以離別的場景開端：「這次我離開你，是風，是雨，是夜晚」鋪寫出風雨交加，夜色深沉的凝重情緒，面對這樣的情景，作者卻以對方「笑了笑」以及自己的「擺一擺手」輕易地將離別的感傷推遠，再以下一句「一條寂寞的路便展向兩頭了」，將前兩句鋪寫出的輕言離別輾轉翻寫，在這一句令人傳頌的抒情詩句裡，我們看到主人公的悲涼形象，孤單落寞，令人動容。詩的前三句便達成離別的整個時空氛圍以及心理處境的交代。

接下去五句，鄭愁予虛寫別後的情景，以示現的手法讓我們看到：女子無情，她已經輕鬆地回到自己溫暖的家，或許在梳妝打扮，或者在整理衣飾，無論怎樣虛寫女子回到家中的種種行爲，唯一可以確定的就是那個女子已經將過去的愛情像包袱一樣丟棄了；相對而言，主人公「我」則深深沉溺在離別的沉痛中。設想女子的一切，也正流露出自己一時的難以忘懷。這時作者突然以一種跳接的筆調寫著：「山退得很遠　/　平蕪拓得更大」，表面上像是寫景，實際是卻是將作者離別情緒昇華的具體化描述，因此這兩句正是借景抒情，然而在抒情的同時，山巒及平原皆染上了作者主觀的情感色彩，從「退」、「拓」兩字就可以清楚看見外在景物已成爲作者情緒的絕佳支撐點，從客觀外界轉成主觀實體，生動地表現出「我」的感情強度。愛情雖然像山遠離了，雖然獨自走完風雨路程將更顯遙遠，但「我」也因此可以看得更開闊，這裡頗有自我寬慰之意。在愛情天地裡，只有兩人的世界，雖甜蜜卻也狹隘，如今愛情離去，反而能看清開闊的世界。然而另一人的離去，通常也使自我在空曠的平蕪更顯得形單影隻、孤獨無依，「我」仍不免要「怕黑暗已真的成形了……」。第一節剛面對分手離別之境，因此「我」的心情之反覆、矛盾、憂傷，多層轉折，令人情緒深受感染。

第二節，作者極盡溫柔敦厚地幽微責問女子捨棄愛情。這於這份愛情，女子以「多像那放風箏的孩子　/　本不該縛它又放它　/　風箏去了　留一線斷了的錯誤　/　書太厚了　本不該掀開扉頁的　/　沙灘太長　本不該走出足印的」三個接續而下的「本不該」暗示愛情一開始即是錯誤的，因此結束也就理所當然。「我」面對女子這樣無情地強詞奪理，當然無法全然接受，因此「我」認爲如果愛情是「雲出自岫谷　泉水滴自石隙」，已經萌發、生長了，如何能輕易地阻擋它流入「海洋」呢？（對方又怎能如此輕易否定、絕決已然發生的愛情呢？）愛情像泉湧的水，最終歸宿是流入海洋，但海洋在何處？疑問中帶著憂傷。「獨木橋」的初遇已成往事，如今已是廣闊的草原，兩人的初遇、相識相戀，像水聲潺潺，應是源自於「獨木橋」，詩特別加上引號，或許是對「我」獨具意義，或許也有特別的言外之意。獨木橋的天地只容得二人，自然可以相互依靠、彼此扶持，但戀情已逝，如今是廣闊的草原（也和第一節平蕪拓得更大呼應），我則「失去扶持你專寵的權利」。

嚴峻的事情已擺在眼前，一如第一節所描繪的，「我」和那女子已經分手，無法挽回了。但「我」對於這段沒有結果的感情，雖然不免感到遺憾與失落，卻依然有著深深的眷戀與珍惜。對於愛情誤入維特的墓地，沒有走入金果的園林，「我」仍肯定它的「美麗」，足見其柔情。這一節用了「錯誤」、「錯得」、「錯入」、「誤入」等字眼，與作者常用「美麗的錯誤」來形容沒有結果的戀情相符，愛情錯得多美麗！

第三節上承「維特的墓地」而下，深入書寫別後之「我」的愛情眷戀。「我」曾表示對於以往的情人不願再見面了，但是感情並不聽命於理智的支配，要超越感情世界實在不容易。儘管一如第二段所寫，女子已經將過去的愛情一股腦兒拋棄，但是深情如「我」，畢竟是很難自悲傷的情緒中走出的，這份令「我」難以忘懷的愛情，「我」仍「體切地踏著」，意味著「我」仍行進於過往的愛的世界中，回味著愛的苦澀。在這一節仍可感受到「我」的心情依舊很難平靜，但對對方並沒有負面的埋怨，想著對方「已靜靜入睡」，有無限祝福的心意在裡頭，而獨留我來面對這世界。

詩寫得極為溫柔敦厚，情意深摯。

總歸來說，這是一首典型的愛情詩，而詩人用情至深，悲傷的情調含蘊其間，哀怨淒楚，讀來感人肺腑，令人刻骨銘心。詩人以第一人稱「獨白體」的敘述方式，向特定對象深情款款地傾吐心中的情愫，屬於「說話型節奏」(誦調)。其節奏相當舒緩，高頻率地使用具有延長聲響效果的「了」、「的」等語尾聲音助詞，並且把短句和中長句，連接在同一行，更加長了節奏的音波波長，產生回音共鳴的重疊音效，使得這首詩節奏舒緩，感覺越發淒美動人，讀之如同聆聽一位男歌手，低沉沙啞深情雄渾的男低音，磁性的嗓音讓人低迴不已、沉吟再三。(參陳朝松新詩的音樂性)而其首尾兩段第一句「這次我離開你」重覆，這種表現方式，能夠收到首尾相互呼應的效果，充分表面詩歌的復沓節奏，另外「這世界」出現三次，第二、三次以頂針方式出現，也讓節奏流連低徊。「念此際」、「本不該」也都是重複出現，增強了詩歌的音樂性。

鄭愁予擅長寫抒情詩，能熔古典於現代，以嶄新的語言鑄造鮮活的意象。早期以浪漫的意識、奔放的性情及獨特語言交織而成的詩篇。如：錯誤、船長的獨步、水手刀及本詩等。中年後，因歲月之思、家國之感，及生命體悟，詩作內容、型式，與早期大異其趣。楊牧在〈鄭愁予傳奇〉一文中肯定：「鄭愁予是中國的中國詩人」，顯見鄭愁予吸取了中華民族豐富、充實、輝煌、燦爛的內涵。何寄澎更推許他：「鄭愁予詩的語言是中國的，節奏是中國的，最重要的是他的感情是中國的。所以他的抒情詩能寫的好。在現代詩人中，鄭愁予是少數能繼承中國古典詩抒情傳統，繼而發揚它的詩人之一。」而此詩正是極具鄭愁予風格的早期代表作之一，值得細佳品味。

六、黃國彬〈聽陳蕾士的琴箏〉

本 文

他的寬袖一揮，
萬籟就醒了過來，
自西湖的中央，
一隻水禽飛入了濕曉，
然後向弦上的漣漪下降。

月下，銀暉在鮫人的淚中流轉，
白露在桂花上凝聚無聲，
香氣細細從睡蓮的嫩蕊溢出，
在發光的湖面變冷。

涼露輕輕地敲響了水月，
聲音隨南風穿過窗櫺直入殿閣。
一陣蕩漾過後，
湖面又恢復了平靜。

他左手抑揚，右手徘徊，
輕撥著天河兩岸的星輝，

然後抑按藏摧，
雙手游隼般俯衝滑翔翻飛。

角徵紛紛奪弦而起，
鏗然躍入了霜天；
後面的宮商像一隻隻鼓翼追飛的鷂子
急擊著霜風衝入了空曠。

十指在急縱疾躍，如脫兔如驚鷗，
如鴻雁在大漠陡降；
在西風從竹林捲起，
把木葉搖落雲煙盡斂的大江。

十指在翻飛疾走，
把驟雨潑落窗格和浮萍，
颯颯如變幻的劍花在起落迴舞，
彈出一瓣又一瓣的朝霞。

雪晴，山靜，冰川無聲。
山崑崙之巔，金色的太陽擊落紫色的水晶。
紅寶石裡珍珠如星雲在靜旋發光。

然後是五指倏地急頓……
水晶和融冰鏗然相撞間，
大雪山的銀光驀然在高空凝定。
而天河也靜止如劍。

廣漠之上，月光流過了雲漢，
寂寂的宮闕和飛擔在月下聽仙音遠去，
越過初寒的琉璃瓦馳入九天。

後　記

陳蕾士，當代音樂家，在中大任職期間，曾邀思果先生和我到崇基的音樂資料室聽他彈奏琴箏。崇基的音樂資料室幽靜雅致，外牆披垂著常春藤，四周盡是花木和鳥聲。那天下午，我在琴音中成了個雅士，彷彿置身於古代的中國。現在陳先生已經退休，思果先生遙居美國，我也離開了中大，轉往港大教書，有空的時候只能聽聽陳先生贈送的唱片。當日美妙的琴音和箏聲，早已在吐露港的風中消逝了。

一九八三年八月十二日追記

題　解

〈聽陳蕾士的琴箏〉一詩選自《吐露港日月》。是作者回憶昔日欣賞陳蕾士高超琴箏技藝而作。陳蕾士是著名的音樂家，曾任教於香港中文大學。作者以豐富的想像與聯想，運用比喻、擬人、誇張、通感等修辭手法，把訴諸聽覺的音樂形諸視覺形象，描寫彈奏琴箏的動作，表現各種樂音構成的美妙意境。句式長短交錯，輔以靈活的押韻，用語清麗，描繪生動。詩後面的「後記」交代了寫此詩的緣由，有助於對此詩的理解與欣賞。

本詩作者在聲音描繪上的手法與劉鶚明湖居聽書一文相通之處，雖然一爲文，一爲詩，但兩篇都是通過豐富的想像和聯想，運用大量的比喻，把抽象的聲音化爲具體的物象，令人可視可觸，都同時傳達了樂音的美妙，久久令人陶醉不已的心情。

作者

黃國彬，原籍廣東新興縣，一九四六年出生於香港。先後就讀於皇仁書院和香港大學，獲香港大學 英文系碩士學位，曾任教於香港大學英文系和比較文學與翻譯中心。主要著作有詩集《攀月桂的孩子》、《指環》、《吐露港日月》、《 翡冷翠的冬天》，散文集有《華山夏水》、《三峽》、《蜀道》、《峨眉》，評論集有《中國三大詩人新論》、《文學的欣賞》、《陶淵明的藝術》等。

賞讀

本詩抒寫昔日欣賞陳蕾士的高超琴箏技巧和自己對美妙樂音的陶醉。全詩按彈奏過程可以分爲兩個層次，一是寫彈奏者的手勢，一是寫樂音的美妙。在押韻上大致隔行押韻，可見新詩在押韻方面的限制較寬。詩共十節：

第一節寫彈奏開始，好像萬籟在清晨中「醒了過來」。作者想像出這樣一幅畫面：一隻水禽從西湖中央飛入濕潤的清晨的空中，激起湖水一片漣漪。然後水禽又徐徐下降。作者以水禽的動作表現琴聲的高低徐疾，以漣漪表現琴聲節奏的起伏變化，同時也令人感受到彈奏者從容不迫，舒徐有致的展開彈奏。以下亦都是通過生動的比喻和豐富的想像來描寫樂音、手勢。

第二節寫樂音輕細，若有若無，用「睡蓮」、「香氣」、「嫩蕊」形容，予人柔和寧謐的感受。第三節寫樂音一陣輕響，又復平靜。作者用「涼露輕輕地敲響了水月，／聲音隨南風穿過窗櫺／直入殿閣」，寫樂音起伏由低到高，由抑到揚。第四節寫陳蕾士雙手快速移動，上下翻飛。第六節寫樂音急驟，高低交錯，第七節又寫陳蕾士的手勢，十指急縱疾躍，大起大落。「把西風從竹林捲起，把木葉／搖落雲煙盡斂的大江。」表現出樂音的奔放、激越和強勁。第八節寫十指翻飛疾走，彈奏更快，像變化多端的朵朵劍花在上下來回飛舞，樂音繁密而多變。第九節寫主調結束，樂音延續，清脆迴旋。作者用「雪晴，山靜，冰川無聲。／在崑崙之巔，金色的太陽／擊落紫色的水晶。紅寶石裡／珍珠如星雲在靜旋發光。」來表達。第十節寫五指急頓之下，樂音鏗然而止，彈奏結束，餘音裊裊不絕。最後以「後記」交代聽琴箏的原因、地點和感受，並表達對陳蕾士及思果先生的懷念。

綜言黃國彬所描繪的陳蕾士彈奏琴箏的手法如下。初段：「他的寬袖一揮」，雙手就像「自西湖中央的一隻水禽飛入了濕曉，然後向弦上的漣漪下降。」顯得從容不迫，舒徐有致。中段：「他左手抑揚，右手徘徊，輕撥著天河兩岸的星輝。」初時仍姿勢輕鬆，然後逐漸加快：「十指在急縱疾躍，如脫兔如驚鷗，如鴻雁在大漠陡降。」最後十指一連串急劇動作——「十指在翻飛疾走」，把彈奏推向高潮。末段：經過一連串急劇彈奏，指法放緩，「然後是五指倏地急頓」，結束了全部演奏過程。

而陳蕾士彈奏琴箏時所發出的樂韻三個階段如下。初段：樂韻輕柔緩慢，似有還無：「月下，銀暈在鮫人的淚中流轉，在發光的湖面變冷。」聲音轉趨清脆，然後逐漸低沉靜止。「涼露輕輕地敲響了水月……一陣盪漾過後，湖面又恢復了平靜。」中段：樂韻再起，激昂高亢，響徹四方：「角徵紛紛奪弦而起……衝入空曠。」樂聲驚心動魄，使人意亂神迷：把「西風從竹林捲起，把木葉搖落雲煙盡斂的大江。」最後，樂音變幻莫測，悠揚悅耳：「把驟雨撥落窗格和浮萍……彈出一瓣又一瓣的朝霞。」末段：絢爛歸於平淡，樂韻漸柔漸細，旋律優美：「雪晴，山靜，冰川無聲……紅寶石裡珍珠如星雲般在靜旋發光。」最後在連串急劇的高音中突然靜止，給人有餘音裊裊，不絕如縷的感覺：「水晶和融冰鏗然相撞間，大雪山的銀光驀然在高空凝定，而天河也靜止如劍。」

閱讀本詩可再留意以下兩點：

一、通感手法的應用：一首詩意境的形成，往往藉助「通感」的修辭手法。所謂「通感」也叫「移覺」，就是感覺的移轉，例如視覺中的顏色似乎有溫度，聲音似乎有視覺形象等等都是。本詩描寫琴聲纖細而纏綿，用「香氣細細從睡蓮的嫩蕊中溢出」來比喻，即是將聽覺移轉到嗅覺上去，引起讀者的想像與聯想。又如通過視覺聯想，以「月下，銀暈在鮫人的淚中流轉」、「彈出一瓣又一瓣的朝霞」詩句，分別表現樂音的輕柔緩慢及變化多端。通過聽覺聯想，以「涼露輕輕地敲響了水月」、「把驟雨／潑落窗格和浮萍」詩句，分別表現樂音的輕細清脆和急驟繁密。

二、這首詩有許多明喻的句子，如：後面的宮商／像一隻隻鼓翼追飛的鷂子／急擊著霜風衝入空曠。十指在急縱疾躍，如脫兔／如驚鷗，如鴻雁在大漠陡降。颯颯／如變幻的劍花在起落迴舞。珍珠如星雲在靜旋發光。大量運用比喻，化音爲畫，變抽象爲具體，貼切而新穎。

本詩大致上隔行押韻，可見新詩在押韻方面的限制較寬。

作者用文字寫出：琴箏急驟和跳躍的節奏、琴聲悠揚和逐漸停滯的狀態、寫彈奏嘎然而止所產生的音樂效果、寫餘音繚繞、逐漸遠去等等，生動表現了彈奏者的技巧及琴箏的美妙樂韻，實爲一篇難得的新詩佳構。

七、向 陽〈春回鳳凰山－寫給九二一災後四個月的故鄉〉

大地無情，九二一地震傷害最嚴重的南投地區，每一個鄉鎮都有令人心酸的影像及故事，希望透過詩詞歌謠的閱讀能洗滌蒙塵的鄉土，能以積極樂觀的態度凝聚關懷力量，勇敢走出悲情，早日脫離地震的陰霾。人生本來就是如意困挫更迭相伴，如何面對橫逆挫折，敞開胸懷，迎向往後嶄新美好的生活；如何從廢墟煎熬中站起來？相信本詩的閱讀可以提供自我療傷，不向命運低頭的力量。

本 文

彷彿還是昨天
妳為我的行路鋪上青翠絨毯
要漫山鳥鳴陪我一段
沿途草花隨風綻放妳的叮嚀
依依難捨飄灑而下的竹葉
在林間含淚送我離鄉

在林間含淚送我離鄉

依依難捨飄灑而下的竹葉
仆倒於九二一震後我回鄉的路上
沿途草花凋萎，鳥鳴失蹤
我走過的路途坎坷破裂
青綠的絨毯一夕變成皺縮的碎紙版
我心中惦念長青的鳳凰山
在朝陽照射下如此灰黯

在朝陽照射下如此灰黯
我心中惦念的長青的鳳凰山
百年大震奪走了妳的美麗容顏
山石崩走如火，焚燒妳的軀幹
死亡的陰影吞沒無助的鄉人
來自地心隆隆滾動的吼聲
嗶剝價響，沿路追燒我的故鄉

嗶剝價響，沿路追燒我的故鄉
來自地心隆隆滾動的吼聲
如今終已停息。震後四個月
寒流躲回北方，太陽重又升起
我看到新綠，跰跳於回鄉的路上
鳥聲與花香，尾隨曬黃的茶煙昇騰
在鄉人黧黑的臉上烙出自信的光芒
彷彿還是昨天，抖落死亡的陰影
要讓春天重回，重回鳳凰山

作 者

向陽，本名林淇瀁，台灣 南投人，民國四十四年（西元一九五五年）五月七日生。筆名「向陽」的由來，取自蘇麟〈獻范仲淹〉詩「近水樓台先得月，向陽花木早逢春」，前句的意思是靠近水邊的樓台可先得到月的倒影，「向陽花木易爲春」指向著陽光的花草樹木，容易得到溫暖而盛放。樹的共同特性在於向下抓緊泥土，向上爭取空間，尋求陽光。筆名之意，應有以此自我期勉、力爭上游、朝向光明之意。中國文化大學東語系日文組畢業，美國 愛荷華大學 Internationl Writing Program （國際寫作計劃）研究，中國文化大學新聞研究所碩士，現爲政治大學新聞系博士候選人。曾任時報周刊主編、自立晚報藝文組主任兼副刊主編、自立晚報、自立早報、自立周報總編輯、自立早報總主筆、「吳三連台灣史料基金會」秘書長。

從十三歲開始寫詩，向陽自謂一個把詩當信仰的人，詩是「對於生活及生命所賴以繫之的人間尊嚴的提昇。」因爲有「提昇人間尊嚴」的認知，才有可能爲「台灣的良知」樹立詩的巍峨之碑。向陽在歲月詩集後記中曾言：「我對於歷史的、文化的中國，從早期浪漫的夢想的嚮往，已逐漸傾向於理智的應用的尊敬，也從人文秩序的全盤接受，轉於自然秩序的中心服膺；而對於地理的、現實的台灣，則從鄉里情結的追思膠著，逐漸進入於生活環境的省視前瞻，也從自怨自艾的悲愁，轉於自尊自重的勇健。」從文化中國轉而爲現實台灣的生命決志，顯示向陽要比一般詩人更早找到自己與台灣的生存軌道，這一年，西元一九八五年，向陽三十歲。

自一九九八年起他陸續在電腦上設立「向陽工坊」等網站，

贏得相當多的迴響，是經營平面書寫與電子媒體有所成的一位詩人。一向有著相當內斂性格的向陽，二十五年來一直維繫著詩的形式，保持某種特定的格律，十行集自不待言，早期的銀杏的仰望、種籽，無不如是；收入向陽詩選中稱之爲亂的這一輯詩作，也有某種程度的格律可尋。

向陽以十行詩與台語詩在當代台灣詩壇獨樹一幟；融傳統、鄉土於一爐，集現代、寫實於一身，能出能入，被譽爲台灣現代詩遊戲規則的塑造者。他擅長國、台語參雜使用，並用心閩南方言詩的創作。二〇〇〇年一月廿九日，詩人參與溪頭故鄉「春回鳳凰山點燈祈福晚會」〔由「災後重建民間諮詢團」等單位合辦〕，並以感性的聲音在鄉人面前朗誦春回鳳凰山、黑暗沉落下來、迎接等三首詩歌，沉痛的描述了地震所造成嚴重傷害，並振奮重建意志。這首爲九二一大地震所寫的詩黑暗沉落下來，就有國語、臺語兩種版本，詩中一再以「黑暗沉落下來」反覆錯綜出現，如果一再反覆錯綜吟誦此詩，真的也讓人心沉落下來。

著有詩集：《向陽詩選》、《十行集》、《土地的歌》（台語）、《歲月》、《四季》，散文集：《日與月相推》、《跨世紀傾斜》、《暗中流動的符碼》、《流浪樹》、《在雨中航行》、《世界靜寂下來的時候》、《一個年輕爸爸的心事》，評論集：《康莊有待》、《迎向眾聲》，時評集《爲台灣祈安》等多種。譯有《四季明信片》（日・安西水丸著）。

賞　讀

九二一大地震之後，相關報導湧現報紙、網路上，根據這些報導，我們大致了解到南投 鹿谷鄉的情景：頓時陷於山崩地裂的慘狀裡，不斷的餘震讓鳳凰山等山丘土石崩落不斷，令人心悸的轟隆巨響持續一天兩夜，鄉內道路柔腸寸斷，電信、電力、供水完全中斷有如孤城，傾倒的建築、崩落的土石等造成數十人死亡，鳳凰村田底百餘戶住家、杉林溪遊樂區三百多名員工和遊客受困，外界難以掌握詳情。

鹿谷 鄉鳳凰山本是一處有著旖旎風光、溫和氣候、茶山、森林、鳥園美景，可以全然放鬆、陶醉其中的地方。青山翠谷、古木參天，讓人擁有暢快的森林浴；凍頂山的美麗茶園風光，讓人樂而忘憂；無可比擬的獨特凍頂茶香，更讓人回味久久。這是詩人的故鄉所在。

民國八十八年九月廿一日台灣發生震驚海內外的大地震，震災之初，許多充滿悲情哀悼的詩歌陸續在報刊上發表。本詩描寫大地震帶給故鄉的創傷，但詩人並不自陷情緒的泥沼，而是以樂觀豁達的態度將悲情昇華，展現生命的莊嚴、昂揚與自信，顯現詩人在悲哀沉澱，悲情稍減後，心靈底層真正的聲音。

全詩分四節。詩的每一小節可隱約感受到行末的協韻，第一小節協ㄢ韻，有：天、毯、段；第二小節協ㄤ、ㄢ及ㄝ韻，ㄤ韻有：鄉、上。ㄝ韻有：葉、裂。ㄢ韻有：版、山、黯。第三小節協ㄢ韻，有：黯、山、顏、幹。第四小節協ㄤ、ㄥ韻，協ㄤ韻有：響、鄉、、方、上、香、芒、天、山。協ㄥ韻有：聲、騰、影。每節最後一字分別是ㄤ、ㄢ、ㄤ、ㄢ韻，參差出現。整首詩每行的末字大抵爲ㄢ、ㄝ、ㄥ、ㄤ。

同時每兩小節之間形成一種頂針回環的連結，節奏可誦。第一小節「依依難捨飄灑而下的竹葉／在林間含淚送我離鄉」兩句開啓下一節「在林間含淚送我離鄉／依依難捨飄灑而下的竹葉」；第二節是：「我心中惦念長青的鳳凰山／在朝陽照射下如此灰黯」

兩句開啓下一節「在朝陽照射下如此灰黯／我心中惦念的長青的鳳凰山」；第三節是「來自地心隆隆滾動的吼聲／嗶剝價響，沿路追燒我的故鄉」兩句開啓下一節「嗶剝價響，沿路追燒我的故鄉／來自地心隆隆滾動的吼聲」。前三節的節奏較平緩，予人無限低回傷感，最後一節短句使用較多，峰迴路轉，節奏加速，而「追燒」、「滾動」、「升起」、「蹦跳」等動詞的使用，也令人感受到生命的躍動與詩人的祝福。詩人並不刻意押韻，但如此安排，自然形成協韻，形成音韻上和諧舒緩的效果，與詩中開始時溫厚、憂傷的詩味相互呼應。讓人低回感傷，讓人疼惜這一大片美好家園。而形式上的整齊與重複回環，也讓朗誦聲音顯得纏綿憂思。

在寫作技巧上，本詩以擬人化的女性「妳」譬喻「鳳凰山」，鳳凰山像大地之母一樣，展現她的溫柔多情與堅強剛毅。傳說中鳳凰能浴火重生。詩人家鄉名山又恰恰名爲鳳凰山，當他寫著「一路山石崩走如火，焚燒妳的軀幹／死亡的陰影吞沒無助的鄉人／來自地心隆隆滾動的吼聲／嗶剝價響，沿路追燒我的故鄉／」，讀者似乎也預見「彷彿還是昨天，抖落死亡的陰影／要讓春天重回，重回鳳凰山／」。

全詩以對比、反覆的手法，生動抒發了對故鄉關懷之情。「彷彿還是昨天」兩見，分別出現於前後節，有著一份對純樸家鄉的熟悉與依戀。今昔對比，凸顯了昔日山水之美好與災後的柔腸寸斷，最後表達災難將隨昨日而去，一種鼓舞的新生力量將隨日而昇，隨春天的到來而開展。末句亦呼應了題目。

本詩就形式而言，明顯有幾個特徵：一是行末協韻，二是節數偶數，三是兩截式的對比，四是句型重複。這四個特徵，合而言之，可說即「反覆」二字罷了！行末協韻是聲音的反覆，節數偶數、兩截對比、句型重複，是字句章節的反覆。優美形式的設計有賴於「反覆」二字，向陽的詩顯現了這樣的藝術特徵。詩詞歌賦中，律詩的格律最需講求。字數句數，受到一定的限制；平仄韻腳，不可隨意更易；一韻到底，不能換韻；中間兩聯必須對仗。向陽此詩雖爲新詩，但這樣的格律要求用來比擬向陽形式整齊、講究對比的詩作，亦當之無愧。

台灣詩壇詩集暢銷的詩人，包括鄭愁予、瘂弦、余光中、楊牧、席慕蓉、羅青等，他們的詩篇都是重視節奏、講求協韻。向陽的同輩詩人或稍後的時間裡，很多詩人也自我講求格律，如林建隆的三行俳句，白靈、蕭蕭的五行詩，游喚衍自易經的七行詩，岩上的八行詩，王添源的十四行，蘇紹連、渡也的散文詩，都足以證明向陽的堅持形式有其正向功能，使其詩更易於欣賞、誦讀。

八、蓉　子〈傘〉

本　文

鳥翅初撲
幅幅相連　以蝙蝠弧形的雙翼
連成一個無懈可擊的圓

一把綠色小傘是一頂荷蓋
紅色朝暾　黑色晚雲
各種顏色的傘是載花的樹
而且能夠行走……

一柄頂天
頂著豔陽　頂著雨
頂著單純兒歌的透明音符
自在自適的小小世界

一傘在握　開闔自如
闔則為竿為杖　開則為花為亭
亭中藏一個寧靜的我。

題解

本詩選自文史哲出版社印行的《千曲之聲》。作者藉日常生活中經常使用的傘，抒寫她寧靜自適、悠遊自在的情懷，顯現其溫婉靜美而又獨立自主的性格。詩分四節，前後兩節有三行，中間兩節各爲四行，共十四行。節奏和諧酣暢，感情歡欣愉悅，從中可體會生活之情趣，亦可引發人多方的聯想。

詩的第一節描述傘之外觀，作者從動態處下筆，掌握傘被開啓的短暫美感。第二節把各色各樣的傘比喻成自然界的各種現象，色彩豐富，想像奇特。第三節描寫一傘相伴，可在豔陽或雨中行走，創造出一個恬適自然的小小世界。第四節進一步描寫她與傘之間密切關係，傘不但可遮陽蔽雨，也可爲竿爲杖、爲花爲亭，在那「開闔自如」的世界，我們也看到詩人寧靜而自在自適的心境。

詩人以「傘」爲題材者自亦不少，蓉子這首詩描述傘之外形，譬喻準確而生動，同時其音樂旋律優美可喜，充滿了自在自適的情趣，所歌詠的又是生活中常用的傘，因此讀來特別親切有味，在同類題材中是相當膾炙人口的名作。

作者

蓉子，本名王蓉芷，江蘇省漣水縣人，民國十七年出生，因爲父母爲虔誠基督教徒的緣故，她從小就在教會學校受教育。對日抗戰開始，她輾轉於揚州、上海、南京之間的教會學校攻讀。離校後考入交通部國際電臺，於民國三十八年，奉調入臺北籌備處工作，她在臺北國際電信局服務前後長達二十七年，於民國六十五年退休。曾獲國際婦女年國際婦女文學獎、青協文學成就金鑰獎、國家文藝獎、菲律賓總統金牌詩獎。

來臺後，她因生活安定，工作不忙，於是從年少時就埋在心中的詩的種籽，開始發芽茁壯。從民國三十九年到四十一年間，她開始在當時最早的詩園地，由李莎、覃子豪、紀弦等主編的自立晚報「新詩周刊」及紀弦主編的現代詩上不斷地發表作品。四年後，她由中興文學出版社出版了處女詩集青鳥集，爲自由中國第一位擁有詩集的女詩人。

因爲寫詩的關係，她結識詩人羅門，一年後，也就是民國四十四年，二人結爲夫婦，成爲詩壇佳話。他們兩人的詩觀並不完全相同，風格也自有其特色，在寫作上彼此精神獨立完整，只是互相供應養分，而不受影響。大體上說來，羅門的詩走剛猛一路，時露淒厲壯烈之音，而蓉子則沉靜敦厚，於溫柔中見韌性。民國四十五年，兩人加入以紀弦爲首的現代派。一年後，雙雙退出，成了藍星詩社的中堅。此後，二人埋首努力創作，被譽爲中國詩壇的「伯朗寧夫婦」，有英文版的詩合集《日月集》（榮之穎英譯）於民國五十七年由美亞出版社發行。

民國五十年，蓉子由藍星詩社出版第二本詩集《七月的南方》，確立了她自己的風格。此後，她在詩壇的活動頻繁，訪問座談不斷，足跡遍及韓、菲、美等地，努力求文化交流及發揚推廣新詩等工作。

民國五十四年，她出版第三本詩集《蓉子詩抄》（藍星詩社出版）。民國五十八年，純文學出版社出版了她第四本詩集《維納麗沙組曲》，並和羅門一同出席馬尼拉第一屆世界詩人大會。民國六十三年，三民書局出版了她第五本詩集《橫笛與豎琴的晌午》。

民國六十六年，她曾隨團赴歐洲旅遊，寫了不少遊記，並由道聲出版社出版了第六本詩集《天堂鳥》；兩年後，《維納麗沙組曲》更名為《雪是我的童年》再版，由乾隆圖書公司出版，蓉子除了寫詩及散文外，對兒童文學的創作，也很有興趣。她曾於民國五十六年應臺灣省政府教育廳兒童讀物編輯小組之請，寫過一本兒童詩《童話城》，由臺灣書店印行並為國語日報社翻譯格林童話《四個旅行音樂家》。並曾應聘為臺北市教育局主辦的兒童文學教師研習會講師，及洪建全教育文化基金會兒童文學創作獎評審委員。民國六十七年，黎明文化事業股份有限公司出版了《蓉子自選集》，列入中國新文學叢刊之中，對於她創作的歷程，十分有系統的介紹給讀者。八年之後，又出版這一站不到神話詩集並榮獲國家文藝獎。

蓉子早期的詩受新月派的影響很深，這個階段的作品，大多收入《青鳥集》。然而自從《七月的南方》出版後，她開始緩慢而有節制的於作品注入現代機械文明下所產生的種種經驗，使溫柔純美的詩風裡，透露出些許苦澀及西化的傾向。她寫下了〈城市生活〉、〈碎鏡〉（見《七月的南方》）及〈我的妝鏡是一隻弓背的貓〉、〈三月無詩〉（見《蓉子詩抄》）等作品，語言、意象、內容都比過去成熟了許多。到了她出版維納麗沙組曲時，她已經能夠收發自如的處理任何題材了。這一個時期的作品如〈公保門診之下午〉、〈未言之門〉及〈詩〉等，都顯示出她不再只是一個「閨秀派」詩人。

從《橫笛與豎琴的晌午》開始，蓉子已有回歸東方古典的感覺，因為她從未劇烈的西化，故回歸的過程也就十分輕鬆自然而不著痕跡。在這段時期裡，她寫了許多歌誦寶島臺灣的詩篇，韓國的風物亦出現在她筆下。此外，佳作如〈一朵青蓮〉、〈一隻鳥飛過〉，都頗能代表蓉子進入後期的成熟風貌。民國八十四年她將歷年來的詩作，重新整理，挑選了一六○首，出版了《千曲之聲》。在序言中，她說：「詩是和生命同步的，在我漫長的生命歷程中，可說一直流露著對生命、大自然、人與社會以及種種事物真摯質樸的關懷，直到現今我仍抱持這樣的信念，那便是：詩在達到了藝術表現技巧的同時，也必須流溢出真實人性的慧悟與靈思。」證以其作，足見所言不虛。

蓉子以溫婉明淨的詩風，歷四十年而創作不輟，樹立了女性詩人的典範，也贏得了詩壇的稱譽，稱之為「永遠的青鳥」。著作除以上所述之外，尚有散文《歐遊手記》、《千泉之聲》及論評集《青少年詩國之旅》等。

賞 讀

女詩人蓉子對於生活中的美有甚為敏銳的洞察力，一把普通的傘，在她的眼裡也是「一匠心獨具的美好結構」〈雖說傘是一庭花樹〉「一個無懈可擊的圓」。她的詩具有強烈的生活氣息，自然流露出一種訴諸於生命的哲思與靈性的慧光，意境悠遠，寧靜雋永，彷彿和煦春風之輕拂，具有淨化讀者心靈之作用。本書所選之〈傘〉充分體現了此特色。

〈傘〉這首詩，語言簡潔明淨，清新淡婉，結構十分完整，分四節來描寫傘的形態及功能，興趣諸多意象的聯想，然後再把自己的感情注入傘中，人與物綰合而寫，傘與人合而為一，所以，「傘」可說是作者對自己的寫照，對生命本質的體驗與肯定。

第一節描述開傘的過程。作者所寫的傘並不純然是靜態的，而是靜中有動，她形容傘之初開，讓人感覺像鳥翅初撲，半開時，則像蝙蝠弧形的雙翼，全開時，才發現非鳥非蝠，而是一個「無懈可擊的圓」。短短三行，貼切而傳神的捕捉了傘被開啓刹那美感。作者在這一節以鳥、蝙蝠雙翼來比喻傘，可說相當準確而生動。因傘之各個相對的葉片，就如鳥翅初撲，也如蝙蝠弧形的雙翼。傘不用時，通常被置放於門口角落，猶如蝙蝠躲藏屋簷內；傘收攏放置時，成倒掛狀，蝙蝠斂翼時也倒掛著，傘撐開時與蝙蝠展開蹼翼，更是如出一轍。這樣的比擬再貼切不過了，使得這一節猶如一個生動有趣的謎語。

第二節寫各色各樣打開後的傘。首先寫純色的傘：「綠色小傘是一頂荷蓋」，紅色的傘如朝暾，黑色的傘則如晚雲。「紅色朝暾／黑色晚雲」一行，文字簡潔，句法則稍作變化，不與上句雷同。其次寫花色的傘：「各種顏色的傘是載花的樹」，花樹與花傘相提並論，視覺上爲之一新。但樹終究不能行走，傘則因人的緣故，可以四處行走，所以作者又補上一句：「而且能夠行走……」。將花傘比喻爲載花的樹，是一奇；再把比喻成樹的花傘形容爲會走的樹，又是一奇，令人驚、令人喜。「行走」之下以刪節號示之，就視覺上來說，如不斷延展的路，而路上則充溢各式各樣的花傘、花樹，具有動態的美感。詩題是傘，所以一、二節先交代物（傘）之外觀，似乎沒有「我」之存在，可是細思第一、二節以來寫傘之開啓、傘之行走，不就隱約暗藏了一個「我」在傘裡邊嗎？由部分到全體、由孤立到相融的「圓」，由「圓」轉爲「花樹」之形象，尤其「能夠行走」，似乎暗示了生命之圓融境界，必須由孤立走入群體，在人我、物之間求得相融圓滿。所以第三節以下即描述作者與傘之和諧關係。

第三節作者寫傘之功用及她與傘的感情。一傘相伴，可以遮陽蔽雨，清涼而安心。而雨滴打在傘上，童心依然跳動，如「單純兒歌的透明音符」，讓人陶然忘我，回到童年美善的幻想之歌。這讓詩人感受到她傘下的小小世界是如此的「自在自適」。傘不但可以「頂著豔陽」，也可以「頂著雨」，還可以使雨化成「單純兒歌的透明音符」，並創造出一個愉悅的「自在自適的小小世界」。這個「小小世界」正與第一節中的「無懈可擊的圓」此一意象相呼應，也開啓了下一節「開則爲花爲亭／亭中藏一個寧靜的我」。傘開則爲花、爲亭，「亭」同樣是具有遮日蔽雨的功能。

在第三節當中，詩人運用四個「頂」字，有三個「頂」字放在句前，似乎傘之功用頗多，對人類之貢獻不少。而作者此三句之排序甚爲講究，但寫來卻平易自然，不著痕跡。「頂著豔陽／頂著雨」這一行上下句絕不能改易，如果上下句顛倒，那麼第三行的「頂著單純兒歌的透明音符」之美感經驗，生活情趣，讀者將無由體會，雨水滴落的聲音與兒歌音符的關係將無由成立。從這些細微處，我們可以看到詩作之技巧與內容亦渾融一體。

第四節（也是最後一節），詩人再進一步描寫她與傘之間的密切關係，並闡釋了那個「自在自適的小小世界」的內容。傘成了詩人生活中的必需品，不但可蔽雨擋陽，還可以「爲竿爲杖」，成爲扶持自己的工具或保護自己的武器，更可以「爲花爲亭」，讓詩人隱藏其中，靜觀萬物。當然，這一節中的「闔則爲竿爲杖／開則爲花爲亭」，其上下句亦同第三節所述，不能互相倒置。在這裡，除了有頂真（「亭」字）之作用外，亦透露出作者生命之寧靜清明、自立自主，同時也呼應第三節的「自在自適的小小世界」。

蓉子的〈傘〉表現了靜美溫婉的風格，感受獨特、觀點新鮮，寫的雖是「傘」，事實上也是詩人自我情懷的發抒，表現了一種自適自在的心情和開闔自如的生命圓融境界。這首精緻短詩的藝術魅力除了譬喻的準確生動外，另外節奏和諧，有優美的音樂旋律，

「撲」、「樹」、「符」、「如」近乎叶韻，「一」字六出，文字整齊但不覺刻板。這首詩體現了蓉子清靜優雅及抒情淡泊的筆觸，可謂文如其人。

九、梁雲坡〈射手〉

本　文

青春時
我是盲目的射手
自負有千萬隻箭
就無的放矢
自以為豪放
終於
射盡了囊中之箭

中年時
我已百發百中
更發現無數更好的目標
可惜我已無箭可射
只惆悵地看一群拙劣的射手
—— 浪費力氣！

當我老邁時
啊！
我看見我鬢髮皆白

正以老花的眼
顫抖的手
撿一根枯乾木棒
夢想削成青春之箭……

題　解

本詩選自業強出版社印行的《青少年詩國之旅》。作者以「射手」爲喻，來描述人生的三個階段，表現了青年、中年和老年三個不同時期的心態，藉此勉人應珍惜青春時。

詩分三節，第一節寫青春時期的我，自負囊中有千萬隻箭，就無的放矢，且自以爲是豪放之舉，終於射光了所有的箭。第二節寫自己到中年，已可箭不虛發，但囊中已無箭，只能惆悵看一群技藝不成熟的射手，徒然浪費力氣。第三節寫他到暮年老邁時，體力衰竭，只能以顫抖的手，撿拾一根別人丟棄的乾枯木棒，夢想削成「青春之箭」。「箭」在詩中，可以代表年輕活力、青春與機會、光陰與健康……種種意涵來解讀。此詩與宋祁〈浪淘沙近〉：「少年不管，流光如箭，因循不覺韶光換。至如今，始惜自滿、花滿、酒滿。」同出機杼。點出了人生最常犯的毛病：自以爲有的是時間和本領，隨意揮霍青春時光，以及所擁有的健康、友誼、關懷等。遂導致身心受害，友誼流失，親情遭損等。

青春年少時期，頭腦靈敏，體力充沛，反應迅速，是紮（或札）根創業的好時光，此詩即勉人勿白白將大好青春浪費掉。短短篇幅，寫得精警深至，委婉而暢達，惆悵中自有積極進取之深意。

作　者

梁雲坡，本名梁在正，河北省高陽縣人。民國十五年生於北平，民國三十六年畢業於國立北平藝專。師事畫家徐悲鴻、溥心畬、黃賓虹諸先生。民國三十八年來臺後，擔任中國美術設計協會常務理事九年，爲該協會之創始人，又曾編纂臺灣通史藝術篇。曾獲臺灣畫學會金爵獎，美國加州世界文化藝術學院贈予名譽博士，現爲專業畫家、作家，與夫人梁丹丰女士皆兼擅繪畫與文藝創作。

吳越先生在〈詩心匠意　墨暈滃然 —— 介論梁雲坡的「詩韻畫」〉一文說：

> 中國文學，尤其是詩，其與繪畫藝術，在本質上可謂是同為一體，僅在表現形式（Form）上之不同而已，所以明代大家董其昌說：
>
> 「詩以山川為境，山川亦以詩為境。」
>
> —— 這正說明一個畫家，蘊藏著一顆靈犀率真的詩心，表現（Express）於藝術上的形與色，和詩人表現於凝練的章句，二者在意境上若合符節。以此來看梁雲坡的畫作，正是他從其詩心匠意揉釀出來的；故觀賞他的畫，如飲新醅，讓人有幾分薰意，久久不能散去。
>
> 梁雲坡這種以詩意為主題，以現代心靈為觀照，用鮮活水墨予以詮釋而揮灑之畫作，可謂是統攝古今，獨闢蹊徑的「詩韻畫」。
>
> 梁雲坡從事文藝創作多年，他從新詩(碎葉、射手、期待)，散文（燈火、冬陽），藝評（美感與刺激、審美的代溝）到他的山水畫創作和古典詩（已出版至第八輯）已經達到

「追尋古典，擷取現代」雙重指標交會的一個新高點。（見《山中故事 — 雲坡詩畫》第八集）

梁氏勤於繪事，曾舉行個展二十餘次，有「山水畫集」八輯行世。

賞　讀

青春少年，正是人生的春天，就像楊喚說的「綠髮的樹般的年齡，微笑的果實般的年齡，海燕的翅膀般的年齡。」（〈二十四歲〉）是那麼美好。如果我們能善加把握，必能綻放出生命的光輝。反之，虛擲這一段美好時光，待白了少年頭，也只有徒呼無奈、空自悔恨罷了。

射手這首詩即惕勵青少年應善自珍惜青春時光。全詩分三節，分別象徵青年、中年、老年三個不同的階段和人生不同時期的心態。詩的基調雖是感傷、惆悵的，但並非濫情的自傷，其背後有更積極、進取的態度，那就是惜取少年時，期待人生果實豐盈的收穫。因作者藉「我」爲例說明，不但不是教訓的意味，且反而更具說服力，使人不知不覺產生共鳴。

第一節寫青春時期的我，是盲目的射手，因自負有千萬隻箭，就無的放矢，還自以爲是豪放之舉，終於不知不覺射盡了囊中之箭。「箭」在詩中代表了年輕活力、時間與機會等，亦即是美好年華的「青春之箭」，內涵可以相當豐富。以盲目的射手象徵青春時的我，說明了青春年少時，對人生充滿了理想和憧憬，但此時心智不夠成熟，知識經驗不夠豐富，精力充沛，卻橫衝直撞，顧前不顧後，或自恃年輕就是本錢，因此目標當未看清，就濫用「囊中之箭」，恣意揮霍青春，徒然浪費了許多時間，錯過了許多機會。這一節深刻寫出年輕人的通病：豪情萬丈、信心十足，但欠缺深思熟慮，想到什麼便立刻做起來，還自以爲豪放不羈呢！最後終將囊中之箭盲目地射盡。

第二節寫中年時的我。進入中年，豐富的生活經驗和社會歷練使他成熟了，自己已能認定目標，百發百中，箭不虛發。在人生的射箭場上，他更發現了更多更好的目標，更遠大、更有意義的理想，想去追求，然而年輕時的孟浪無知，使得此時囊中已無箭可射，心有餘而力不足。在這惆悵嘆氣的同時，他看到一群年輕的射手，正重蹈他年少時的覆轍，徒然浪費力氣。這一節深刻寫出作者既羨慕又惆悵的心情，也寫出人生最常犯的毛病：不知珍惜青春少年時。當我們擁有青春、光陰、體力、親情、友誼等世間美好事物時，從來不知道應該珍惜；直到這一切美好事物已消逝，才驀地驚覺，而一心想把它留住。那時候，究竟還能留住多少？一個已在吞茹當初揮霍青春所種下苦果的人，卻看到另一批少年正製造來日的苦果，那該是多麼惆悵、悲憤的心情！

第三節寫暮年老邁的我。在歲月侵逼下，年華老去，精力枯竭，青春之箭更是不可得。髮蒼蒼而視茫茫，只能用顫抖的手，撿拾一根枯乾木棒，夢想能削成「青春之箭」。這一節說明了人到老年，不免希望人生可以再來一次，可以再重返美好的少年時，再次揮灑出自己對人生的憧憬與理想，但這一切已經不可能了，老人只能以夢想的青春之箭做爲撫慰。

全詩寫出人的一生心境的轉換，從自恃年輕不知把握，到惆悵青春不再及最後夢想青春重返，深刻鋪演了一般人的人生歷程。詩中所說雖然不過是「珍惜人生的青春」，但作者以「射手」爲喻，來象徵人生三階段，手法新穎，令人印象鮮明。

「流光如箭」，在因循蹉跎之間，少年時代很快一去不返，年少時怎能沉湎於聲色犬馬，怠惰偷安，成群結黨，游手好閒，白白浪費一生的春光？是的，人生的青春只有一回，我們必須善加珍重愛惜，在年輕的畫布上留下絢麗的色彩。這是讀此詩給我們最大的感悟。

現代散文卷

一、春日雛雞叫賣圖：
賞讀豐子愷〈作父親〉

本　文

樓窗下的弄裡遠地傳來一片聲音：「咿喲！咿喲……」漸近漸響起來。

一個孩子從算草簿中抬起頭來，張大眼睛傾聽一會，「小雞！小雞！」叫了起來。四個孩子同時放棄手中的筆，飛奔下樓，好像路上的一群麻雀聽見了行人的腳步聲而飛去一般。

我剛才扶起他們所帶倒的凳子，拾起桌子上滾下去的鉛筆，聽見大門口一片吶喊：「買小雞！買小雞！」其中又混著哭聲。連忙下樓一看，原來元草因為落伍而狂奔，在庭中跌了一跤，跌痛了膝蓋骨不能再跑，恐怕小雞被哥哥、姊姊們買完了輪不著他，所以激烈地哭著。我扶了他走出大門口，看見一群孩子正向一個挑著一擔「咿喲！咿喲」的人招呼，歡迎他走近來。元草立刻離開我，上前去加入團體，且跳且喊：「買小雞！買小雞！」淚珠跟了他的一跳一跳而從臉上滴到地上。

孩子們見我出來，大家回轉身來包圍了我。「買小雞！買小雞！」的喊聲由命令的語氣變成了請願的語氣，喊得比前更響了。他們彷彿想把這些音蓄入我的身體中，希望它們由我的口上開出來。獨有元草直接拉住了擔子的繩而狂喊。

我全無養小雞的興趣；而且想起了以後的種種麻煩，覺得可怕。但鄉居寂寥，絕對屏除外來的誘惑而強迫一群孩子在看慣的幾間屋子裡隱居這一個星期日，似也有些殘忍。且讓這個「咿喲！咿喲」來打破門庭的岑寂，當作長閒的春晝的一種點綴吧。我就招呼挑擔的，叫他把小雞給我們看看。

他停下擔子，揭開前面的一籠。「咿喲！咿喲」的聲音忽然放大。但見一個細網的下面，蠕動著無數可愛的小雞，好像許多活的雪球。五六個孩子蹲在籠子的四周，一齊傾情地叫著「好來！好來！」一瞬間我的心也屏絕了思慮而沒入在這些小動物的姿態的美中，體會到了孩子們對於小雞的熱愛的心情。許多小手伸入籠中，競指一隻純白的小雞，有的幾乎要隔網捉住它。挑擔的忙把蓋子無情地冒上，許多「咿喲！咿喲」的雪球和一群「好來！好來！」的孩子就變成了咫尺天涯。孩子們悵望籠子的蓋，依附在我的身邊，有的伸手摸我的袋。我就向挑擔的人說話：

「小雞賣幾錢一隻？」

「一塊洋錢四隻。」

「這樣小的，要賣二角半錢一隻？可以便宜些否？」

「便宜勿得，二角半錢最少了。」

他說過，挑起擔子就走。大的孩子脈脈含情地目送他，小的孩子拉住了我的衣襟而連叫「要買！要買！」挑擔的越走得快，他們喊得越響。我搖手止住孩子們的喊聲，再向挑擔的問：

「一角半錢一隻賣不賣？給你六角錢買四隻吧！」

「沒有還價！」

他並不停步，但略微旋轉頭來說了這一句話，就趕緊向前面跑。「咿喲！咿喲」的聲音漸漸地遠起來了。

元草的喊聲就變成哭聲。大的孩子鎖著眉頭不絕地探望挑擔者的背影，又注視我的臉色。我用手掩住了元草的口，再向挑擔人遠遠地招呼：

「二角大洋一隻，賣了吧！」

「沒有還價！」

他說過便昂然地向前進行，悠長地叫出一聲「賣 — 小 — 雞」其背影便在弄口的轉角上消失了。我這裡只留著一個嚎啕大哭的孩子。

對門的大嫂子曾經從矮門上探頭出來看過小雞，這時候就拿著針線走出來，倚在門上，笑著勸慰哭的孩子，她說：

「不要哭！等一會兒還有擔子挑來，我來叫你呢！」她又笑著向我說：

「這個賣小雞的想做好生意。他看見小孩子哭著要買，越是不肯讓價了。昨天坍牆圈裡買的一角洋錢一隻，比剛才的還大一半呢！」

我同她略談了幾句，便拉了哭著的孩子回進門來。別的孩子也懶洋洋地跟了進來。我原想為長閒的春晝找些點綴而走出門口來的，不料討個沒趣，扶了一個哭著的孩子而回進來。庭中柳樹正在駘蕩的春光中搖曳柔條，堂前的燕子正在安穩的新巢上低徊軟語。我們這個刁巧的挑擔者和痛哭的孩子，在這一片和平美麗的春景中很不調和啊！

關上大門，我一面為元草揩拭眼淚，一面對孩子們說：

「你們大家說『好來！好來！』，『要買！要買！』，那人就不肯讓價了！」

小的孩子聽不懂我的話，繼續抽噎著；大的孩子聽了我的話若有所思。我繼續撫慰他們：

「我們等一會兒再來買吧，隔壁大媽會喊我們的。但你們下次……」

我不說下去了。因為下面的話是「看見好的嘴上不可說好，想要的嘴上不可說要。」倘再進一步，就變成「看見好的嘴上應該說不好，想要的嘴上應該說不要」了。在這一片天真爛漫光明正大的春景中，向那裡容藏這樣教導孩子的一個父親呢？

一九三三年五月二十日

題解

本文選自《緣緣堂隨筆》，主要描述孩子熱望要買小雞，挑擔賣小雞的卻因看準孩子喜歡，企求賣得稍高的價錢，堅持不肯讓價，身爲父親的「我」欲買又罷，終使大的孩子心中不樂，小的孩子嚎啕大哭。目睹此一情景，作者深深感慨：「在這一片和平美麗的春景中很不調和啊！」結尾尤富言外之意，充滿哲理，同時表達了對世態人情、成人虛僞社會的感觸，發人深省。

作者

豐子愷（1898～1975），原名豐潤，又名豐仁。浙江崇德（今屬桐鄉）人。多才多藝，既是著名的畫家、木刻家、翻譯家、美術教育家，又是頗有成就的散文家，並擅長書法，精通音樂。1914年考入浙江省立第一師範學校，從李叔同學習音樂、繪畫。1921年東渡日本，學西洋畫。回國后在浙江上虞春暉中學和上海立達學園任教。1925開始文學創作並發表漫畫。1928年任開明書店編輯。1931年出版第一本散文集《緣緣堂隨筆》。以漫畫著名藝壇。

並寫作了以中小學生和一般音樂愛好者爲對象的音樂讀物 32 種。抗戰爆發后，舉家內遷，在任教的同時積極從事抗日文化活動。抗戰后返滬杭，居家從事創作和翻譯。50 年代還從事介紹蘇聯的音樂教育、音樂情況及翻譯歌曲。出版的作品有，散文集《緣緣堂隨筆》、《緣緣堂續筆》、漫畫有《子愷畫全集》及首冊音樂理論著作《音樂的常識》等。譯作有日本廚川白村的《苦悶的象徵》、日本古典名著《源氏物語》、《竹取物語》、《伊勢物語》等。出版有《豐子愷文集》（七卷）。從他的作品中 ，讀者可以了解到他那豐富的生活經歷，看到他所接觸的多姿多採、紛繁複雜的人事，感受 到他那濃厚的生活情趣。

賞　讀

豐子愷的思想人品及藝術，深受弘一法師李叔同的影響，其散文恬淡清純，質樸真誠，充分呈現他可貴的赤子之心及思想的光華。日本作家吉川幸次郎說他：「是中國最像藝術家的藝術家……，我所喜歡的，乃是他的像藝術家的真率，對於萬物的豐富的愛，和他的氣品，氣骨。」本文充分體現了這些特色。

讀作者的散文，和欣賞他的漫畫一樣，生活的趣味、社會的心理、生命的本質，在其纖敏的心靈洞識下完全呈露。本文筆調極似一幅春日叫賣雛雞漫畫，人物是一個刁巧的賣小雞的挑擔者，幾位熱望買小雞的孩子，一位欲買又罷的父親，背景是柳樹搖曳柔條、燕子低徊軟語的美麗春光中。作者特別嚮往兒童天真自然的心，也爲其容易失去而悲嘆，因此他的隨筆散文中處處有孩子的聲色，盡情描摹孩童種種天真之態、爛漫之趣，在與成人現實社會的對比中，從孩童的世界裡尋找哲理和美。本文把孩童的聲色動人地納入大自然的時序遞嬗中，毫不做作，直臻人生宇宙的化境。寫明孩童的情態、舉動，也流露出一位智者的精神，和對自然天真的嚮往。

本文寫作技巧可就三方面來看：

一、善用修辭，聽視兼寫

作者寫孩子聽到一片小雞聲音時，以譬喻法活現其欣然雀躍之情，說「四個孩子同時放棄手中的筆，飛奔下樓，好像路上的一群麻雀聽見了行人的腳步聲而飛去一般。」對小雞的描寫也靈活生動，說它們是那無數蠕動著的「活的雪球」，用借代手法稱小雞是「咿約的雪球」，聽覺與視覺形象兼而有之，更凸出了小雞的活潑純潔可愛，一如孩子本身。隨著小雞咿約聲音的漸漸遠去，取而代之的是孩子的哭聲，及作父親的無奈。

二、天眞之態，準確生動

經過作者的描摹，孩子們的情態、舉措鮮明而生動，特別引人注目。作者把描寫重點放在元草身上，以對比手法呈現元草與大孩子們的區別。元草最年幼，其情態行爲也最天真爛漫，從乍聽小雞聲的狂奔、跌跤、激烈地哭，到且跳且喊，及最後的嚎啕大哭。大的孩子們都圍住父親，喊聲由命令的語氣變成了請願的語氣，獨有元草直接拉住了擔子的繩而狂喊。挑擔者走了，大的孩子都「脈脈含情地目送」，唯有元草拉住了父親的衣襟，連叫「要買！要買！」越喊越響。挑擔者一旦遠去，大的孩子門緊鎖眉頭不絕地探望挑擔者的背影，又注視父親的臉色，而元草則由喊生變成了哭生，終於變成嚎啕大哭。元草年紀最小，一片率真，他不知道節制情緒，不會察言觀色，只會以最直率的方式表達自己的需求和感情。作者將其天真之態，自然之情，爛漫之趣，寫得準確而靈動。

三、小中見大，深寓哲理

作者心靈纖敏，從日常生活中的小事小物，看出一種道理來，因而能撥動讀者心弦，引起讀者的共鳴。孩子們熱望買幾隻小雞，作父親的也想爲長閒的春晝找些點綴，挑擔者企求賣得稍高的價錢，如果買賣雙方不在意每隻小雞多或少半角錢，那麼就可皆大歡喜。可是作者畢竟日常生活拮据，而賣者也刁巧，終究使老少都有所遺憾，不能不發出深沉的慨嘆：「在這一片和平美麗的春景中很不調和啊！」最後當作者開始對孩子說道理時，他說到一半就說不下去了，因爲那未說出的正式赤裸裸地教孩子學會虛僞，學會說假話，學會言不由衷，學會言行不一致，這豈是作父親的身行言教，也與作者崇尚的自然率真大相逕庭，可是在這樣的社會裡，不如此又能如何？所以他發出更深沉的慨嘆：「在這一片天真爛漫光明正大的春景中，向那裡容藏這樣教導孩子的一個父親呢？」自然美麗的春景和人類虛僞污濁的社會是多麼不協調啊。作者由此一事情再三思索反省，那聲音雖微弱然而真誠之至，實發人深省。

二、父親的背影·永遠的情懷

—— 讀朱自清〈背影〉

本　文

我與父親不相見已二年餘了，我最不能忘記的是他的背影。

那年冬天，祖母死了，父親的差使也交卸了，正是禍不單行的日子！我從北京到徐州，打算跟著父親奔喪回家。到徐州見著父親，看見滿院狼籍的東西，又想起祖母，不禁簌簌地流下眼淚。父親說：「事已如此，不必難過，好在天 無絕人之路！」回家變賣典質，父親還了虧空；又借錢辦了喪事。這些日子，家中光景很是慘淡，一半為了喪事，一半為了父親賦閑。

喪事完畢，父親要到南京謀事，我也要回北京念書，我們便同行。

到南京時，有朋友約去遊逛，勾留了一日；第二天上午便須渡江到浦口，下午上車北去。父親因為事忙，本已說定不送我，叫旅館一個熟識的茶房陪我同去。他再三囑咐茶房，甚是仔細。他終於不放心，怕茶房不妥帖；頗躊躇了一回。其實我那年已二十歲，北京已來往過兩三次，是沒有什麼要緊的了。他躊躇了一會，終於決定還是自己送我去。我兩三回勸他不必去，他只說：「不要緊，他們去不好！」

我們過了江，進了車站，我買票，他忙著照看行李。行李太多了，得向腳夫行些小費才可過去，他便又忙著和他們講價錢。我那時真是聰明過分，總覺他說話不大漂亮，非自己插嘴不可。但他終於講定了價錢，就送我上車。他給我揀定了靠車門的一張椅子，我將他給我做的紫毛大衣鋪好坐位。他囑我路上小心，夜裡要警醒些，不要受涼；又囑託茶房好好照應我。我心裡暗笑他的迂，他們只認得錢，託他們直是白託；而且我這樣大年記的人，難道還不能料理自己麼？唉！我現在想想，那時真是太聰明了！

我說道：「爸爸，您走吧！」他望車外看了看，說：「我買幾個橘子去，你就在此地不要走動。」我看那邊月臺的柵欄外有幾個賣東西的等著顧客。走到那邊月臺，須穿過鐵道，須跳下去又爬上去。父親是一個胖子，走過去自然要費事些。我本來要去的，他不肯，只好讓他去。我看見他戴著黑布小帽，穿著黑布大馬褂，深青色棉袍，蹣跚地走到鐵道邊，慢慢探身下去，尚不大難。可是他穿過鐵道，要爬上那邊月臺，就不容易了。他用兩手攀著上面，兩腳再向上縮；他肥胖的身子向左微傾，顯出努力的樣子。這時我看見他的背影，我的淚很快地流下來了。我趕緊拭乾了淚，怕他看見，也怕別人看見。我再向外看時，他已抱了朱紅的橘子望回走了。過鐵道時，他先將橘子散放在地上，自己慢慢爬下，再抱起橘子走。到這邊時，我趕緊去攙他。他和我走到車上，將橘子一股腦兒放在我的皮大衣上，於是撲撲衣上的泥土，心裡很輕鬆似的。過一會說：「我走了，到那邊來信！」我望著他走出去。他走了幾步，回過頭看見我，說：「進去吧，裡邊沒人！」等他的背影混入來來往往的人裡，再找不著了，我便進來坐下，我的眼淚又來了。

近幾年來，父親和我都是東奔西走，家中光景是一日不如一日。他少年出外謀生，獨立支持，做了許多大事。哪知老境卻如此頹唐！他觸目傷懷，自然情不能自已。情鬱於中，自然要發之於外；家庭瑣屑便往往觸他之怒。他待我漸漸不同往日。但最近兩年不見，他終於忘卻我的不好，祇是惦記著我，惦記著我的兒子，我北來後，他寫了一封信給我，信中說道：「我身體平安，惟膀子疼痛得厲害，舉箸提筆，諸多不便，大約大去之期不遠矣！」我讀到此處，在晶瑩的淚光中，又看見那肥胖的青布棉袍、黑布馬褂的背影。唉！我不知何時再能與他相見！

題解

〈背影〉通篇的焦點集中在父親「背影」的描繪上，尤其是父親為了買橘子給他，費力攀爬月臺時的背影，令他久久難以忘懷。取材角度相當特殊，文中四次的背影描寫，都予人印象深刻，「背影」成了作者父愛的象徵。本文以真實的情節，表現了極為複雜的心理，也贏得讀者的喜愛，這都歸功於作者取材的獨到眼光，和真摯的感情。

作者

朱自清，原名自華，號秋實，後改名自清，字佩弦，筆名有余捷、柏香、知白、白水、白暉等。祖籍浙江省紹興縣，但生於揚州，所以自稱是揚州人。生於西元一八九八年（清德宗光緒二十四年），卒於西元一九四八年（民國三十七年），年五十一。北京大學文科哲學門畢業，為文學研究會成員，曾任教於北京清華大學、西南聯合大學，現代著名散文家、詩人，學生時代即創作新詩，後又從事散文寫作。北京大學文科哲學門畢業後，先後在中學和師範學校教授國文，繼而到北京清華大學任教。一九三一年曾留學英國，漫遊歐洲。抗日戰爭爆發，轉往國立西南聯合大學任教。抗戰勝利，回到北京任清華大學中文系主任，直至逝世。爲文學研究會成員，曾作品風格清新細膩，真摯生動。著作甚多，有詩文集足宗跡，散文集背影、歐遊雜記、倫敦雜記，文藝論著經典常談、新詩雜話、詩言志辨等，大部分作品都收入朱自清文集中。

朱自清散文中，〈荷塘月色〉、〈春〉、〈匆匆〉及〈背影〉等篇，經常爲人所樂道。〈背影〉是朱自清散文代表作之一，寫於一九二五年。關於本文寫作的由來，朱自清的弟弟朱國華曾談到:「感情純樸深沉的背影，雖然寫的是父親，但也是爲我母親寫的。一九二三年，大哥以他的前妻爲主角寫了一篇小說，名爲〈笑的歷史〉，大意是說舊家庭婆媳關係中缺乏歡樂，笑也難得。父母讀後有些誤會。大哥察覺後，又寫了〈背影〉一文，感謝二老養育的劬勞。想不到這篇短文後來成爲名作流傳下來了！」「大哥對父母很孝順，〈背影〉剛發表，他立刻把書寄回揚州東關街仁豐里家中。我趕緊捧上樓去，先給父親看。父親讀了以後很高興，又說給母親聽。細細作了解釋，一家人盡釋前嫌。」

〈荷塘月色〉寫於一九二七年七月，作者當時在清華大學任教，剛從南方接來家眷定居北京，住在清華園西院，文章裡的荷塘就在清華園。因文中對荷塘和荷塘上月色的描寫十分傳神，所以膾炙人口，被公認爲現代散文精品。

朱自清的創作大體可分爲三個時期，一九二五年以前是詩，以後是散文，抗戰勝利後是雜文。可說他的創作生涯經歷了詩歌時代、散文時代和雜文時代。他有不少詩篇流露出消沉悲哀的情緒，反映了因五四落潮而徬徨悵惘的心情，不過他仍有爲數不少的詩篇積極表現人生，抒發時代心聲。在藝術上他也刻意創新，詩歌形式豐富，有表達哲理思索的散文詩，也有盤旋迴盪的長歌，和表露一閃即過的情感的短詩。

他的散文是創作總體中最主要的部份，有抒情、敘事、遊記、特寫、隨筆，也有對社會片段的描寫，對人生無情的揭露，總之寫實是他創作的法則，也就是對事物客觀深入觀察的體味。朱自清從事雜文創作絕非偶然，是抗戰勝利後嚴酷現實的影響，使他向魯迅學習，選擇雜文爲武器，向黑暗挑戰，此時他的創作視野最爲開闊，因此雜文是他創作道路上的里程碑。朱自清一生嚮往光明、追求進步的一生，他勇於破舊創新，爲中國開啓文學的道路。

賞　讀

本文寫於一九二五年，是朱自清的成名作。作者在北京念書，因祖母過世，返回南方奔喪。喪事辦妥後，父親要到南京謀事，他自己也要回北京念書，於是一同到南京。第二日，朱自清便乘車北上。本文寫的是父親到車站送行，特別強調父親攀爬月臺，爲他買橘子時的背影，凸顯了父親對兒子的百般關懷，也情真意切的傳達了他對父親的深沉思念。作者通過形象的刻畫，把父子之間的愛具體地表現出來。閱讀本文時可以掌握以下幾點：

一、文中四次對背影的描寫

一九四七年，作者在答文藝知識關於散文寫作問題時，曾談到創作背影的情由:「我寫背影就因爲文中所引的父親的來信裡那句話。」當時讀了父親的信，真的淚如泉湧。我父親待我的許多好處，特別是背影裡所敘的那一回，想起來跟在眼前一般無二。我這篇文章只是寫實，似乎說不到意境上去。」可見該文感情極其充沛的情境下寫成的。

文中對背影的敘說凡四次：第一次是全文開頭的點題：「我最不能忘記的是他的背影」。第二次寫父親的背影是父親過鐵道時，具體而細膩；第三次是離開車站時，只是虛帶一句：「他的背影混入來來往往的人裡」，這裡因爲前面已經對背影有所鋪敘了，所以無須多花筆墨，但也寫出即使父親如何關懷孩子，最後也只能黯然分別，淹沒於人群中；第四次則是結尾時：「在晶瑩的淚光中，又看見那肥胖的青布棉袍、黑布馬褂的背影。」前後兩次都是記憶中的背影，是多年後由強烈的思念而產生的景象。中間兩次是現實當下看到的。四次的背影描寫，都給讀者留下深刻的記憶和不盡的回味。

二、作者與父親的四次對話：

文中四次對話都很簡短而情深，並且有豐富的藏詞。第一句是兒子勸他不必相送，他說：「不要緊，他們去不好！」── 擔心茶房不周到。第二句是到了車站，兒子勸他回去，他說：「我買幾個橘子。你就在此地，不要走動。」── 怕兒子在路上饑渴。第三句是買回橘子走下車時，對兒子說：「我走了，到那邊來信。」── 關心兒子沿途安全。第四句是走了幾步後，父親回頭對兒子說：「進去吧，裡頭沒人。」── 唯恐行李丟失，也是對兒子的牽腸掛肚。

這些話都是再簡樸不過了，但卻蘊含著深刻的關懷之情。其實作者已經二十歲青年，來往北京也多次了，可是在父親眼中仍是個孩子，讓人牽腸掛肚，放心不下。因此當父親離去時，作者凝視著逐漸遠去的背影，不禁流下淚來。

三、以悔恨反襯思念：

本文並非直接述說自己對父親感恩的心情，而是藉由自己不斷悔恨的情緒凸顯父親對孩子的體貼和照顧。作者後悔自己當時總覺得父親「說話不漂亮」，」心裡暗笑他的迂」，嘲諷自己「那時真太聰明了」。透過悔恨、反省，他才真正體會到父愛的珍貴。李廣田說〈背影〉一文：「當然不是憑藉了什麼宏偉的結構和華贍的文字，而只是憑了他的老實，憑了其中所表達的真情。這種表面看起來簡單樸實，而實際上卻能發生極大的感動力的文章，最可以作爲朱先生的代表作品，因爲這樣的作品，也正好代表了作者之爲人。」

四、不做正面描寫，而是別開生面寫背影

背影的著力點自然是作者的父親，但作者不正面描寫，也不描摹父親面部五官的表情，正如葉聖陶所說的：「至於父親的面貌，全篇中一個字沒有提，似乎連表情也沒有怎樣描寫，咱們讀了並不感覺缺少什麼」(〈跟人民編輯談短篇小說〉) 作者寫父親背影時，先描摹他的體態 — 肥胖，他的穿著 — 臃腫，他的步履 — 蹣跚。通過這一簡樸的形體素描，予人一種敦厚樸實的印象。而父親的穿著：黑布馬掛和深青色棉袍，在外觀上黑色和深青色，也讓人感受到父親因爲奔喪及失業的而生出的黯淡愁苦心情。在這樣的情形下，父親的關愛不曾稍減，也就更顯得深刻。此下作者復緊接著藉具體動作的描寫，進一步呈現父親的關愛。

背影也暗示了一種人生微妙的心理，尤其對於東方人來說，對於情感的表達，通常迴避正面，而採取一種背後的觀察感受。在前兩段的描述中，作者面對父親的時候，父親種種關懷和愛心，似乎都沒能使作者體會到，甚至產生一種抗拒排斥的心理；但在父親的背影中，卻毫無阻礙地感受到這種愛心。這似乎意味著在正面外表上看不出的事理，卻容易在背後發現。父親的愛心本來是顯而易見的，卻被自己的偏見和矜持所蒙蔽，視而不見；等到在背後把自我完全放下，清明靈思呈現才體會到。

此外，本文主題除寫出父親對子女的慈愛和關懷外，目前另有較新的看法。如柯慶明〈20 世紀的文學回顧 — 由新文學到現代文學〉:「我們一直都以為朱自清的背影敘述的是良好的親子關係，那是洗腦閱讀的結果，……其實朱自清的背影裡，爸爸是一個沒落的爸爸，職業丟了，祖母死了，回來奔喪，前途茫茫，穿的是趕不上時代的黑布大馬褂深青色，做的事看起來滿可笑，在鐵路月臺爬上爬下，買幾個橘子用袍子兜起來，還跟火車上的茶房說請你照顧兒子，而這兒子已經念大學了；而文章中的『我』－朱自清，跟爸爸告別是要到北京念大學了，他不穿袍子，而穿新式的紫毛大衣。為何朱自清淚光經營的看了半天、寫了半天，只是看見父親的背影，而不是父親正面的形象？因為他要走一條完全新的路，父親是漸行漸遠，只剩下一個即將消失的背影，父親只有情感依戀的意義，而沒有真正指導他、幫助他的能力了。」

寫父子之間的漸行漸遠，看似特殊，完全與我們過去強調傳統倫理、孝道等閱讀經驗相衝突，但個人仍深刻感受此說法的創意，也覺得值得吾人思考，因為二十世紀工商業及資訊的高度發展，現代文學也面臨必須重新檢討思索傳統倫理的定位。王文興的《家變》、劉大任的《晚風習習》或亞瑟·米勒的《推銷員之死》這幾篇小說正式反映了現代人的父子關係，理想與現實的斷裂讓父親與兒子的相處產生問題，孩童記憶中父親的偉大形象等到主人公長大時，總是發現父親的過時，真的再也沒有指導、幫助他的能力了。

三、借圖畫比喻文字
—— 葉聖陶〈以畫為喻〉

本文

咱們畫圖，有時候為的實用。編撰關於動物植物的書籍，要讓讀者明白動物植物外面的形態跟內部的構造，就得畫種種動物植物的圖。修建一所房屋或者佈置一個花園，要讓住在別地的朋友知道房屋花園是怎麼個光景，就得畫關於這所房屋這個花園的圖。這類的圖，繪畫的動機都在實用。讀者看了，明白了；住在別地的朋友看了，知道了，就完成了它的功能。

這類圖決不能隨便亂畫。首先把畫的東西看得明白，認得確切。譬如畫貓罷，牠的耳朵怎麼樣，牠的眼睛怎麼樣，你如果沒有看得明白，認得確切，怎麼能下手？隨便畫上豬的耳朵，馬的眼睛，那是個怪東西，決不是貓；人家看了那怪東西的圖，決不能明白貓是怎樣的動物。所以，要畫貓先得認清貓。其次，還得練成熟習的手腕，心裡想畫貓，手上就得畫成一隻貓。像貓這種動物，咱們中間誰還沒有認清？可是咱們不能個個人都畫得成一隻貓；畫不成的原因，就在乎熟習的手腕沒有練成。明知道貓的耳朵是怎樣的，眼睛是怎樣的，可是手不應心，畫出來的跟知道的不相一致，這就成豬的耳朵，馬的眼睛，或者什麼也不像了。

所以，要畫貓又得練成從心所欲的手段。

咱們畫圖，有時候並不為實用。看見一個鄉下老頭兒，覺得他的軀幹，他的面部的器官，他的蓬鬆的頭髮跟鬍子，線條都非常之美，配合起來是一個美的和諧，咱們要把那美的和諧表現出來，就動手畫那個老頭兒的像。走到一處地方，看見三棵老柏樹，那高高向上的氣派，那倔強矯健的姿態，那蒼然藹然的顏色，都彷彿是超然不群的人格的象徵；咱們要把這一點感興表現出來，就動手畫那三棵老柏樹的圖。這類的圖，繪畫的動機不為實用，可以說無所為；但也可以說有所為，為的是表出咱們所見到的一點東西，從鄉下老頭兒跟三棵老柏樹所見到的一點東西——就是「美的和諧」、「彷彿是超然不群的人格的象徵」。

這類的圖也不能隨便亂畫。第一，見到須是真切的見到。人家說那個鄉下老頭兒很美，你自己不加辨認，也就跟著說那個鄉下老頭兒很美，這就不是真切的見到。人家都畫柏樹，以為柏樹的挺拔之概值得畫，你就跟著畫柏樹，以為柏樹的挺拔之概值得畫，這就不是真切的見到。見到不真切，實際就是無所見，無所見可是也要畫，結果只畫了個鄉下老頭兒，畫不出那「美的和諧」來；只畫了三棵老柏樹，畫不出那「彷彿是超然不群的人格的象徵」來。必須要把整個的心跟事物相對，又把整個的心深入事物之中，不僅認識它的表面，並且透達它的精蘊，才能夠真切的見到些什麼。有了這種真切的見到，咱們的圖才有了根本，才真個值得動起手來。第二，咱們的圖既以咱們所見到的一點東西為根本，就跟前一類的圖有了不同之處：前一類的圖只須見什麼畫什麼，畫得準確就算盡了能事；這一類的圖為要表示咱們所見到的一點東西，就得以此為中心，對材料加一番選擇取捨的工夫。這種工夫如果做得不到家，那麼，雖然確有見到，也還不成一幅好圖。那老頭兒的一把鬍子，工細的畫來，不如粗粗的幾筆來得好；那三棵老柏樹交結著的椏枝，照樣的畫來，不如刪去了來得好；這樣的考慮就是所謂選擇取捨的工夫。做這種工夫有個標準，就是咱們所見到的一點東西。跟這一點東西沒有關係的，完全不要；足以表出這一點東西的，不容放棄；有時為了要增加表出的效果，還得以意創造。而這種工夫的到家不到家，關係於所見的真切不真切；所見愈真切，選擇取捨愈有把握，有時幾乎可以到無所容心的境界。第三，跟前邊說的一樣，得練成熟習的手腕。所見在心，表出在手腕，手腕不熟習，根本就畫不成圖，更不用說好圖。這個很明白，無須多說。

以上兩類圖，次序有先後，程度有深淺。如果畫一件東西不曾畫得像，畫得準確，怎麼能在一幅畫中表出咱們所見到的一點東西？必須能畫前一類圖，才可以畫後一類圖。這就是次序有先後。前一類圖只憑外界的事物，認得清楚，手腕又熟，就成。後一類圖也憑外界的事物，可是根本卻是咱們內心之所見；憑這一點，它才成為藝術。這就是程度有深淺。這兩類圖咱們都要畫，看動機如何而定。咱們要記載物象，就畫前一類圖；咱們要表出感興，就畫後一類圖。

我的題目「以畫為喻」，就是借圖畫的情形，來比喻文字。前一類圖好比普通文字，後一類圖好比文藝。普通文字跟文藝，咱們都要寫，看動機如何而定。為應付實際需要，咱們得寫普通文字；如果咱們有感興，有真切的見到，就得寫文藝。普通文字跟文藝次序有先後，程度有深淺。寫不出普通文字的人決寫不成文藝；文藝跟普通文字原來是同類的東西，不過多了一點咱們內心之所見。至於熟習的手腕，兩方面同樣重要；手腕不熟，普通文字跟文藝都寫不好。手腕要怎樣才算熟？要讓手跟心相應，自由驅遣語言文字，想寫個什麼，筆下就寫得出個什麼，這才算是熟。我的話即此為止。

題解

〈以畫爲喻〉一文選自《西川集》。葉聖陶是中國著名教育家，先後擔任過小學、中學和大學教師，在抗日戰爭期間，他和夏丏尊在走避戰火的同時，背負沉重的油印機，鍥而不捨地出版《中學生》雜誌。後來他將這時期在四川寫的文章編成《西川集》，〈以畫爲喻〉是其中一篇，被當時許多初學者譽爲「得到好處不少」的指導寫作的文章。本文作者以繪畫作比喻，說明寫普通文字和文藝作品的分別。文章首先說明畫「實用圖」和「非實用圖」的要求，並比較這兩種圖的相同點和不同點。通篇用比喻談論如何繪這兩類圖後，然後以類比推論方式在文末將主題點出。由一般人熟悉的繪畫情形，論及寫作的道理，寫來深入淺出，明白如話。

作者

葉聖陶，原名葉紹鈞，筆名葉允倩、郢生、秉丞、柳山、桂山等。生於清德宗光緒二十年（西元一八九四年），卒於西元一九八八年，年九十四。江蘇蘇州人。

五四運動以前，曾在上海禮拜六等刊物上，發表過十多篇文言小說。後來受五四運動新思潮影響，積極參加新文化運動。民國八年開始向新潮投稿，不久加入新潮社。民國十年與茅盾等成立文學研究會，提倡爲人生的文學。這一年起，先後在上海中國公學、杭州第一師範、北京大學、上海復旦大學等校任教。民國十一年與朱自清等創辦詩月刊，次年進商務印書館任編輯，同時編輯《文學旬刊》(後改名《文學周報》)。早期小說多以知識分子和市民爲描寫對象，希冀以美和愛來改變灰色的人生。民國十四年五卅慘案發生後（寫有散文名篇〈五月卅一日急雨中〉)，對其創作也發生很大的變化。阿英說他「從反封建的重心到反帝國主義的重心，從激昂的反抗到相對的肉搏，從對現狀的不滿到憤怒的抨擊，從個人主義的觀點，到反個人主義的立場。」(《現代十六家小品》) 次年主編中國濟難會的《光明》半月刊，民國十六年又主編《小說月報》。十九年任開明書店編輯，先後又參與編輯《婦女雜誌》、《中學生》、《新少年》等刊物。九一八事變後，與夏丏尊等發起組織上海文化界反帝抗日大同盟，並籌備出版文化通訊。抗日戰爭爆發，舉家遷重慶，曾短期在一些學校任教，抗戰勝利後回到上海，積極參加民主運動。

其爲人平易謙和，誠樸敦厚，謹言慎行。給人的印象「不像豪情滿懷的郭老，也不像文質彬彬的茅公。一件灰布長衫好像穿了一輩子，輕言慢語，循循善誘，是獎掖後輩的謙謙君子。」(陳白塵〈追懷葉聖老〉)由於長期從事教師和編輯的工作，形成他「斟酌字句的癖習」，語言純淨洗鍊，沒有華麗的詞藻，沒有歐化或文白夾雜的痕跡。他的小說往往通過對日常生活瑣屑和小人物命運的描繪，反應社會人生，展露對生活的真切感受，因此作品具有平樸真切的風格。散文則能放能收，有滿腔義憤之作，如〈五月卅一日急雨中〉，也有細緻含蓄之作，如〈牽牛花〉。阿英說他：「以哲學家的頭腦，寧靜的心，在對一切的自然現象，人生事物，刻苦的探索人生的究竟，在每一篇小品文裡，都很深刻的 指出一個人生上的問題。」(《現代十六家小品》) 著述豐富，有長篇小說

《倪煥之》，及短篇小說集：《隔膜》、《火災》、《線下》、《城中》、《未厭集》、《四三集》，童話集：《稻草人》、《古代英雄的石像》。散文集有：《腳步集》、《未厭居習作》、《西川集》、《劍鞘集》（與俞平伯合著）等，另有詩集、劇本等。

賞讀

從題目「以畫爲喻」來看，繪畫一事既然只是用作比喻，顯非文章的主題，作者在末段始將主題點明：「借圖畫的情形，來比喻文字。前一類圖好比普通文字，後一類圖好比文藝。」所以其主旨乃在於借繪圖來比喻寫作普通文字和文藝的分別。

本文布局，段落分明，文分六段，銜接緊湊。作者先將用作比喻的圖畫分爲兩種：一是實用的，一是不實用的。第一段說明實用圖（如畫動植物、房屋、花園的圖）。第二段說實用圖決不能隨便亂畫，必須把畫的東西看得明白，認得確切；還得練成熟悉的手腕（即從心所欲的手段）。第三段說明非實用圖，如圖繪從鄉下老頭兒身上所見到的「美的和諧」，和從三棵老柏樹所見到的「彷彿是超然不群的人格的象徵」。第四段說非實用圖也不能隨便亂畫。第一，見到須是真切的見到；第二，對材料要加一番選擇取捨的工夫；第三，得練成熟悉的手腕。第五段說明這兩類圖，次序有先後，程度有深淺。第六段（末段）點出以畫爲喻的含意。

用熟悉淺近的事物來烘托出深奧的道理，這是說明譬喻的通則。本文通篇即掌握此手法。作者不直接說「普通文字跟文藝，咱們都要寫，看動機如何而定。爲應付實際需要，咱們得寫普通文字；如果咱們有感興，有真切的見到，就得寫文藝。」而是以畫爲喻。這樣寫除了可使文章較活潑外，也較能引起讀者的興趣、聯想和共鳴。當然，用來做譬喻的事物與所譬喻的道理要有某些類似的地方，能夠引起人的聯想，方為適當。本文之所以用繪畫來比喻寫作，正因作者抓住繪畫有實用圖和非實用圖兩類，就如文字有普通文字和文藝作品兩種。而且這兩者都是次序有先後，程度有深淺。

從段落之安排，可見本文結構之嚴謹與整齊，令人一目了然。了解作者之比喻，便可進一步歸納作者所謂普通文字與文藝的異同。兩者相同之處是：練成熟習的手腕。所謂熟練，就是「要讓手跟心相應，自由驅遣語言文字，想寫個甚麼，筆下就寫得出甚麼。」相異之處有三：一是前者對物象要有確切的認識，否則，寫作時便有訛誤；後者只需真切的見到，而毋須確切的認識。二是寫普通文字是客觀的，需據實寫來，不可妄加自己的思想和感情；寫文藝則是主觀的，可以因物感懷，寫下自己的思想感情。三是寫普通文字對於材料無需刪削，而寫作文藝則需考慮對材料的選擇取捨，還得以意創造。

總而言之，本文把握了事理的特徵本質並舉例為喻，寫來深入而淺出，使人有具體而清晰的認識。

四、永不屈服於黑暗
── 讀陸蠡〈囚綠記〉

本　文

這是去年夏間的事情。

我住在北平的一家公寓裡，我佔據著高廣不過一丈的小房間，磚鋪的潮濕的地面，紙糊的牆壁和天花板，兩扇木格子嵌玻璃的窗，窗上有很靈巧的紙捲簾，這在南方是少見的。

窗是朝東的。北方的夏季天亮得快，早晨五點鐘左右太陽便照進我的小屋，把可畏的光線射個滿室，直到十一點半才退出，令人感到炎熱，這公寓裡還有幾間空房子，我原有選擇的自由的，但我終於選定了這朝東房間，我懷著喜悅而滿足的心情佔有它，那是有一個小小理由。

這房間靠南的牆壁上，有一個小圓窗，直徑一尺左右。窗是圓的，卻嵌著一塊六角形的玻璃，並且左下角是打碎了，留下一個孔隙，手可以隨意伸進伸出。圓窗外面長著常春藤。當太陽照過它繁密的枝葉，透到我房裡來的時候，便有一片綠影。我便是歡喜這片綠影才選定這房間的。當公寓裡的夥計替我提了隨身小提箱，領我到這房間來的時候，我瞥見這綠影，感覺到一種喜悅，便毫不猶疑地決定了下來，這樣的了截爽直使公寓裡夥計都驚奇了。

綠色是多寶貴的啊！它是生命，它是希望，它是慰安，它是快樂。我懷念著綠色把我的心等焦了。我歡喜看水白，我歡喜看草綠。我疲累於灰暗的都市的天空，和黃漠的平原，我懷念著綠色，如同涸轍的魚盼等著雨水！我急不暇擇的心情即使一枝之綠也視同至寶。當我在這小房中安頓下來，我移徙小臺子到圓窗下，讓我的面朝牆壁和小窗。門雖是常開著，可沒人來打擾我，因爲在這古城中我是孤獨而陌生。但我並不感到孤獨。我忘記了困倦的旅程和已往的許多不快的記憶。我望著這小圓洞，綠葉和我對語。我了解自然無聲的語言，正如它了解我的語言一樣。

我快活地坐在我的窗前。度過了一個月，兩個月，我留戀於這片綠色。我開始了解渡趣沙漠者望見綠洲的歡喜，我開始了解航海的冒險家望見海面飄來花草的莖葉的歡喜。人是在自然中生長的，綠是自然的顏色。

我天天望著窗口常春藤的生長。看它怎樣伸開柔軟的捲鬚，攀住一根緣引它的繩索，或一莖枯枝；看它怎樣舒開折疊著的嫩葉，漸漸變青，漸漸變老，我細細觀賞它纖細的脈絡，嫩芽，我以揠苗助長的心情，巴不得它長得快，長得茂綠，下雨的時候，我愛它淅瀝的聲音，婆娑的擺舞。

忽然有一種自私的念頭觸動了我。我從破碎的窗口伸出手去，把兩枝漿液豐富的柔條牽進我的屋子裡來，教它伸長到我的書案上，讓綠色和我更接近，更親密。我拿綠色來裝飾我這簡陋的房間，裝飾我過於抑鬱的心情。我要借綠色來比喻蔥蘢的愛和幸福，我要借綠色來比喻猗郁的年華。我囚住這綠色如同幽囚一隻小鳥，要它爲我作無聲的歌唱。

綠的枝條懸垂在我的案前了。它依舊伸長，依舊攀緣，依舊舒放，並且比在外邊長得更快。我好象發現了一種「生的歡喜」，超過了任何種的喜悅。從前有個時候，住在鄉間的一所草屋裡，地面是新鋪的泥土，未除淨的草根在我的床下茁出嫩綠的芽苗，蕈菌在地角上生長，我不忍加以剪除。後來一個友人一邊說一邊笑，替我撥去這些野草，我心裡還引爲可惜，倒怪他多事似的。

可是每天早晨，我起來觀看這被幽囚的「綠友」時，它的尖端總朝著窗外的方向，甚至於一枚細葉，一莖捲鬚，都朝原來的方向。植物是多固執啊！它不了解我對它的愛撫，我對它的善意。我爲了這永遠向著陽光生長的植物不快，因爲它損害了我的自尊心。可是我囚繫住它，仍舊讓柔弱的枝葉垂在我的案前。

它漸漸失去了青蒼的顏色，變得柔綠，變成嫩黃；枝條變成細瘦，變成嬌弱，好像病了的孩子。我漸漸不能原諒我自己的過失，把天空底下的植物移鎖到暗黑的室內；我漸漸爲這病損的枝葉可憐，雖則我惱怒它的固執，無親熱，我仍舊不放走它。魔念在我的心中生長了。

我原是打算七月尾就回南去的。我計算著我的歸期，計算這「綠囚」出牢的日子。在我離開的時候，便是它恢復自由的時候。

蘆溝橋事件發生了。擔心我的朋友電催我趕速南歸。我不得不變更我的計劃；在七月中旬，不能再留連於烽煙四逼中的舊都，火車已經斷了數天，我每日須得留心開車的消息。終於在一天早晨候到了。臨行時我珍重地開釋了這永不屈服於黑暗的囚人。我把瘦黃的枝葉放在原來的位置上，向它致誠意的祝福，願它繁茂蒼綠。

離開北平一年了，我懷念著我的圓窗和綠友。有一天，得重和它們見面的時候，會和我面生麼？

題　解

〈囚綠記〉一文選自《陸蠡散文集》。寫於民國二十七年，是作者於民國二十六年夏日客寓北平的一段故事。作者喜歡綠色，又為了擁有長春藤的綠意盎然、生機飽滿，便將長春藤囚進自己的室內，但這被囚禁的長春藤逐漸失去它長春的本質，幾近萎頓，它以萎病的姿態向幽囚它的人進行無聲的抗議。後來蘆溝橋事件發生，我為了逃難要搬走，南歸之前，我開釋了被幽囚的長春藤。

本文情節是一明一暗雙線進行，「我」與「長春藤」的關係佔了大半篇幅，屬於明寫；「我」與「日軍」的關係著墨較少，屬於暗寫，這雙線相互指涉，「我」之侵略長春藤正如日軍之侵略中國，皆是欲想以別人的生機為自己的生機，但是侵犯的結果，卻嚴重傷害了對方的生機，「我」也就不可能獲得真正的自由與幸福。本文頗有寓言的意味，作者藉此闡述了生命不可侵犯的意志與尊嚴，人為的侵擾，將使萬物不能各得其所。唯有在不侵犯他人生之歡喜的情況下，才能構築自己長久的幸福與快樂。寓意豐富深刻，值得細加品味。

作　者

陸蠡，原名陸聖泉，浙江 天台縣人，生於清德宗光緒三十四年（西元一九〇八年），卒於民國三十一年（西元一九四二年），年三十五。上海勞動大學機械系畢業後，於杭州中學、福建 泉州 平明中學任教，並與友人創辦泉州語文學校。後任職於上海文化生活出版社。一九三八年創辦綜合性雜誌少年讀物一九四一年十二月，太平洋戰爭爆發，次年四月，日軍無理抄查文化生活出版社，事後陸蠡毅然前往交涉並堅持愛國正義立場，遭日本憲兵隊逮捕，慘遭毒刑以致吐血而死。

陸蠡為三〇年代優秀散文作家之一，雖然量不多，但品質相當精緻。作品可分三個時期：前期（約一九三三迄三六年春）創作以寓言小品為主，中期（約一九三六年六月迄三七年四月）創作多指向鄉土人事，與時代緊密結合，後期（約一九三八迄四〇年）則抒寫生活體悟，理性感性交融。三期風格雖然各異，但皆表現出其玲瓏精緻的完美形式、深邃蘊藉的精神世界的特色。著有散文集《海星》、《竹刀》、《囚綠記》三書，後由洪範書店合為《陸蠡散文集》。譯有《魯濱遜飄流記》及屠格涅夫長篇小說《煙》、《羅亭》等。

賞讀

陸蠡為三〇年代散文名家，囚綠記為其代表性作品之一。寫他客寓北平時一段特殊而耐人尋味的生活體驗，全文觸及了人與自然的關係、生之意志與自由的關係，也反思了自私與成全、愛與占有等課題。然而作者並不直接處理這些哲理性的探討議題，而是以記敘、抒情為主，讓主題自行呈現，並以親切自然的敘述口吻娓娓道來，引發讀者共鳴，欣然接受其看法。

作者抒寫了其「囚綠」的始終。文章一開始說「這是去年夏間的事情」，語調徐緩，卻把讀者帶入他奇特的生命經歷。隨後作者介紹了他在北平所著的那個房間的情況，那個枯澀的鄙傑，苦悶的人生遠離了綠色，「我疲累於灰暗的都市的天空，和黃漠的平原，我懷念著綠色」，因為綠色「是生命」、「是希望」、「是慰安」、

「是快樂」。之後，即敘說其見綠、賞綠、囚綠、釋綠的經過。他見到綠色，便毫不猶豫擇綠爲鄰，快活地坐在窗前，「天天望著窗口長春藤生長」，和綠葉對語，不再感到孤獨，他忘記了困倦的旅程和已往許多不快的記憶，他了解了自然無聲的語言，了解了人是在自然中生長的，而綠是自然的顏色。他「開始了解渡越沙漠者望見綠洲的歡喜，我開始了解航海的冒險家望見海面飄來花草莖葉的歡喜。」

因爲對綠愛之至深，戀之至苦，他終於抑制不住自私的念頭，想據爲己有。爲了「讓綠色和我更接近，更親密，我從破碎的窗口伸出手去，把兩枝漿液豐富的柔條牽進我的屋子裡」，借綠色來裝飾簡陋的房間，和過於抑鬱的心情；借綠色來比喻蔥蘢的愛和幸福與猗郁的年華。然而「它的尖端總朝著窗外的方向。甚至於一枚細葉，一莖捲鬚，都朝原來的方向。」長春藤以此執著抗爭自己被囚的命運。後來蘆溝橋事件發生，我因逃難而需搬離此地。當長春藤獲釋時，已是細瘦、嬌弱，失去了青蒼的顏色。作者帶著誠摯的祝福和愧疚的心情離開了「綠友」，並寄予深深的思念之情。

本文其實包含兩個事件，一是長春藤，它沒有反抗的能力，當它被人擺佈而失去自由與陽光時，也失去了生的歡喜，生命因之日漸枯萎，然而它仍固執地朝向陽光，永不屈服於黑暗。文中的「我」，因自己心情抑鬱，缺乏生的快樂與幸福，因此他囚禁長春藤的綠，以之享受「生的歡喜」，直到蘆溝橋事件發生，他不得不開釋長春藤。「我」之於長春藤，正如日軍之於中國人，都是嚴重侵犯對方的自由與陽光，攝取別人的生機爲自己的生機，然而掠奪者並不能因之真正獲得生機，侵奪的結果其實是兩敗俱傷。長春藤失去原先的繁茂蒼綠，廣大的中國也因戰火而滿目瘡痍，萬物之所以不能各得其所，究其因即在於人類的自私、占有慾導致。通篇寫出生命之綠是囚不住的，長春藤（中國人）的倔強不屈，正猶如當時處於危急之秋的中華民族的堅毅奮發、忠貞不移的氣節。作者透過這一永遠朝著陽光生長的長春藤，抒發了他對光明的期盼，啓示人們奮力衝破黑暗的牢籠。讀完本文，讀者對「愛的真諦」也能有所省思。愛不是佔有，而是能站在對方立場設想，關心對方的感受與需要，成全對方。自以爲是的愛撫善意，很容易披上「愛」的外衣，陷入自我的偏執，羈絆自己，同時也束縛對方，真正的愛是尊重對方，給予充分自由與生機。

本文尚有一些技巧值得留意：

一、善用攝影機取景的技巧，從狹小的房間、牆壁上的小圓窗以及小圓窗外長春藤枝葉投進屋裡的綠影，一個景接著一個景，如同跟隨作者進入現場。

二、運用對比手法，娓娓敘述自己爲了喜歡窗外的長春藤投進來的一片綠影，而不顧炎熱的夏天可畏的陽光，竟然毫不猶豫地以「喜悅的心情」住進了簡陋的公寓。表達了他那令人驚訝的── 對於綠色生命強烈的愛戀。

三、多用排比句法強調感情，也增加文章的節奏感。如：「綠色是多寶貴的啊！它是生命，它是希望，它是慰安，它是快樂。」；「我開始了解渡越沙漠者望見綠洲的歡喜，我開始了解航海的冒險家望見海面飄來花草莖葉的歡喜。」；「它依舊伸長，依舊攀緣，依舊舒放。」；「它漸漸失去了青蒼的顏色，變成柔綠，變成嫩黃；枝條變成細瘦，變成嬌弱」；「我拿綠色來裝飾我這簡陋的房間，裝飾我過於抑鬱的心情」；「我要借綠色來比喻蔥蘢的愛和幸福，我要借綠色來比喻猗郁的年華。」等等。

四、作者對蘆溝橋事件的交代，彷彿信筆而出，不露痕跡，甚至於到文章收束時，他對綠友的開釋與祝願時，激情到極點也仍無說教意味。

通篇構思精巧，文字清麗，抒情深沉婉轉，引發讀者進入哲思領域，細細低徊品味。

五、現代陋室銘
── 讀梁實秋〈雅舍〉

本文描寫作者於抗戰期間所居處的陋室，室雖陋而人不俗，而人不俗，室亦不俗，故命名為雅舍。內容從居住其中的主人寫到訪客，鄰居及蚊子、老鼠的動態，和周遭的環境、景致，可說細膩而周到。讀者可由此文瞭解作者的風雅、質樸、誠懇，與永遠不失敦厚的幽默感，更可由使瞭解作者在抗戰時期的生活情況。

本　文

到四川來，覺得此地人建造房屋最是經濟。火燒過的磚，常常用來做柱子，孤伶伶的砌起四根磚柱，上面蓋上一個木頭架子，看上去瘦骨嶙嶙，單薄得可憐；但是頂上鋪了瓦，四面編了竹篦牆，牆上敷了泥灰，遠遠的看過去，沒有人能說不像是座房子。我現在住的「雅舍」正是這樣一座典型的房子。不消說，這房子有磚柱，有竹篦牆，，一切特點都應有盡有。講到住房，我的經驗不算少，什麼「上支下摘」、「前廊後廈」、「一樓一底」、「三上三下」、「亭子間」、「茆草棚」、「瓊樓玉宇」和「摩天大廈」，各式各樣，我都嘗試過。我不論住在哪裡，只要住得稍久，對那房子便發生感情，非不已以我還捨不得搬。這「雅舍」，我初來時僅求其能蔽風雨，並不敢存奢望，現在住了兩個多月，我的好感油然而生。雖然我已經漸漸感覺它是並不能蔽風雨，因為有窗而無玻璃，風來則洞若涼亭，有瓦而空隙不少，雨來則滲如滴漏。縱然不能蔽風雨，「雅舍」還是自有它的個性。有個性就可愛。

「雅舍」的位置在半山腰，下距馬路約有七八十層的土階。前面是阡陌螺旋的稻田。再遠望過去是幾株蔥翠的遠山，旁邊有高粱地，有竹林，有水池，有糞坑，後面是荒僻的榛莽未除的土山坡。若說地點荒涼，則月明之夕，或風雨之日，亦常有客到，大抵好友不嫌路遠，路遠乃見情誼。客來則先爬幾十級的土階，進得屋來仍須上坡，因為屋內地板乃依山勢而鋪，一面高，一面低，坡度甚大，客來無不驚嘆，我則久而安之，每日由書房走到飯廳是上坡，飯後鼓腹而出是下坡，亦不覺有大不便處。

「雅舍」共是六間，我居其二。篦牆不固，門窗不嚴，故我與鄰人彼此均可互通聲息。鄰人轟飲作樂，咿唔詩章，喁喁細語，以及鼾聲，噴嚏聲，吮湯聲，撕紙聲，脫皮鞋聲，均隨時由門窗戶壁的隙處蕩漾而來，破我岑寂。入夜則鼠子瞰燈，才一合眼，鼠子便自由行動，或搬核桃在地板上順坡而下，或吸燈油而推翻燭台，或攀援而上帳頂，或在門框棹腳上磨牙，使得人不得安枕。但是對於鼠子，我很慚愧的承認，我「沒有法子」。「沒有法子」一語是被外國人常常引用著的，以為這話最足以代表中國人的懶惰隱忍的態度。其實我的對付鼠子並不懶惰。窗上糊紙，紙一戳就破；門戶關緊，而相鼠有牙，一陣咬便是一個洞洞。試問還有什麼法子？洋鬼子住到「雅舍」裡，不也是「沒有法子」？比鼠子更騷擾的是蚊子。「雅舍」的蚊風之勝，是我前所未見的。「聚蚊成雷」真有其事！每當黃昏時候，滿屋裡磕頭碰腦的全是蚊子，又黑又大，骨骼都像是硬的。在別處蚊子早已肅清的時候，在「雅舍」則格外猖獗，來客偶不留心，則兩腿傷處累累隆起如玉蜀黍，但是我仍安之。冬天一到，蚊子自然絕跡，明年夏天 —— 誰知道我還是住在「雅舍」！

「雅舍」最宜月夜 —— 地勢較高，得月較先。看山頭吐月，紅盤乍湧，一霎間，清光四射，天空皎潔，四野無聲，微聞犬吠，坐客無不悄然！舍前有兩株梨樹，等到月升中天，清光從數間篩灑下來，地上陰影斑斕，此時尤為幽絕。直到興闌人散，歸房就寢，月光仍然逼進窗來，助我淒涼。細雨濛濛之際，「雅舍」亦復有趣。推窗展望，儼然米氏章法，若雲若霧，一片瀰漫。但若大雨滂沱，我就又惶悚不安了，屋頂濕印到處都有，起初如碗大，俄而擴大如盆，繼則滴水乃不絕，終乃屋頂灰泥突然崩裂，如奇葩初綻，砉然一聲而泥水下注，此刻滿室狼藉，搶救無及。此種經驗，已數見不鮮。

「雅舍」之陳設，只當得簡樸二字，但灑掃拂拭，不使有纖塵。我非顯要，故名公巨卿之照片不得入我室；我非牙醫，故無博士文憑張掛壁間；我不業理髮，故絲織西湖十景以及電影明星之照片亦均不能張我四壁。我有一几一椅一榻，酣睡寫讀，均已有著，我亦不復他求。但是陳設雖簡，我卻喜歡翻新佈置。西人常常譏笑婦人變更棹椅位置，以為這婦人天性喜變之一徵。誣否且不論，我是喜歡改變的。中國舊式家庭，陳設千篇一律，正廳上是一條案，前面一張八仙棹，一邊一把靠椅，兩傍是兩把靠椅夾一隻茶几。我以為陳設宜求疏落參差之致，最忌排偶。「雅舍」所有，毫無新奇，但一物一事之安排佈置俱不從俗。人入我室，即知此是我室。笠翁〈閒情偶寄〉之所論，正合我意。

「雅舍」非我所有，我僅是房客之一。但思「天地者萬物之逆旅」，人生本來如寄，我住「雅舍」一日，「雅舍」即一日為我所有。即使此一日不能算是我有，至少此一日「雅舍」所能給予之苦辣酸甜，我實躬受親嘗。劉克莊詞：「客裡似家家似寄。」我此時刻卜居「雅舍」，「雅舍」即似我家。其實似家似寄，我亦分辨不清。

長日無俚，寫作自遣，隨想隨寫，不拘篇章，冠以「雅舍小品」四字，以示寫作所在，且誌因緣。

題　解

本文選自正中書局印行的《雅舍小品》。雅舍位於四川重慶郊區，由青木關至北碚市區的公路北側山坡上，地名是主灣，當時門牌號爲主灣十號。民國二十八年秋天，梁實秋赴重慶擔任國民參政會參政員，並在北碚國立編譯館擔任教科書編輯委員會住任。當時他和清華大學同學吳景超伉儷合資購置平房一幢，有六個房間，梁氏居兩間。房舍名之爲雅舍。民國三十二年其夫人及子女到重慶，也居於此。直到抗戰勝利後，民國三十五年時才離開雅舍，返回北平。

抗戰期間物資生活貧乏，居住條件簡陋，但作者卻能俯仰其間，不爲流離貧困所陷，依然寫出一篇又一篇膾炙人口的文章。當時（民國二十九年）作者應《星期評論》之邀開闢「雅舍小品」專欄，每期撰寫兩千字的小品文。抗戰勝利後，作者回到北平，在《世紀評論》上繼續發表一些風格相近的文章，也一直沿用《雅舍小品》的名義。民國三十五年作者將這些作品集結，命名爲《雅舍小品》，〈雅舍〉一文是其首篇。後來作者輾轉到臺北，直到去世爲止。其間所撰諸文，亦都以「雅舍小品」名篇，足見作者既認爲「室雅何需大」，也有意長期撰寫此種「雅舍體」文章。

〈雅舍〉一文可說是現代的〈陋室銘〉，雅舍之雅，主要是精神上的。雅舍建築單薄簡陋，位於山腰，其陳設簡單，雅舍有老鼠、蚊子，雨來則屋漏，甚至屋頂灰泥突然崩裂，泥水下注，滿室狼藉，但作者安於簡樸，安於所居，以讀書寫作自娛，心境閒適。地雖僻而客自來，三五之夜，欣賞月色，更有一番雅致，所以「雅舍」雖陋，但仍然可愛，充分顯現的作者開朗脫俗的心境及隨遇而安的生活態度。

作者

梁實秋，原名治華，筆名希臘人、秋郎等，北平市人。生於清德宗光緒二十八年（西元一九〇二年），卒於民國七十六年，年八十六。國立清華大學畢業，曾留學美國，在科羅多大學及哈佛大學研究英國文學三年。自民國十五年起，歷任南京東南大學、暨南大學、青島大學、北京大學等校教授。對日抗戰期間，曾任國民參政會參政員、國立編譯館編纂。抗戰勝利後，任北平師範大學教授。來台後，曾任國立編譯館館長、國立台灣師範大學教授和文學院院長。

梁實秋在文壇與學府之貢獻，據余光中所言，表現在五方面：（一）爲散文創作，《雅舍小品》系列的散文，已出版著有十餘部，其散文主張「文章要深，要遠，就是不要長。」故作品以簡潔的文字，中國式的色彩，在情趣與理趣之間，形成抒情兼議論的風格。（二）爲翻譯西洋文學，其中尤著者爲翻譯《莎士比亞全集》，梁先生自稱譯莎劇的原則：「是忠於原文，雖不能逐字翻譯，至少盡可能逐句翻譯，絕不刪略原文如某些時人之所爲。同時還盡可能保留莎氏的標點。」（三）在文學批評上，梁先生早期主編《新月》月刊，民國二十四年創辦《自由評論》周刊，寫了許多評論文章，所論或爲文學之本質、或爲新文學之趨勢、或爲翻譯之技巧、或爲西洋文學之精神。梁先生一方面受白璧德人文主義思想之影響，一方面受新月社同仁之影響，在〈論中國新詩〉與〈現代中國文學之浪漫的趨勢〉二文，明顯地與以魯迅爲主的「左翼作家聯盟」形成論戰。（四）在學術研究方面，梁先生編著的《英國文學史》、《英國文學選》，以及爲遠東圖書公司主編之各種英漢、漢英辭典，嘉惠中外學人甚多。（五）在教育方面，梁先生從事英語教學，在臺灣師範大學任內，先後設立了「英語教學中心」，與「國語教學中心」，直接受教與間接獲益的中外學子，不可勝數。

梁氏散文以小品最具特色，體製精鍊，結構縝密，取材於瑣細的人情世態，用筆若不經意，但幽默中時見博雅與睿智。並常以數年時間，翻譯《莎士比亞全集》，享譽海內外。著述甚多，有《浪漫的與古典的》、《文學的紀律》、《文藝批評論》、《偏見集》、《罵人的藝術》、《雅舍小品》、《雅舍小品續集》、《秋室雜文》、《槐園夢憶》、《西雅圖記室》、《白貓王子及其他》等書；譯著尚有《織工馬南傳》、《潘彼德》、《咆哮山莊》、《西塞羅文錄》、《阿拉伯與哀綠綺思的情書》、《吉爾菲先生的情史》、《幸福的僞善者》等書。

賞讀

《雅舍小品》是中國現代散文中別具一格、魅力無限的散文集，是作者梁實秋睿智機趣的藝術結晶。本文是《雅舍小品》的首篇，寫他在抗戰時期卜居重慶北碚的住宅。儘管屋舍極其簡陋，但作者隨遇而安；儘管身處國難，遠離家鄉，但作品不談窮說憂，僅使隱含悲苦，點到爲止。內涵極其豐富，值得細加品味：

本文共分爲七段：

第一段即扣題，寫「雅舍」的背景。本段又分四個層次，首先泛寫四川人建造房屋的情況，並落實到雅舍。文章開門見山就說：「到四川來，覺得此地人建造房屋最是經濟。」一方面交代自己遠來四川，另一面直接扣題，不說其他，而只說房屋。他不說房屋簡陋，而謂之「經濟」，可見其幽默。接著寫他所居住過的各式房屋；然後居住房屋向來重感情，因此緊接著說雅舍雖不能避風雨，但他仍然好感油然而生，何況雅舍自有他的個性，而有個性就可愛。這一段由談四川房屋自然而然切入到雅舍，並可見他的真性情。

第二段細寫雅舍的外圍環境。首先說明雅舍位於半山腰，周圍有土階、稻田、遠山、高粱地、竹林、山坡等，明點雅舍位置及地理環境。接著寫雅舍地僻而客常到，路遠乃見情誼。然後說明客人還時每驚嘆坡陡，我則久而安之。此段寫雅舍的周圍環境頗爲仔細，後半由物及人，及自己安之若素的景況，令人感覺親切有味。一句「每次由書房走到飯廳是上坡，飯後鼓腹而出是下坡」，尤令人發出會心的微笑。地僻仍不乏客來，如劉禹錫〈陋室銘〉所謂「談笑有鴻儒，往來無白丁。」作者當時往從甚密的友人有冰心、老舍、余上沅等人。

第三段寫雅舍的室內情景。可分爲四個層次，首先寫雅舍共分六間，作者住兩間。然後一次寫鄰居的生活情況，老鼠囂張的情景與蚊子爲患的災情。此段寫鄰人之聲，實則細寫雅舍之陋，但這些因門窗戶壁的簡陋而傳來的各式聲音，作者確認爲可以「破我岑寂」。而對於老鼠、蚊子的描寫，更是生動活潑。鼠、蚊，從來是人們所憎惡的小東西，其外型，毫無讓人喜愛之處，作者卻把這一醜陋，令人討厭，眾人避之唯恐不及的鼠蚊寫入文中，並且寫得情趣盎然，令人印象深刻。寫老鼠爲患，他引外國人常用來譏笑中國人的「沒有法子」一語，說「洋鬼子住到『雅舍』裡，不也是『沒有法子』。」寫來令人發噱。說明了他努力用盡各種辦法，仍無法防範鼠患，自信中當有種無奈。

第四段寫雅舍在不同時段的情景。分三個層次來寫，首先寫雅舍月夜的美景，次寫細雨濛濛的景象，最後寫大雨滂沱的景象與災情。雅舍月夜一節，頗有東坡〈記承天夜遊〉及李白〈靜夜思〉之情味，寫得明麗動人，靜中有動，動而愈見其靜，在月色朗照、樹影斑駁之際，喚起作者相當複雜的情思，既歡欣愉悅，又有落寞清寂之感。「助我清涼」一句，一片遊子思家的酸楚，隱然可見。然而作者溫柔敦厚，哀而不傷。

第五段寫雅舍的陳設。先說雅舍之簡樸，次說雅舍所陳設之諸物，再說作者喜翻新布置，以爲陳設應求疏落參差之效，雖不新奇，但俱不從俗。這一段以排比句法說明不陳設之物：「我非顯要，故名公巨卿之照片不得入我室；我非牙醫，故無博士文憑掛壁間；我不業理髮，故絲織西湖十景及電影明星之照片亦均不能張我四壁。」句字幽默有趣，正凸顯當時風氣及庸俗之處。最後說「人人我室，即知此是我室。」正如〈陋室銘〉所謂：「山不在高，有仙則名。水不在深，有龍則靈。斯是陋室，爲吾德馨。」

第六段申論雅舍非我有，此處似寄亦似家。

最後一段則說明《雅舍小品》書名的由來，可是作全文之餘波。

本文在寫作藝術上體現作者小品散文一貫的特色：

一、文字精鍊細密：

本文近兩千字，與當時一些空洞無內容的長文形成鮮明對比。這頗符合作者自己對散文的理念，他在〈語言、文字、文學〉一文中說：「文學作品無不崇尚簡鍊。簡鍊乃一切古典藝術之美的極則。……『吉人之辭寡，躁人之辭多』（《易繫辭》）。人品不同，情見乎辭，是故語言也有層次，或清雅，或庸俗，或冷雋鋒利。《世說新語》文章雋美，眾所愛讀，……所記嘉言逸事當然出眾。」（見〈雅舍散文〉，頁 231）。

乾淨俐落的雅舍體文字，從單句到成串的句子安排都可以看出其匠心。他擅於利用短詞製造節奏感，短詞中又以四字句使用頻率最高。細讀〈雅舍〉一文，可以很清楚看出此一特色，尤其雅舍最宜月夜一節，四、六字句參差及最後一段多四字句，可說讀起來節奏鮮明，文白交融得宜。

二、修辭精當

本文在修辭的技巧上，頗有足以取法之處。作者或用豐富的想像力，以及日常生活常見的東西來做譬喻，例如：「風來則洞若涼亭」、「兩腿傷處累累隆起如玉蜀黍」、「紅盤乍湧」、「儼然米氏章法」、「如碗大」、「擴大如盆」、「如奇葩初綻」等等，都是人人熟知的東西，所以能夠立即給人具體的感受。此外，或根據真實感受，通過想像力，用最貼切的字眼來表達，而且往往從古文裡去尋摘字句，如形容房子的單薄，用「瘦骨嶙嶙」，人居屋中，房子當然也就似人之單薄，自然「沒有人能說不像是座房子。」足見其屋之陋 —— 只是像座房子。又如「聚蚊成雷」是寫雅舍蚊子之多，此句既是成語，有隱括沈復「夏蚊成雷」而來。這些都有傳神意到之妙。這種在白話文中夾用古文字句的修辭法，作者用的恰到好處，自然貼切，不但沒有絲毫勉強，反而豐富美化了白話文的解釋，這是作者善於駕馭文字和把握語感的地方。

他如對比之運用，如「客來無不驚嘆，我則而安之」、「由書房走到飯廳是上坡，飯後鼓腹而出是下坡」。排比句法如「轟飲作樂，咿唔詩章，喁喁細語」、「噴嚏聲、吮湯聲、撕紙聲」、「或搬核桃在地板上順坡而下，或吸燈油而推翻燭台，或攀援而上帳頂，或在門框棹腳上磨牙」及「我非顯要……我非牙醫……我不業理髮……」。層遞運用如：「起初如碗大，俄而擴大如盆，繼則滴水乃不絕，終乃屋頂灰泥突然崩裂……。」

三、語言幽默

余光中在〈文章與前額並高〉一文中說：「首先是機智閃耀，諧趣迭生，時或滑稽突梯，卻能適可而止，不墮俗趣。他的筆鋒有如貓爪戲人而不傷人，即使譏諷，針對的也是眾生的共相，而非私人，所以自有一種溫柔的美感距離。(《秋之頌》，頁 218)。〈雅舍〉開門見山說四川人建造房屋最是經濟，「經濟」兩字即可見其幽默，他說雅舍陳設之物，舉社會上之名公巨卿、牙醫、理髮師三人亦是反面言其庸俗之處，但作者點到為止，不多說。大雨滂沱，終至房屋崩裂，他卻說如奇葩初綻；雅舍有窗無玻璃，風來卻洞若涼亭；雅舍地板依山勢而鋪，高低坡度差距甚大，他卻說「飯後鼓腹而出是下坡，亦不覺有大不便處。」凡此接可見其作品的幽默。

四、徵引妥貼

作者學貫中西，一個小小的題目，短短的篇幅，常有或明或暗，淵博的引用，這些徵引似不著痕跡，難得的是這些徵引，又都點到為止，並不吊書袋。足見其深思而不鑽牛角尖，博學而不囫圇吞棗，所以能機趣盎然，深入淺出。本文中徵引之句如「天地者萬物之逆旅」、「客裡似家家似寄」、「聚蚊成雷」、笠翁〈閒情偶寄〉、「相鼠有牙」等。余光中說：「（梁實秋）文中常有引證，而中外逢源，古今無阻。這引經據典並不容易，不但要避免出處太過俗濫，顯得腹笥寒酸，而引文要來得自然，安得妥貼，與本文相得益彰，正是學者散文的所長。」（同前）。

五、摹寫入微

該細寫之處，作者不惜筆墨，盡情摹寫，該繁則繁，該簡則簡。像雅舍室內三聲（人聲、鼠聲、蚊聲）實極細膩而深刻，真正是行於所當行，止於所當止。

總而言之，作者不但善於裁章佈局，且精於章法的運用，詞彙豐富、情意深厚、機智百出，極為難得的是那居陋室而閒適自樂的心境，及隨遇而安的生活態度。就形式、內容兩觀之，〈雅舍〉不愧是現代散文小品文中的典範之作。

六、生動的尖山農家耕作圖
—— 賞讀鍾理和的〈做田〉

鍾理和曾感慨繫之地說：「我好像還不曾見到一本好散文集哩。……那些多愁善感，無故呻吟，或風花雪月的文章我覺得非常無聊。我有一次讀了一篇散文，字數至多不會超過一千，但計算裡面所用「夢」字竟有十六個之多，而且又是『淺紅色的夢』嘍，『橙色的夢』嘍，『什麼什麼色的夢』嘍，我看過後實在不知道作者在講些什麼。那作者還是頂有名的呢！」「我以為散文的取材當亦不能離開生活，否則就會變成沒有內容的東西。」（《台灣文學兩鍾書・第一〇九信理和致肇政》）（一九五九年十一月六日）

本　文

尖山洞田四面環山，除開東邊的中央山脈，其餘三面都是小山岡，大抵土質磽薄，只生茅茨。

中央山脈層巒疊嶂，最外層造林局整理得最好的柚木埋遍了整面山谷，嫩綠而透明，呈著水彩畫的鮮豔顏色；次層是塗抹得最均勻的，鬱鬱蒼蒼的一片深青；最裡層高峰屹立，籠著紫色嵐氣，彷彿仙人穿在身上的道袍，峰頂裹在重重煙靄中，看上去莊嚴，縹緲而且空靈。

天空清藍淨潔，恍如一匹未經漿洗過的丹士林布。太陽剛剛昇出一竹竿高。一朵白雲在前面徘徊著。東南一角更湧起幾柱白中透點淺灰的雲朵。

天，和雲，和山的倒影，靜靜地躺在注滿了水的田隴裡。犁田的人把它們和著土塊帶水犁起，它們就和田裡茂盛的菁豆之類糾纏在犁頭上，像圍脖一般，犁走兩步就纏成一大堆，好像整塊田都掛在那裡了，前邊的牛踉踉蹌蹌，並且停下來。

犁擱淺了！

「嘔！」

犁田的人大聲叱喝，舉起牛鞭向空一揮。

「嘔！媽的，我揍死你！」

牛一驚，奮勇向前，兩條牛藤拉得就如兩條鋼索，然而犁好像在地上紮了根，祇是不動。這是難怪呢，天和山都掛到犁頭上來了，怎麼會拉得起！

犁田的人滿臉晦氣，彎腰去清除那些扭纏在一塊的累贅。故是犁又輕快起來了，牛在前面拉得十分有勁，人又有了吹口哨的心情。

犁罷田，便用十三齒耙「打粗坯」。然後拿「盪棍」燙平。至此，一塊田便像一領攤開了的灰色毛氈，又平坦，又燙貼。

這就可以插秧了。

蒔田的人全俯著腰，背向青天，彷彿一隻隻的昆蟲，然而這些昆蟲卻並不向前進，而是一隻隻的往後退著。男人光著暗紅色的脊樑，太陽在那上面激起鋼鐵般的幽鈍的光閃，有如昆蟲的甲殼。然而晨風陣陣吹來了，給人們拂去了逐漸加強的暑熱。

年輕女人做田塍，或砍除田塍及圳溝兩旁的雜草。她們穿著豔麗的花布短衫，腰間用條花帶結紮著，那包在竹笠上的藍洋巾的尾帆，隨風飄揚著。她們一邊做著活，一邊用山歌和歡笑來裝點年輕活潑的生命。這是一朵一朵的花。這樣的花開遍了整個尖山洞田，把它點綴得十分鮮活可愛。

鷂鷹在人們的頭頂的高空處非非非地鳴叫著，展開了大如車輪的勁翼畫著圓圈，一邊向著藏了野物的大地覓取自己所需要的東西，那是一條蛇，或是一隻死野鼠。在這樣的時候那是很豐富的，祇在田塍上、草叢裡、或小坡上。牠們在半天裡翱翔著、找尋著，小腦袋機警地時而向左，時而向右地注視下面，忽然，牠猛的一擺身，以雷霆萬鈞之勢俯衝直下。在飛起來時，牠的腳邊則已抓著一個很長的東西了。那是蛇，牠於是朝著山崖或樹林飛去。

整個田隴裡由東到西，再由南到北，都充滿著匆忙的人影，明朗快活的笑聲，山歌、小孩的尖叫、鳥鳴和水的無人能解的私語。土腥、草香、汗臭，及爛在田裡的菁豆和死了的生物的，那揉在一起的氣味在空氣中飄散著。太陽昇得更高了。

一切都集中於一個快樂而和諧的旋律裡，並朝著一個嚴肅的目的而滾動著，進行著。

那個蒔田班子裡有人唱著恆春小調：

思啊；想伊……。

題解

本文選自《鍾理和全集》。「做田」，即種田之意。文章描寫美濃客家農民的堅毅和農耕的歡欣。開頭以青翠鮮亮的自然景觀爲尖山洞田區增添田園氣氛，接著透過犁田、打粗坯、插秧、做田塍、除雜草等景象，呈現了農人在農忙時活潑歡樂的生活氣息。

最後以明朗快活的笑聲及客家民謠思想起總結全文。語言質樸，形象生動，值得細加品讀。

作者

鍾理和，臺灣屏東人，生於民國四年十二月十五日，卒於民國四十九年八月四日，年四十五。長治公學校畢業，進入私塾學習漢文，後受同父異母兄和鳴鼓勵，接觸新文學作品，也決定以文學創作爲職志，更奮發學習中文。十六歲，嘗試寫作，其中有短文由一個叫花子得到的啓示與小說雨夜花。十八歲，在父親經營的農場當助手，行駛鄉間的小火車上，結識鍾臺妹女士，從此展開驚天動地的愛情。因這段感情遭到閉塞的客家社會，與頑固的家庭制度所不容，民國二十七年夏天，憤而離家出走，隻身遠赴大陸東北，入瀋陽「滿州自動車學校」，學習謀生技能，二年後回台攜台妹私奔。其後又遷居北平（當時瀋陽、北平均爲日本佔領），開始專注寫作。因戰爭謀生不易，曾當翻譯，賣煤炭。長子鐵民出生，長女卻不幸夭折。生活貧困，靠一位表兄弟接濟。光復那年，集結成《夾竹桃》由北平馬德增書店發行，是生前第一本，也是唯一的創作集。書中充滿年輕銳利的批判眼光，以旁觀者對古老中國民族的生活文明做了一番語重心長的審視與反省。

民國三十五年三月攜眷返臺，隨即應聘到屏東內埔初中擔任代用國文老師，歸台見聞寫成祖國歸來、故鄉、海岸線道上。此期作品描寫戰後臺灣農村的衰敗與凋敝，包括經濟的、人的靈魂的墮落，是極富震撼力的戰後臺灣農村素描。草坡上、蒼蠅則見他闡釋鄉居生活人物，筆緻細膩，情感上探幽取微的技巧。後因罹患肺疾，日漸惡化，於民國三十六年三月辭去內埔初中教職，返美濃笠山定居。雖然後來死裡逃生（耗盡家產及鑿掉七根肋骨才挽回性命），但家計全賴台妹維持。理和病中則仍創作不輟。

鍾理和一生備極艱辛，因生活困苦，一女一子夭折，長子鐵民又因長期營養不良摔傷成駝背，他傷心欲絕，幸識林海音、鍾肇政，及獲文友廖清秀、文心、陳火泉鼓勵，才重燃生機。悲痛中創作野茫茫、貧賤夫妻等，發表於聯合副刊。

這時，被封建社會視爲叛逆的同姓之婚，並未因時間而獲得包容和諒解。他的罹病，散盡家財，殘廢的長子，來自周圍愚昧封建的外力，繼續無情的打擊。

四十三年底《笠山農場》草稿初成，是他生前唯一完成的長篇小說，四十五年十一月榮獲中華文藝獎金長篇小說獎。六十五年十一月張良澤曾編成《鍾理和全集》八冊出版，一九九七年高雄縣文化中心復出版了《鍾理和全集》。

他從來不寫阿諛奉承的文章，從不參與任何政治活動，也未以日文創作任何文章，他以精湛的中文造詣，寫出平實、不炫奇，沒有憤怒，沒有咆哮，歷盡滄桑，只有淡淡的抑鬱，至純的人性自然的流露，他悲天憫人的胸懷，令人感佩。

民國四十九年，盛夏，他在病床上修訂中篇小說雨，舊疾復發，咯血而逝，得年四十六。彌留之際，召長子鐵民說，他死後，務必將他這生寫的所有稿子，放火燒了，後輩子孫也不得再有從事文學的。長子鐵民捧著血漬斑斑的遺稿，沒有燒掉，甚至發願繼續父親未完成的志業。他對文學感到無力，生前雖一再告誡家人「不得再有從事文學者」，然而在備嘗人間疾苦之後，仍執著於文學創作，不改其志，具現了作家追求理想的精神，陳火泉稱之爲「倒在血泊中的筆耕者」，是對其不朽形象最傳神的寫照。

鍾理和寫作生涯大約九年，作品數約有五十多篇。其作品就取材而言，大約可分三類：一、中國大陸生活的回憶和對臺灣人命運的感思，如〈門〉、〈白薯的悲哀〉。二、個人生活經驗，有濃厚的自傳色彩，如〈貧賤夫妻〉。三、農村、農民與鄉居生活，如〈故鄉〉、〈做田〉。在他的日記、小說與散文中，經常誠懇而真切地描繪出一個客家人的生活與客家婦女的堅忍與偉大。語言質樸，悲境中仍可見其樂觀積極的一面。一生經歷台灣淪日五十年的後半期，也在大陸淪陷區的僞政權度過八年，終其一生足跡所至，包括台灣、瀋陽、北平、上海等，經驗的廣度與深度，皆爲同時作家罕見。現已公認爲戰後初期台灣重要作家。

賞　讀

我們讀理和的文章，可以發現愈是接近生活經驗的題材，他的表現就愈好；在其眾多佳篇中，描寫農民的文章也佔較多。他生活於美濃鄉間，尤其是返台後，便與農民生活在一起，他的血肉裡早已奔瀉著這塊土地上農民的歡樂和痛苦。〈做田〉即取材於農村生活，寫出農民的堅毅和農耕的歡欣。

本文字數約一千三百字，原刊一九五九年四月十八日的聯合副刊。文章一起筆就先寫出客家人生存環境的惡劣，他們所賴以維生的耕地不是豐饒的良田美地，而是土質磽薄的小山岡。這個開頭的安排十分巧妙，猶如歐陽脩的〈醉翁亭記〉一開頭就說「環滁皆山也」，美濃尖山洞田也是四面環山。鍾理和同樣採取從遠景到近景的描繪方式，而在遠景中央山脈的描摹上，他特意以中央山脈的晨曦美景和三面小山岡土壤的貧瘠做對比，落於尖山洞田的筆墨不多，但那只生雜草的尖山農地，卻在這樣一個遼闊的美景中被襯托得更鮮明。在這清潤的晨曦光華之下，中央山脈的層巒疊嶂，由最外層的嫩綠透明，到次層的深青，到最裡層的紫色嵐氣，作者分層描寫，設色精細，這些色彩洋溢靈活之氣，綰合著全文的主要基調，充滿希望的青綠色正象徵了生機洋溢、寧靜祥和的願望，文章已隱約透露出一種輕快歡愉的節奏，生活其間的農人們必然是有克服逆境的決心。而蓊鬱的樹林為薄紗般的霧氣籠罩，縹緲而空靈。作者凝視遠山，對重疊迂迴的山嶺景色觀察既深且細，樹林雲霧，並於一畫，各具情致。

農民是靠天吃飯的，豐收與否雖與個人勤惰有關，但冥冥中的主宰者 — 老天卻掌握絕大部分的主宰權，乾旱不雨或淫雨成災，都將使農民的付出成為泡影。鍾理和小說〈旱〉和〈雨〉都曾描述旱災肆虐、久雨泛濫的慘境。〈做田〉一文對天候的描寫是晴朗歡愉的基調，天空清藍淨潔，雲朵靜謐徘徊，農人日出而做。隨著時間的推移，從晨曦到太陽昇出一竹竿高，作品真正進入「做田」，描述視角也由遠景而近景、仰角而平角，鏡頭由泛寫而特寫，精描細繪耕夫和農婦；在此之前作家筆下的自然風光宛如一幅靜靜的畫，有色彩、動作，卻似乎沒有一點聲音，直到農人駕著牛犁起田，聲音顯得格外突出、清晰，動靜之間成了一種拉鋸戰。農人的斥喝，連續的短句，使節奏快速有力，也體現耕農的性格，尤其困難解決之後，犁田的人又有了吹口哨的心情，這時真可謂「有聲勝無聲」了。

犁罷田之後是打粗坯（整地）、插秧（俗稱播田）的工作，作者描寫莊稼人露出暗紅色的脊梁，猶如昆蟲爬行，剛毅不屈的意志及孜孜不懈的勤奮，面對貧瘠惡劣的土地卻在努力之下成為平坦熨貼的田地，我們似乎看到一幅鮮明的塞西佛斯推動巨石的圖像，耕農以其沉靜堅韌戰勝土地的貧瘠，就如塞西佛斯戰勝了諸神。年輕女人則負責做田埂、砍除雜草的工作，她們穿著豔麗的花布短衫，竹笠上的藍洋布的尾帆，隨風飄揚著，她們一邊做活，一邊唱山歌，使「做田」充滿了歡笑和快樂。一切都是健康、活潑和歡愉的。

文章寫到此，作者又補敘鷂鷹捕蛇一段，與前面氣氛相映襯，對應耕農的勤奮與強悍的生命力，加強本文所描寫的活潑的生命氣息，同時說明了人要生存，要迎向自然，在困境中尋求生機；鷂鷹要生存，也要向自然索取食物。

最後作者總結了做田生活，「整個田隴裡由東到西，再由南到北」，都充滿了明朗快活的笑聲，讀者似乎聽到那笑聲、那山歌、那鳥鳴、那水聲，也似乎聞到了那土腥、那香草、那汗臭、那腐味，眼前呈現一幅歡躍跳動的農家耕作圖，使人感受到無限喜悅之情。一切的美景美事，都在太陽已升起的真實生活中進行，不是煙靄中的縹緲（這時太陽昇得更高了，時間繼續進行著），這個有聲有色、生機蓬勃的人物風景，分明是作者有意帶領我們進入的現實世界，證成非作者的幻設。

結尾以恆春小調結束，而歌聲是由蒔田的耕農裡傳出，既給辛勞的工作帶來撫慰，也呼應前頭年輕女子生動活潑的山歌，這隱隱的對唱正是對生命的謳歌，彼此傳遞著綿延不絕「生」之信息。這樣的收尾充滿生命之美、聲音（音樂）之美，可說是相當高明之處。

本文遠近有序、層次分明，以困阨的生活環境入手，以堅韌躍動的生命力鋪寫，最後以輕快飛揚的旋律收束。本文除細節描繪頗為生動外，尚有一些值得稱道之處，如：

一、善用譬喻，精心摹狀。作者把新巧的比喻和奇妙的聯想合而為一，使景和物形象生動，「彷彿仙人穿在身上的道袍」說明了雲氣氤氳的虛無飄渺的感覺；「恍如一匹未經漿洗過的丹士林布」形繪天空的清藍淨潔不受污染；「好像整塊田都掛在那裡了」加深拖累之煩重；「兩條牛藤拉得就如兩條鋼索」描寫牛的奮勇直前；「田便像一領攤開了灰色毛氈」狀其平坦熨貼；「彷彿一隻隻的昆蟲」　、「是一朵一朵的花」則分別摹寫作田男子的勤奮賣力與年輕女子的鮮活可愛。尤其將農民比作昆蟲，既能就地取譬，又新穎獨特，效果絕妙。卡夫卡在《蛻變》中將文中男主角薩摩札變成一條人見人怕的大蟲，可是鍾理和筆下的昆蟲，是勇猛剛強、堅韌不拔、絕不妥協的耕夫，他們彎著腰，手腳並用，以倒退的辛苦方式將苗插入田中，背上則接受炙熱猛烈陽光的烘烤。男人光著暗紅色的脊梁如昆蟲的甲殼，太陽在那上面激起鋼鐵般的光閃，更充分傳達了耕夫不屈不撓，充滿意志的生命力。這些匠心的比喻，極為別緻，頗有餘味。

二、對比運用，巧妙傳神。林木的由外入裡層、顏色的由淺入深；充滿綠意的一面生機與貧瘠的三面山岡；田隴水裡雲和山的靜躺與犁的帶動；犁的推動與犁的擱淺；貧瘠的開始與平坦熨貼的到來；男女的相互映照，男人的剛毅勇健、艱辛倒走與女人的鮮活生動、載歌歡笑等，兩相對比，無不筆觸細膩，情景相融，予人印象深刻，增加文章的可讀性。

《台灣文學兩鍾書・理和致肇政函》:「說來你也許不會相信，我不但沒有工作房 — 書房，也沒有寫字檯。我寫東西幾乎是打游擊的。紙，一支鋼筆，一塊六寸寬一尺長的木板，這是我全部的工具；外加一隻藤椅，一堆樹蔭。我就這寫了我那些長短篇和《笠山農場》。」(一九五八年八月二日）本文述似乎就是在早晨明澈的心境中，在晨曦的樹蔭下，面對尖山風物自然的細緻觀察而完成撰述的。該書一九五九年四月九日肇政致理和函說：「〈做田〉— 是很好的寫生文，觀察之敏銳與細緻，使我閱讀中屢屢地想起明治期ト卜派諸家的文章，如長塚節等人的文章，確有與此一脈相通之處。……又〈做田〉題目似乎不很生動，我打算改掉，不過怎麼改，還沒有想到，容我慢慢想想看，同時，兄如另有其他好題目，請即見告。」肇政先生對此篇極爲推重，且說：「環視目前中國文壇，有此筆力的，似乎不多見。——這是我由衷之言，幸勿視同阿諛之詞也。」理和的創作在篇名命題上，大抵配合了文章內容的質樸無華，不以其炫魅人，自然形成清新淳樸而又渾厚蘊藉的意境，以今日眼光來看，或許仍不是很生動，但在求新求奇的風氣下，不刻意求工，也自有值得玩味之處。

此外，本文和作者〈故鄉〉四短篇所反映的（戰後初期）台灣農村社會不太一樣，〈作田〉與〈故鄉〉諸篇最後都透過生動活潑的山歌，表現大地兒女真摰熱忱、樂觀進取的天性，迸發鮮明活潑的「生」之色彩；但〈故鄉〉系列前三篇（〈竹頭庄〉、〈山火〉、〈阿煌叔〉）呈現出農民的垂死掙扎和一種毀滅的絕望，本文則處處洋溢著生命的光澤和活力。極目所見都是那樣富有生氣，我們看不到人的咆哮反抗或沮喪灰暗，這時期的鍾理和顯然在大病一場後，以他平靜的心情和寬容的態度來面對社會，以他剛毅的奮鬥意志來詮釋人生。如依據本文初稿撰寫時間在一九五四年七月來看，這一年二月次子立民夭折，作者在人生窮途末路時，面對自然、面對鄉人，仍然有如此積極樂觀的心境，實在令人驚嘆。而從本文我們似乎也看到了鍾理和心中夢想的桃花源世界——靜謐優美的山水自然，一片風調雨順、安定祥和、民樂其生的景象。

鍾理和以文學創作展現他人生的智慧，及其一生奮鬥不懈的精神，樹立了臺灣作家不朽的典型。最難能可貴的是即使生活在最難堪的環境，鍾理和的作品中，沒有抱怨、沒有消沉、也不發牢騷，人生的波折、生活的煎熬，讓他真正懂得生命價值，體會生活意義。當吾人在慨歎鍾理和一生坎坷的遭遇時，他在作品中所呈現尊重生命、生活的態度，尤是文學以外更莊嚴的意義。

七、春意永在
── 讀張秀亞〈靜〉

靜、定然後耳目才能精敏，心思才能澄明，生命才能沉潛而有種種領悟 ── 體會靜的哲理、靜的情趣，這樣的道理其實是很難深入淺出去言說的。本文則以類似閒談的筆調來敘寫，使得全篇生動靈活，闡釋淋漓。就形式而言，本文以詩句發端，以詩句結尾，前後呼應，古今相襯，渾然一體。就內涵而言，從起首寫客觀世界所呈現的「外在靜境」，到結語藉陶淵明詩句點出可以操之在我的「內在靜境」，將「寧靜致遠」的至理透徹闡發，啓示人們必須心湖澄明，然後才能擁有燭照萬物、應對萬事的智慧。寫來真切生動，極見誠懇。

本文

炎夏溽暑，到處都是燥熱與喧囂，坐下來，在綠樹蔭裡輕搖著一把圓扇，讓我們來談談這個美妙的字 ── 靜。

一上來，先默誦兩句徐志摩的詩吧：

「庭院是一片靜

看當頭月好。」

感到嗎，一種恬靜之感，是否如春日小溪般，在你的心頭涓涓而流？

我們的生活不是完全屬於「動態」的，也不完全是屬於「靜態」的，而靜定二字比活動似乎更為重要。

靜不是停滯，

靜不是休止，

靜是莊嚴的工作、熱切的活動的前奏，好似音樂演奏會啟幕前，那寂然無嘩的臺前。

只有在最深度的寧靜，最高度靜謐中，你才可以慢慢的調理你的弦索，時間一到，它才可發出動人的節響來。

只有在幽獨、寧靜之中，你才可以悄然的蓄集你生命的力量，如涓滴之歸向大海，如塵沙之堆積邱山，不知不覺間，形成了你的強力與偉大。

唯有在寂寥清靜的環境中，寧靜的情緒中，你才可以有暇使心靈臨流自照，更清楚的認識了自己，悟知「今是而昨非」，或者「今非而昨亦非」，面對做人治事的態度憬然有所改變，以完成自己的人格，完成自己的使命。

一隻航行遠洋的大船，儘管在風浪中顛簸，但船頭的那只羅盤針卻是靜靜的永指著不變的方向，一顆偉大的心靈，彷彿似之。一個在事業或學術上有成就的人，他的心裡永遠在寧靜中保持一片澄明，不為外界風雪塞途而踟躕徘徊，不知何去何從，他們在幽獨寧靜中完成其偉大卓越，完成其「我之為我」。

我們都知道樂聖貝多芬，他的生活真可說夠寂寞、孤苦的了，但他的成就，他的輝煌的人格，實足以照耀千古，此無他，只因他忍耐住了寂寞，他更充分的利用了生命中的空白——幽獨、清靜。

我在一本書上看過他的一張照片，他著了一件黑色的氅衣，雙手插在衣袋裡，在荒冷的秋林，由影子陪伴著尋求他的靈感，淡淡的日光自他的身後照來，秋風將他的頭髮吹得異常蓬亂，他踏著沙沙的落葉向前走去，一雙眼睛，帶著悲悽的神情，注視著地面。——那是貝多芬閑散的時候，那是他逍遙的辰光，他的羽毛筆與樂譜被扔在一旁了，他的鋼琴被冷落在一邊了，但我們能說在那時刻他神聖的創作生涯停止了嗎？沒有，絕對沒有，他只是在親近他最喜愛的大自然，他來訪問靜靜的秋林，他來諦聽那微語的落葉，藉以感知大自然的脈息，用以形成他樂曲中的神奇旋律。他是在寧靜中儲存他的力量，在寂靜中完成他壯麗的交響曲。在形式上看來，他是在悠閑的踱步，但他的創作力，在那片刻，正達到了顛峰狀態，此刻的靜謐，反映在他無數的樂譜中，形成了最感人的聲音，如風雨之撼動林梢，震撼了人們的心靈。

羅曼．羅蘭在為這一代樂聖寫的傳記中說：

「自然界給了他最大的安慰與快樂，在大自然中，他看見了上帝，大自然也反映出祂的慈悲，在大自然中，他找到一種寧靜來調和他的悲慘。……」

是的，他找到了寧靜！寧靜美化了他的生活，且給它敷上一層喜悅的色彩，使他能夠繼續活下去，且繼續發揮他的創作力。直到後來，他患了耳聾，但仍不放棄他的音樂，且寫出許多支宏麗的曲子，這都是他愛寧靜的靈魂形成的「神蹟」！

在生活中，比貝多芬的際遇更不幸的，是英國的詩人彌爾頓，在他創作的生涯正盛的時候，一如貝多芬的失聰，他失明了。在一篇詩裡，他痛苦的寫下了那樣的句子：

「黑暗，黑暗，黑暗……」讀著這樣的字句，誰能不為之淒然？

有人說，造物太殘酷了，偏偏要貝多芬耳聾，要彌爾頓眼瞎，我卻說（那絕非幸災樂禍）：安知那不是造物主故意的安排，祂怕這兩位絕世的天才受到世俗聲色的眩惑，失去了心理上那份平和與寧靜，寫不出他們的曲子與詩，這才教作曲的貝多芬耳聾，寫詩的彌爾頓目盲，這只為了讓他們的心靈更能嘗味那份寧靜的甘美。

不是嗎？在寂靜中，貝多芬說：他似是聽到了那支神聖的豎琴在響，他的樂曲，不過是記錄那神聖豎琴的聲音罷了；在寂靜中，彌爾頓狂喊著黑暗時，他似看到了天上神聖的光輝！他們悲劇性的遭遇是真的，但那毫未妨礙他們的創作也是事實。

當然，我們並不希求耳聾與目盲，但這兩個偉大人物的傳記卻昭示給我們一個真理：除非你不為外面的世界，市場街頭的繁華所迷，你才能有所成就，你耳聰目明，但有時，你得使自己像一個失聰失明的人一般，不為聲色的引誘而迷惑眩亂。不然，即使終日坐在課室窗前，或是辦公桌邊，而不能忘情於外面的世界，心有旁騖，必將一事無成。

在你們的心中嵌上一片寧靜吧，使你生命的小河向前滑流吧，沿著平靜的邊岸。

在你的靈魂深處保持住一片靜吧，使那兒的景色，宛如絢麗的秋日，讓一切在你的心中慢慢醞釀成熟——一支歌、一篇文、一首詩。

一個最幸福的人，是心中平和寧靜的人。

唯有在寧靜中，你才能保持冷靜與理智，看清楚真理的面目。看明白是之為是、非之為非，而保持你那不偏不倚的判斷力，如此，你才能保持精神上的獨立與自由。

去靜察你自己的內心，並靜觀萬物吧。你能嗎？偷得浮生半日閑，享受一下「靜」的甘美。水流、花落、雲移、山在……在寂靜中，我們的精神與大自然合而為一了，我們將變得更純樸，更和悅，更智慧，也更恬靜了，心湖是一片澄明，萬物的影子皆清晰的反映其上。

「結廬在人境，而無車馬喧。」這兩句詩值得我們反覆默誦，這境界使我們心嚮神往。

題　解

本文節選自《心寄何處》，民國五十八年由光啓出版社印行。雖然題面嚴肅，但以散文的筆調來敘寫，舒卷自如，融記敘、抒情、論說於一爐，運用具體事證和實際體驗，靈活論說，寫來蘊義深刻，值得玩味深思，由此也可認識現代散文的寫作要領。記述了貝多芬和彌爾頓的事蹟，又抒發了對靜的情趣的深沉體驗，更對靜的哲理作了深入探討。就立意而言，文章由客觀的「外在靜境」歸結到陶淵明「心遠地自偏」中可以操之在我的「內在靜境」，啓發吾人唯有心湖澄明，方能無入而不自得。

談靜一文，可謂深入淺出詮釋了「靜」的哲理。佛家有尊菩薩，名爲「觀世音」，也稱「觀自在」，也可以說是「外觀世音，內觀自在」，「觀音」二字，除了用眼觀、耳觀以外，更需要用心觀，用一顆清靜的心，關照返察世界內外的變化，讓塵埃自然落掉，讓自己回到生命的根源，則寧靜自然在心中，無須外尋。作者張秀亞在文中一再強調寧靜、清靜、寂靜的心，在這捨本逐末的時代尤其值得省思。當笙歌夜舞變成常態，當吾人習於在光影幻象中追逐不已之時，我們的感官浸在五光十色的大染缸裡，或許我們不再容易敏銳，也不再容易欣賞自然給我們的一切。

諸葛武侯告誡兒子要以「靜」來修養身心，又說「寧靜以致遠」。荀子解蔽篇裡說道一個住在石穴中的人，名叫觙，很喜歡射箭，常「閒居靜思」，所以能通曉射術，荀子便作了一番省思，說道：「如果一個人常處於寧靜的狀態中來想『仁』的道理，應該可以達到精微的境界了。」本文作者張秀亞所舉諸例，其道理不也都是與此相通？

作者以詩人的心靈，捕捉哲人的玄思；既記述了貝多芬和彌爾頓的事蹟，又抒發了對靜的情趣的深沉體驗，更對靜的哲理作了深入探討；雖然題面嚴肅，但以散文的筆調來敘寫，舒卷自如，將記敘、抒情、論說鎔於一爐。就立意而言，文章由客觀的「外在靜境」歸結到陶淵明「心遠地自偏」中可以操之在我的「內在靜境」，啓發吾人唯有心湖澄明，方能無入而不自得。蘊義深刻，值得玩味深思。

作者

張秀亞，河北滄縣人，筆名陳藍、張亞藍、心井，生於民國八年，卒於民國九十年，年八十三。是 50 年代來台散文女作家中拔尖的一位。幼年時全家遷居天津。1932 年入省立第一女師。1935 年開始在益世報。文學周刊、國聞周報發表作品。第一首詩作夜歸現收入詩集秋池畔。1937 年出版第一本小說集大龍河畔。1938 年考入北平輔仁大學中國文學系，次年轉入西洋文學系，畢業後入本校研究所史學組，後任助教。1943 年到四川重慶任益世報副刊編輯。1946 年回輔仁大學任教。1948 年到臺灣，1952 年出版到台後第一本散文集《三色堇》。1958 年任台中靜宜英專教授。1965 年輔仁在台復校，回輔仁任中文系和研究所教授。創作種類繁多，作品以散文著稱。另外還有譯作，如早期純文學出版社，所出版吳爾芙的自己的房間，便是出自其手。相較於同期女作家、張秀亞多將創作主軸放於生活細微之觸發，與詩意之人生，而非僅是一徑懷舊與回憶。其〈杏黃月〉便是一篇感於時光物我、風格別致的散體文章。與張秀亞相交二十餘載的作家樸月說道：「她是個很細膩、周到的人，總是樂於向朋友表達善意的感情。」張秀亞散文題材主要有以下三類：

一、追憶家鄉及大陸的生活。她認為，推動她走上寫作道路的是她家鄉那蒼茫的原野，那波動而壯麗的近乎淒愴的景色。她散文中有對兒時河北故鄉田園景色的眷戀；有對青年時代就讀的京津古城習俗風貌的追憶；也有對抗戰霧都重慶的描繪。

二、對大自然的讚美和抒懷：大自然的各種景物 —— 花草、月夜、雨景、秋日、冬雪都被她攝入文中，寫得富有韻味。

三、對身邊人物和瑣事的描寫。如種花、養兔、仁愛的老校工、生活清苦富於犧牲的教士等等。

張秀亞曾說過：「在文藝的聖火照耀下，我是不想退場了。」她的散文清新如歌，她的小說明媚如月，她的新詩晶瑩如露，她的譯作舒暢如雲。面對未來的寫作生涯，她充滿了熱愛，充滿了信心。她對寫作提出了兩個原則，一是寫內心深受感動的印象，一是寫自己深刻知道的事情。因她有一顆敏感的心靈，生活中的瑣細之事，記憶中的片斷之情，常使她內心波瀾不息，發為至情之文。她永遠服膺福克納的話：「在寫作裡，只容心靈那些永恆真理， —— 就是愛、光榮、惻隱、自尊、感情、犧牲！」一個有生氣的靈魂，總是向上掙扎的，如果過去的生活失敗了，就用正義、光明、愛與真理的信仰，繼續和苦難搏鬥，追求生命另一次的洗禮。她曾自述：「一篇好的文藝作品在形式上要有吸引人的力量，而主題應該是健康的，要能引人走向光明，追慕正義。」

張秀亞與不少女詩人一樣，在 16 歲左右開始寫詩，並發表一首詩作於《益世報》上，在大陸就讀輔仁大學西洋文學系時，曾完成三百四十行長篇敘事詩〈水上琴聲〉，於 1957 年在台出版，1966 年加上許多其他詩出版《秋池畔》詩集、1987 年出版《愛的又一日》詩集。雖然她的散文成就蓋過其詩，也因爲她散文的光輝增加其詩之讀者。詩、小說、散文、文藝評論都很擅長，而以質量俱豐的散文作品蜚聲文壇。其作品溫婉敦厚，文字淡雅，立意悠遠。每藉生活中平凡細微的事物，寄寓深邃的哲理。著有詩集《水上琴聲》等三種，散文集《北窗下》等二十四種，小說集《尋夢草》等六種，論評集寫作是藝術等多種。曾獲婦聯會新詩首獎、中國文藝協會首屆散文獎章、中央婦工會首屆文藝金質獎章、中山文藝獎散文獎、五四中國文藝獎。

她在文學上的成就列入美國國會記錄。美國華裔民主黨國會議員吳振偉，爲了表揚於六月廿九日在加州去逝的近代名作家張秀亞教授在文學及中西文化交流上的貢獻，在國會中發言，讚揚張教授在文學上的成就。吳振偉議員把張教授的生平及著作，列入美國國會記錄，以永久的紀念張秀亞在中西文學交通上的成就。2005 年 3 月國家臺灣文學館整理出版了《張秀亞全集》。

賞　讀

宇宙間許多至理妙諦，寄寓於極平常微細的事物中，往往爲粗心浮氣的人忽略過，難怪菜根譚要說：「林間的松風、石上的泉聲，心靜而聽，乃天地間自然的音樂；煙光橫於草際、雲影映於水心，心閒而觀，乃天地間最佳的文章。」只有寧靜之心方能靜觀自得。張秀亞「談靜」一文，深入淺出詮釋了「靜」的哲理。

現代散文在分段上一般比較靈活隨意，本文雖分二十二段，但全文可分四大部分來看：

第一部分包括一、二段，類似楔子。作者首先從炎夏溽暑的燥熱喧囂寫起，並引徐志摩「山中」詩兩句，抒寫恬靜之感，有意由炎夏的躁動過渡到春日小溪涓涓而流的「靜」，爲下文議題先做準備。

第二部分揭舉旨趣，包括第三段到第八段。說明靜定比活動重要、靜的意義、靜是節響的前奏、靜才可蓄集生命力，使人有暇自悟。她以貼切比喻「音樂演奏會啓幕前，那寂然無譁的臺前」補充其意義，說名「靜不是停滯，靜不是休止」，並以航行遠洋的大船的羅盤爲喻，闡述惟有幽獨、寧靜，始能有卓越成就。此處寫法極見靈活，她以航行遠洋的大船開頭後，語氣略見轉折，由「一顆偉大的心靈，彷彿似之」來引出下文「一個在事業或學術上有成就的人……他們在幽獨寧靜中完成其偉大卓越，完成其『我之爲我』」預爲下文做承上啓下的準備。

第三部份即承上舉證，包括第九到十六段。作者援證以說理，先舉貝多芬爲例，說明輝煌的人格與成就來自幽獨、清靜，以回應題旨。再進一步分析貝多芬的失聰和彌爾頓的失明，雖然造成生活上的極大不便和痛苦，卻因此反而能遠離世俗聲色的眩惑，心靈更能品嘗寧靜的甘美，使創作提升到更高的境界。寫彌爾頓的篇幅遠較貝多芬少，這是文章簡繁之考量，因對貝多芬已是精細描繪，此處如是相同筆法，文氣自然要減弱，文章推展也會鬆緩不前。雖然筆致上有濃淡之別，但重要性是一樣的。

最後一部分自十七段以後迄結束。作者重申「靜」不但可使人更加認清真理，並且能讓人在靜觀萬物時，精神和大自然合而爲一。

本文題面嚴肅，但寫作的筆調則似散文—舒卷自如。張秀亞以詩人的心靈，捕捉哲人的玄思；融記敘、抒情、論說於一爐。文章由客觀的「外在靜境」歸結到陶淵明「心遠地自偏」中可以操之在我的「內在靜境」，以啓發人心必須不著一物，方能無入而不自得。文章結尾提示了吾人：最上乘的靜境其實不待外求，所以即使置身車馬喧囂的環境中也能泰然自若。

現代人生活總是忙碌，像一盞走馬燈，人生像一趟匆促的旅程，一路狂奔到終點，有一天把身體忙壞了，病在床上，心裡還是想東想西，靜不下來。我們沒有閒情逸致，欣賞路邊的美景；沒有沉思寧靜，體會生活的意義。在煩躁忙碌中，我們很容易失去對生活的品味和工作的創意，也失去對別人寬容的雅量和衷心的關懷。北宋程明道說「靜後見萬物皆有春意」，靜，不是不動，而是在動中，保持靜觀的心境，永遠享有生意盎然的春天。

八、感恩的心
——讀藍蔭鼎〈飲水思源〉

人的成長接受了很多人的關愛幫助，因此飲水當思其源。選錄本文，一者期盼學生能體察父母、師長的辛勞，以及社會上各行各業人士的貢獻，進而在自己能力所及的範圍內，關心周遭的人事物，逐漸培養感恩的心，建立服務的人生觀。一者心中長存感謝的人，較容易知足，知足的人，也較容易獲得快樂，不致動輒怨天尤人、鑽牛角尖，如此，不僅可以讓自己心情愉快，也能珍惜人生的美好。

本　文

深山裡，田間溪邊住著一位老人。老人在小溪旁架起了水車，替鄉人擣米拿點小報酬維持生活。日升日落，日復一日，老人的生活十分平安寧靜，他覺得心滿意足。

有一天，他多賺了幾塊錢，欣喜之餘，對著擣米用的杵、臼，生出了感激之情，他對著擣米的杵喃喃地訴說自己的感謝。

夜裡，他躺在草棚裡，愈想愈覺得要是沒有杵，自己根本不可能有這樣好的生活，所以第二天一清早就買了紙錢，虔誠地在杵前燒香跪拜感恩，心中才覺得舒坦。

這樣一連拜了好幾個月。有一天，他突然發現杵的工作是由水車轉動所致，要是沒有水車，杵一點作用也沒有，於是他又匆匆預備了菜肴燒酒，對水車深深致敬。

水車怎麼會動呢？聽見水聲，看到流水淙淙。老人又想了，想了再想，豁然開朗，要是沒有水而只有水車，跟只有米沒有火煮一樣沒有用，所以要拜就拜水啊！

要是上頭沒有水不斷地來，下頭的水又有什麼用呢？躺在稻草搭的床上，老人輾轉難眠，最後他決定背著幾件衣裳，帶著乾糧，去找水源地。

到水源地方去的路程，出乎意外地遙遠，因為大河源於小溪，小溪來自高山，但老人一點也不怕苦，他懷著極為感恩的心，千里跋涉去拜謝水賜給他的恩典。

皇天不負苦心人，老人果然找到了水源。叩拜致謝以後，沾沾自喜地回家。雖然腳底磨起了大水泡，他也酣然入夢。

又該到水源地去行禮了，可是一連多天的雨，使老人遲遲不能啟程，他有點悶悶不樂，什麼都可以馬虎，就是謝恩這件大事絕不可疏忽。他走出草棚，仰天祈求，祈求雨早點停，不要耽誤了大事。然而就在這一剎那間，他突然領悟了，甘霖乃是自天而降，一切都是天賜神恩。他的心底響起了歡呼。

我們做人，也正如這位感恩的老人，生活的圈子裡，有父母、兄弟、朋友，還有許多陌生人。若要生命像豐收的地，就該一層層地找出那重要的關鍵。尋找的過程，乍看是一種愚昧的浪費，其實卻是寶貴的經驗。只要每一步都走得穩妥，必定可以步向成功的坦途。

人的一生，就是上天與社會的賜與，所以一個人做人做事該當飲水思源，滿懷感激。不但要感謝，更要發揚光大，否則就白費了一生。

題　解

本文節選自《鼎廬小語》。敘述一位賴水利擣米維生的老人，不斷尋找供應他生活所需的源頭，藉著這個故事，說明人的一生，是上天與社會的賜與，因此我們應當要懂得飲水思源，常懷感恩的心，答謝上天，回報社會，豐富自己的生命。

作　者

藍蔭鼎，台灣宜蘭縣羅東人，生於西元一九〇三年（民國前八年），卒於民國六十八年，年七十七。他只有小學畢業的學歷，但卻憑著在繪畫方面的天賦和努力，受聘爲台北第一高女（即今北一女中）與第二高女（今已停辦）的美術教師。他跟隨石川欽一郎習畫，受石川影響極深。他畢生以台灣風土人文爲畫題，且積極參加國際性畫展，把台灣的美術介紹到全世界。曾應邀於義、法、美各國展出。一九六二年，日內瓦國際年鑑推薦他爲當代傑出藝術家之一，一九七一年入選爲第一屆世界十大水彩畫家，享譽海內外。曾創辦豐年雜誌社，擔任社長之職，又曾擔任中華電視公司董事長。晚年更以他豐富的人生體驗，從事散文創作，作品清新雋永，真摯感人，充滿對人間、本土的關懷。著有散文集《鼎廬小語》、《鼎廬閒談》，及畫冊《畫我故鄉》等書。

作者相關資料

一、家　世：

藍氏先祖在宜蘭羅東素有聲望，樂善好施。藍蔭鼎的父親藍欽是前清秀才，母親劉治是武秀才之女，是藍欽的繼室。在相親之前，藍欽託人從日本帶回一部望遠鏡，以便遠望佳人，這部望遠鏡後來成爲藍蔭鼎母親最甜蜜的紀念品。

傳說藍蔭鼎出生時，頭上有一個圓形胎記，因而以「蔭鼎」爲名。他自述：

我的出生，使先母痛苦折騰三天三夜，好不容易呱呱落地，竟讓先母痛苦得昏過去。……我出生之時，頭頂上有一塊圓形而凹下去的胎記，所以「烏邱仔」的乳名立刻就被叫開了，也正因爲頭頂上這塊特殊的「黑邱」，第三天先父爲我正式取名「蔭鼎」。

他也不辜負這一命名，不僅承祖德庇蔭，一生順遂，而且憑一己的努力，在水彩畫方面成就非凡。

藍蔭鼎十二歲時畢業於羅東公學校（台灣人小孩讀的學校；日本小孩就讀的學校稱小學校），由於書香家庭的薰陶，他自幼即接觸漢學，又具繪畫潛力，在地方上頗有畫名，十八歲被母校羅東公學校聘爲美術教員。

二、兩個第一：

小的時候，我不喜歡讀書，專愛到處塗鴉，所以在學校裡，繪畫經常是全校第一，別的學科卻遠落人後。記得我小學畢業的那天，校長在典禮上所說：「藍蔭鼎拿了兩個第一，繪畫第一，學科倒數第一」，引得全場大笑，我的那份難爲情的感覺，現在似乎

仍在內心裡低迴。（藍蔭鼎《鼎廬閒談·繪畫使人生更美更充實》，黎明文化事業公司出版）

三、雙親的影響：

記得我小時候，家庭並不富裕，先父希望我長大後學醫，以獲取較爲寬裕的生活。然而，我除了塗塗抹抹，什麼也不喜歡，先母雖然是位老式的女性，卻十分了解教育的方法，於是，她不顧先父的反對，自己辛勤養豬的所得，供我買筆買顏料，還供我到日本學畫，以無比的愛心和實際行動鼓勵我作畫。這是我的親身經歷，使我更相信學校教育引導孩子自由發展的重要性。（藍蔭鼎《鼎廬閒談·整頓教育風氣此其時也》，黎明文化事業公司出版）

我幼年時期學習興趣的培養，以及性格的發展，都深受雙親的影響：先父每天在爲生計奔忙之餘，總要留下一段時間，用以寫文章，或是繪畫，我們住的茅屋很小，我只好經常在旁邊看著先父寫字作畫，時日一久，不知不覺間我對繪畫的興趣被引起了，我所以會選擇繪畫做爲終身職業，應該是先父所給予的暗示。除了喜愛上了繪畫，這段時期我還在先父的嚴厲督促下唸四書五經，紮下了一點漢學的根基。……先母對於我一生的影響，更爲深遠。……他（先父）一心一意期望我能成爲一個醫生。於是，先母只好背著先父買紙買顏料供我塗鴉，在先父面前我就唸書，先父不在家我就繪畫，因此，如果不是先母，我一生的歷史可能會全部改寫。（藍蔭鼎 鼎廬閒談·回顧前塵往事，談談求學經驗，黎明文化事業公司出版）

藍蔭鼎母親的女紅不僅手工精巧，並擅長繪畫。爲了生計，她經常替鄉人設計三寸金連鞋「包頭前」，以及女性肚兜上的圖案。幼年的藍蔭鼎平常模仿母親，進步神速，不久之後，也能協助母親繪圖。

四、幼年常受儕輩歧視：

藍蔭鼎喜歡繪畫，但大家都認爲他頂多只能畫畫「佛祖漆」而已，不會有多大出息，沒人看得起他。八、九歲時，他的一位二十多歲的堂兄回羅東老家，手裡拿著一串炸年糕，他看到大家在玩，就把年糕分給大家，一人一個。但這位堂兄不但沒分給他，還惡毒地罵了一句：「這個人將來只配當窮畫家」。當時，藍蔭鼎雖然年紀小，但也感到無比的屈辱，跑回家向母親哭訴，母親安慰他說：「不要緊，媽媽買一整串給你，不要氣憤，不要悲觀，努力用功，將來作給人家看看！」

後來藍蔭鼎有成就後，想起這位堂兄對他的侮辱，並無恨意，反而充滿感謝之心，他認爲請將不如激將，堂兄的侮辱也是他繪畫上的一股助力。

五、下定決心刻苦學習：

在藍母的鼓勵下，藍蔭鼎十七、八歲帶著微薄的旅費到日本習畫，因盤纏付了交通費之後，他繳不起學費，所以只能到處在藝術學院「打游擊」，人家在教室裡頭坐著上課，他只能站在教室外隔著窗子學習。有好幾次，外頭風雪大，老師看了不忍心，才把他喚進課堂與其他人一起聽講。在生活上他也極其節儉，儘管如此辛苦，但他還是學到他所要學的。回台後，他先回羅東公學校繼續任教，後來因石川欽一郎的發掘、栽培，協助他到台北進修。長達四年的時間，他利用週六日從羅東到師範學院向石川欽一郎學習水彩畫，這段期間，他的作品參加「台展」，曾多次入選。因表現優異，經由石川的推薦，他得以擔任當時台北第一高女和第二高女的教師。

六、石川欽一郎的啓蒙

一九二四年，石川欽一郎來台，擔任台北師範 美術教師，同年他以督學身分來到羅東公學校視察，看到藍蔭鼎的美術科示範教學，印象深刻並對他的作品讚賞有加，鼓勵他多參加國際性繪畫活動。石川是留學英國的水彩畫家，擅長繪畫，也具文學素養，在台灣居留十八年，熱心推動台灣美術，是台灣許多前輩畫家的繪畫入門老師。藍蔭鼎深受石川的影響，也以水彩爲其繪畫工具，終生不改其志，其思想觀念、行事爲人也深受石川影響。注重穿著，講究儀表，言行舉止流露出「紳士」派頭。

七、講究紙張與顏料

由於生活無虞，藍蔭鼎隨心所欲的畫畫，他對紙張與顏料都很講究。石川老師老師建議他用英國 wattnan 的手工水彩畫紙，他自己爲了熟悉顏料的性質，還下苦工研究化學；爲了了解人體結構，並到台北帝國大學醫學部（今台大醫學院）上解剖課，以期筆下人物更具真實感。他使用的紙張顏料都是專家用品，作品拿到國際參展會場，自然別有分量，外國人不敢小覷他。他受石川老師鼓勵，積極參加國際性畫展，加入國際性水彩畫會的組織，他的畫作備受肯定，畫稿邀約不斷，收入可觀，更有餘力買好紙好顏料，從事新的創作。（紙張與顏料深刻影響畫作的保存時間，對書畫家來說相當重要。台灣已逝素人畫家洪通的畫作，也有相當高的聲譽，可惜他生活貧寒，所使用的顏料紙張並不講究，以致影響畫作保存時間。）

八、爲善最樂

藍蔭鼎每逢冬令時期，都會提供自己的作品給國際青年會印製耶誕卡，到各地義賣，所得全部捐給慈善機構，可見其善心。家裡除了飼養一兩隻名狗外，他也經常豢養流浪狗，他始終認爲「萬物皆平等」，無貴賤之分。建造「鼎廬」時，他在庭院中的樹上建開放式的小鳥屋，讓許多野生小鳥自由來去，並在每天早晨灑些穀類餵養牠們。

九、受政府倚重，出國宣揚文化，可說是實質上的文化大使：

藍蔭鼎看人生是美好的，他懷著孺慕之情，畫他懷念的昔日鄉情，台灣鄉村的樸實祥和，溫馨純真的美感經驗，成了他作品的「鄉村美學觀」。他的畫也頗爲政府所喜愛，因對欣欣向榮的台灣農村建設具有很大的宣傳效果。因他的紳士風度，及懂日、英、法語，在國際場合談笑自若。因此，五十歲以後的藍蔭鼎，常以畫家身份訪歐、美、日、韓等國，盡了文化宣揚之責，也把台灣之美介紹到國外去。他只有小學的資歷，可是因能善用個人智慧與才華，努力充實自己，刻苦學習，終於使他不僅藝術上有很大成就，在社會上也有崇高的地位與尊榮，這是早期台灣畫家少有的際遇。

賞　讀

本文以先敘後議的方式，藉著擣米老人不斷尋找供應自己生活所需的來源，說明我們人的一生是上天與社會的賜與，所以我們應當要懂得飲水思源，爲人處事要常懷感激之心，並且將之發揚光大，努力奮鬥，以回報上天及社會對我們的供養，這樣才不虛度此生。說理明白，層次清楚，極富啓示的意義，值得細加體會，並進而力行實踐。

本文像一篇故事，文中老人的形象很鮮明。文章一開頭就說「深山裡，田間溪邊住著一位老人」，深山、溪邊是較純樸的地方，我們隱約可感受到老人必然也是具有天真善良的個性，這一句同時也與後文提到的水車、溪流、水源地相呼應。文中也提到老人的生活十分平安寧靜，替鄉人擣米拿點小報酬，多賺了幾塊錢，他就很知足，心存感激，他之所以向擣米的杵喃喃地訴說，之所以不辭勞苦、翻山越嶺找水源，都可見老人是位純樸、天真、善良、熱切、虔誠的人。

在尋源過程中，作者用了一些詞句描寫老人的情緒和心理狀態。如：「在杵前燒香跪拜感恩，心中才覺得『舒坦』」、「躺在稻草搭的床上，老人『輾轉難眠』」、「叩拜致謝以後，『沾沾自喜』」、「他有點『悶悶不樂』，什麼都可以馬虎，就是謝恩這件大事絕不可疏忽」、「他的『心底響起了歡呼』」。可知尋找的過程並非「一路發」，其中也是有疑惑困頓的難處，老人那虔誠、焦急、滿足、謹慎、喜悅的心思變化、情緒波動完全呈露了出來。文中第九段特別寫到「一連多天的雨」，使老人無法啓程，這一安排可以使老人心理產生較多的變化，故事的發展也將較爲精彩。果真「他突然領悟了，甘霖乃是自天而降，一切都是天賜神恩。」老人找到真正根源 — 應該謝天。這讓讀者感受到原來感恩不必捨近求遠，許多造福我們的人、事，常被我們視爲理所當然，以致於被人們忽略而不自知。

本文運用的修辭技巧，值得一提的有**層遞法**：從本文第二段到第九段，整個敘述，是依層遞法寫的，先是「對著擣米用的杵臼，生出了感激之情」，再是「又匆匆預備了菜餚燒酒，對水車深深致敬」，又「聽見水聲，看到流水淙淙」，「去找水源地」，最後「甘霖乃是自天而降」，這整個過程即是層遞法的運用。

本文也運用了許多疊字，如喃喃、匆匆、深深、淙淙、遲遲、悶悶、層層等，這些用法主要來描寫老人心境的曲折變化，充分呈現了老人在尋源過程中的情緒和心理狀態。至於譬喻法的語句，如：「要是沒有水而只有水車，跟只有米沒有火煮一樣沒有用」、「若要生命像豐收的地」、「我們做人，也正如同這位感恩的老人」，清晰易懂，明白如話。

作者採取記敘兼論說的方式寫作，文章前九段爲敘事，敘說老人尋源、感恩的過程；後兩段爲論說，畫龍點睛引出想要啓示的人生道理。因純粹的論說過於抽象，不容易讓人有深刻感受，但由故事方式來描寫，則讀者比較容易接受他要闡述的意義和觀念，且增加文章的可看性。這是一種很好的表達方式，頗值得寫作時參考。

九、來不及長大
——讀王鼎鈞〈紅頭繩兒〉

作者的童年在抗戰動亂中湮滅了，故鄉也在時代的狂飆驟雨中不復可追尋，這分精神上的鬱結，其抒解之道，唯有靠寫作。琉璃本璀璨發亮，晶瑩動人，可是卻為戰火槍彈炸碎了，一塊塊的琉璃碎片，都是作者痛心的回憶，他用心撿拾這些碎片，企圖去拼攏補綴它，使每塊碎片，都能成為一個圓整無缺、圓滿幸福的無垢世界。

本文

一切要從那口古鐘說起。

鐘是大廟的鎮廟之寶，鏽得黑裡透紅，纏著盤旋轉折的紋路，經常發出蒼然悠遠的聲音，穿過廟外的千株槐，拂著林外的萬畝麥，薰陶赤足露背的農夫，勸他們成為香客。

鐘聲何時響，大殿神像的眼睛何時會亮起來，炯炯的射出去；鐘聲響到那裡，光就射到那裡，使鬼魅隱形，精靈遁走。半夜子時，和尚起來敲鐘，保護原野間辛苦奔波的夜行人不受邪祟……

廟改成小學，神像都不見了，鐘依然在，巍然如一尊神。鐘聲響，引來的不再是香客，是成群的孩子，大家圍著鐘，睜著發亮的眼睛，伸出一排小手，按在鐘面的大明年號上，嘗震顫的滋味。

手挨著手，人人快活得隨著鐘聲飄起來，無論多少隻小手壓上去，鐘聲悠悠然，沒有絲毫改變。

校工還在認真的撞鐘，後面有人擠得我的手碰著她尖尖的手指了，擠得我的臉碰著她紮的紅頭繩兒了。擠得我好窘好窘！好快樂好快樂！可是我們沒談過一句話。

鐘聲停止，我們這一群小精靈立刻分頭跑散，越過廣闊的操場，衝進教室。再遲一分，老師就要坐在教席上，記下遲到的名字。看誰跑得快！可是，我總是落在後面，看那兩根小辮子，裹著紅頭繩兒，一面跑，一面晃蕩。

……如果她跌倒，由我攙起來，有多好！

我們的家長從兩百里外請來一位校長，校長來到古城的時候牽著一個手指尖尖，梳著雙辮的女兒。校長是高大的、健壯的、聲音宏亮的漢子，她是聰明的、傷感的、沒有母親的孩子。家長們對她好憐愛、好憐愛，大家請校長吃飯的時候，太太們把女孩擁在懷裡，捏她，親她，解開她的紅頭繩兒，問：「這是誰替你紮的？校長嗎？」重新替她梳好辮子，又量她的身裁，拿出料子來，問她那一件好看。

在學校裡，校長對學生很嚴厲，包括對自己的女兒。他要我們跑得快，站得穩，動作整齊畫一。如果我們唱歌的聲音不夠雄壯，他走到我們面前來叱罵：「你們想做亡國奴嗎？」對犯規的孩子，他動手打，挨了打也不準哭。可是，他絕對不禁止我們拿半截粉筆藏在口袋裡，他知道，我們在放學回家的路上，喜歡找一塊乾淨牆壁，用力寫下「打倒日本帝國主義」。大軍過境的日子，他不處罰遲到的學生，他知道我們喜歡看兵，大兵也喜歡摸著我們的頭頂，想念自己的兒女，需要我們帶著他們找郵局，寄家信。

「你們這一代，要在戰爭中長大。你們要早一點學會吃苦，學會自立。挺起你們的胸膛來！有一天，你們離開家，離開父母，記住！無論走到那裡，都要挺胸抬頭……」

校長常常這麼說。我不懂他在說什麼。我怎麼會離開父母？紅頭繩兒怎麼會離開他？如果彼此分散了，誰替她梳辮子呢？

……

蘆溝橋打起來了。那夜我睡得甜，起得晚，走在路上，聽到朝會的鐘聲。這天，鐘響得很急促，好像撞鐘的人火氣很大。到校後，才知道校長整夜守著收音機沒合眼，他抄錄廣播新聞，親自寫好鋼板，喊醒校工，輪流油印，兩人都是滿手油墨，一眶紅絲。小城沒有報紙，也只有學校裡有一架收音機，國家發生了這麼大的事情，不能讓許多人蒙在鼓裡。校長把高年級的學生分成十組，分十條路線出發，挨家散發油印的快報。快報上除了新聞，還有他寫的一篇文章，標題是「拚到底，救中國！」我跟紅頭繩兒編在一個小組，沿街喊著「拚到底，救中國！」家家戶戶跑到街心搶快報。我們很興奮，可是我們兩人沒有交談過一句話。

送報回來，校長正在指揮工人在學校的圍牆上拆三個出口，裝上門，在門外的槐樹林裡挖防空坑。忙了幾天，開始舉行緊急警報的防空演習。警報器是瘋狂的朝那口鐘連敲不歇，每個人聽了這異常的聲音，都要疏散到牆外，跳進坑裡。校長非常認真，提著籐鞭在樹林裡監視著，誰敢把腦袋伸出坑外，當心籐鞭的厲害。他一面打，一面罵：「你找死！你找死！我偏不讓你死！」罵一句，打一下，疼得你滿身冒汗，哭不出來。

校長說得對，汗不會白流，貼著紅膏藥的飛機果然來了。他衝出辦公室，親自撞那口鐘。我找到一個坑，不顧一切跳下去，坐下喘氣。鐘還在急急的響，鐘聲和轟隆的螺旋槳聲混雜在一起。我為校長擔心，不住的禱念：「校長，你快點跳進來吧！」這種坑是為兩個人一同避難設計的，我望著餘下的一半空間，聽著頭頂上同學們翏翏的腳步響，期待著。

有人從坑邊跑過，踢落一片塵土，封住了我的眼睛。接著，撲通一聲，那人跳進來。是校長嗎？不是，這個人的身軀很小，而且帶來一股雪花膏味兒。

「誰？」我閉著眼睛問。

「我。」聲音細小，聽得出是她，校長的女兒！

我的眼睛突然開了！而且從沒有這樣明亮。她在喘氣，我也在喘氣。我們的臉都紅得厲害。我有許多話要告訴她，說不出來，想嚥唾沫潤潤喉嚨，口腔裡榨不出一滴水。轟隆轟隆的螺旋槳聲壓在我倆的頭頂上。

有話快一點說出來吧，也許一分鐘後，我們都要死了……要是那樣，說出來又有什麼用呢……

時間在昏熱中過去。我沒有死，也沒有說什麼。我拿定主意，非寫一封信不可，決定當面交給她，不能讓第三者看見。鐘聲悠悠，警報解除，她走了，我還在坑裡打腹稿兒。

出了坑，才知道敵機剛才低飛掃射。奇怪，我沒聽見槍聲，想一想，坑裡飄進來那些槐葉，一定是槍彈打落的。第二天，校長和家長們整天開會，謠言傳來，說敵機已經在空中照了相，選定了下次投彈的地方。前線的戰訊也不好，敵人步步逼進，敏感的人開始準備逃難。

學校決定無限期停課，校長打算回家去抗戰，當然帶著女兒。這些可不是謠言。校長為人太好了，我有點捨不得他，當然更捨不得紅頭繩兒，快快朝學校走去。我已經寫好了一封信，裝在貼身的口袋裡發燙。一路宣著誓，要在靜悄無人的校院裡把信當面交給她……怎麼，誰在敲鐘，難道是警報嗎 — 不是，是上課鐘。停課了怎麼會再上課！大概有人在胡鬧吧……我要看個究竟。

學校裡並不冷清，一大群同學圍著鐘，輪流敲鐘。鐘架下面挖好了一個深穴，帶幾分陰森。原來這口鐘就要埋在地下，等抗戰勝利再出土。這也是校長的主意，他說，這麼一大塊金屬落在敵人手裡，必定變成子彈來殘殺我們的同胞。這些同學，本來也是來看校長的，大家都有點捨不得他，儘管多數挨過他的籐鞭。現在大家捨不得這口鐘，誰都想多聽聽它的聲音，誰也都想親手撞它幾下。你看！紅頭繩兒也在坑邊望鐘發怔呢！

鐘要消失，紅頭繩兒也要消失，一切美好的事物都要毀壞變形。鐘不歇，人不散，只要他們多撞幾下，我會多有幾分鐘時間。沒有人注意我吧？似乎沒有，大家只注意那口鐘。悄悄向她身邊擠去，擠兩步，歇一會兒，摸一摸那封信，忍一忍心跳。等我擠到她身後站定，好像是翻山越嶺奔波了很長的路。

取出信，捏在手裡，緊張得發暈。

我差一點暈倒。

她也差一點暈倒。

那口大鐘劇烈的搖擺了一下。我抬頭看天。

「飛機！」

「空襲！」

在籐鞭下接受的嚴格訓練看出功效，我們像野兔一樣竄進槐木，隱沒了。

坐在坑裡，聽遠近炸彈爆裂，不知道自己家裡怎樣了。等大地和天空恢復了平靜，還不敢爬出來，因為那時候的防空知識說，敵機很可能回頭再轟炸一次。我們屏息靜聽……

很久很久，槐林的一角傳來女人的呼叫，那是一個母親在喊自己的孩子，聲嘶力竭。

接著，槐林的另一角，另一個母親，一面喊，一面走進林中。

立刻，幾十個母親同時喊起來。空襲過去了，她們出來找自己的兒女，呼聲是那樣的迫切、慈愛，交織在偌大一片樹林中，此起彼落……

紅頭繩兒沒有母親……

我的那封信……我想起來了，當大地開始震撼的時候，我順勢塞進了她的手中。

不會錯吧？仔細想想，沒有錯。

我出了防空坑，特地再到鐘架旁邊看看，好確定剛才的想法。鐘架炸坍了，工人正在埋鐘。一個工人說，鐘從架上脫落下來，恰好掉進坑裡，省了他們很多力氣。要不然，這麼大的鐘要多少人抬得動！

站在一旁回憶剛才的情景，沒有錯，信在她的手裡。回家的路上，我反覆的想：好了，她能看到這封信，我就心滿意足了。

大轟炸帶來大逃亡，親族、鄰居，跟傷兵、難民混在一起，滾滾不息。我東張西望，不見紅頭繩兒的影子，只有校長遠遠站在半截斷壁上，望著駁雜的人流發呆。一再朝他招手，他也沒看見。

果然如校長所說，我們在戰爭中長大，學會了吃苦和自立。童年的夢碎了，碎片中還有紅頭繩兒的影子。

征途中，看見掛一條大辮子的姑娘，曾經想過：紅頭繩兒也該長得這麼高了吧？

看見由儐相陪同、盛妝而出的新婦，也想過：紅頭繩兒嫁人了吧？

自己也曾經在陌生的異鄉，摸著小學生的頭頂，問長問短，一面暗想：「如果紅頭繩兒生了孩子……」

我也看見許多美麗的少女流離失所，人們逼迫她去做的事又是那樣下賤……

直到有一天，我又跟校長見了面。儘管彼此的面貌都變了，我還認識他，他也認得我。我問候他，問他的健康，問他的工作，問他抗戰八年的經歷。幾次想問他的女兒，幾次又吞回去。終於忍不住還是問了。

他很嚴肅的拿起一根煙來，點著，吸了幾口，造成一陣沉默。

「你不知道？」他問我。

我慌了，預感到什麼。「我不知道……我真的不知道。」

校長哀傷的說，在那次大轟炸之後，他的女兒失蹤了。他找遍每一個防空坑，問遍每一個家庭。為了等候女兒的消息，他留在城裡，直到聽見日軍的機關槍聲……多年來，在茫茫人海，夢見過多少次重逢，醒來仍然是夢……

怎麼會！這怎麼會！我叫起來。

我說出那次大轟炸的情景：同學們多麼喜歡敲鐘，我和紅頭繩兒站得多麼近，腳邊的坑是多麼深，空襲來得多麼突然，我們疏散得多麼快……只瞞住了那封信。我一再感謝校長對我們的嚴格訓練，否則，那天將炸死很多孩子。校長一句話不說，只是聽。為了打破可怕的沉默，我只有不停的說，說到那口鐘怎樣巧妙的落進坑中，由工人迅速填土埋好。

淚珠在校長的眼裡轉動，嚇得我住了口。這顆淚珠好大好大，掉下來，使我更忘不了那次轟炸。

「我知道了！」校長只掉下一顆眼淚，眼球又恢復了乾燥。「空襲發生的時候，我的女兒跳進鐘下面坑裡避難。鐘掉下來，正好把她扣住。工人不知道坑裡有人，就填了土……」

「這不可能！她在鐘底下會叫……」

「也許鐘掉下來的時候，把她打昏了。」

「不可能！那口鐘很大，我曾經跟兩個同學同時鑽到鐘口裡面寫標語！」

「也許她在往坑裡跳的時候，已經在轟炸中受了傷。」

我仔細想了想：「校長，我覺得還是不可能！」

校長伸過手來，用力拍我的肩膀：「老弟，別安慰我了，我情願她扣 在鐘底下，也不願意她在外面流落……」

我還有什麼話可說?

臨告辭的時候，他使用當年堅定的語氣告訴我：

「老弟，有一天，咱們一塊兒回去，把那口鐘吊起來，仔細看看下面……咱們就這樣約定了！」

當夜，我做了一個夢，夢見我帶了一大群工人，掘開地面，把鐘抬起來，點著火把，照亮坑底。下面空蕩蕩的，我當初寫給紅頭繩兒的那封信擺在那兒，照老樣子疊好，似乎沒有打開過。

題解

本文選自《碎琉璃》一書，該書由九歌出版社於民國六十七年三月出版，大抵皆為作者少年時期的回憶，以「我」為每個故事的中心，透過「我」敘說了作者少年時代的所見所聞、所感所知，可說是一本自傳式散文集。篇篇由血淚交織而成，富家國之情，極為感人。

〈紅頭繩兒〉為其中一篇，以「我」為敘事觀點，寫出動人的童稚戀情，也寫出戰爭的殘酷，及日本的侵略帶給中國人（家庭）的嚴重傷害。文中說：「童年的夢碎了，碎片中還有紅頭繩兒的影子。」美麗的童年，就宛如璀璨的琉璃，晶瑩動人，但卻被日本人開啓的無情戰火炸得粉碎。小女孩還來不及長大，生命便消失了。紅頭繩兒不是死於不知情的埋鐘填土工人，而是死於日本人之手。因為沒有日本人的侵略，就不會有戰爭，不會有空襲，不必躲警報，不必連學校的鐘都要埋起，以免成為資敵的工具。作者在扉頁中如此寫著：「碎琉璃，一個生命的橫切面，百萬靈魂的取樣。」本文的紅頭繩兒即是無數生命的投影，也是那個時代的縮影。

作者

王鼎鈞，筆名方以直、寇節、鄭梁、戴薇。山東臨沂縣人。民國十四年四月四日生。中學尚未畢業即輟學從軍，抗戰期間為流亡學生。曾任《掃蕩報》、《公論報》、《徵信新聞報》（《中國時報》的前身）副刊主編，《中國時報》主筆，中廣及中視編審、幼獅文化事業公司期刊部總編輯，中國文化學院（現已改制為大學）

講師、美國亞東大學雙語教程中心華文主編等。現已退休，旅居美國，仍寫作不輟。

王鼎鈞的寫作層面很廣，包括散文、小說、劇本、評論等，但以散文最爲人所知，他整個生命力也幾乎都投注在現代散文的創作。他的散文大體可分爲三類：一類以雋永文字、寓言方式、短小篇章輕譜深奧之人生哲理，最受青年學子喜愛，影響深遠；一類以感性筆觸抒懷敘事，別有飄渺醇厚之味；旅居美國之後，轉寫老一代華人移居海外後所產生的文化差異及心理衝突，爲現代中國人之漂泊歷程留下見證，也說明了人類一旦面對兩種文化差異時勢必產生的困境，是爲第三類。其散文充分展現了時代脈搏的跳動，使人彷彿聽到民族的呼吸與喘息。隱地曾稱讚他：「擅長用活潑的形式，淺近的語文，表達深遠的寄托，字裡行間既富理想色彩，也密切注視現實。」鄭明娳也推崇他的散文說：「王鼎鈞是當代散文家中少數能夠巧用隱喻，精於意象，並且能夠以乾淨俐落的結構手法完成感性寓言的一位。他的散文結構支撐著文體，他的文體則展現了他生命歷程中獨特的經驗模式。」（《大學散文選》，業強出版社）當作者在七十年代以「人生三書」（《開放的人生》、《人生試金石》、《我們現代人》）享譽文壇，名噪一時之際，他卻聲言不再複製同樣的作品，顯然他不以既有的成就畫地自限，不爲名利當頭而迷失方向，他毅然向文學的國度奮力邁進，陸陸續續推出一系列主題、結構完整的散文創作（各篇雖獨立成文，卻是圍繞同一處理的議題，而不是大雜燴的散文結集。）其著作曾獲行政院新聞局圖書著作金鼎獎、中國時報文學獎散文推薦獎、吳魯芹散文獎。

至於其爲人，沈謙在王鼎鈞的散文風格一文中說他：「貌似嚴峻，不大可親，其實面冷心熱，風趣得緊，鼎公的溫文儒雅，並非脾氣好，而是修養高明，稟性剛正而個性耿介，看稿子一字不漏，行事一絲不苟。最難得的是透視人情事理，洞察幽微，且智慧之泉，隨風唾咳。」（臺灣現代散文研討會論文，九歌文教基金會主辦）除「人生三書」外，他如：《廣播寫作》、《講理》、《短篇小說透視》、《文藝評論》、《文學種耔》、《作文七巧》、《作文十九問》、《靈感》、《人生觀察》、《碎琉璃》、《海水天涯中國人》、《山裡山外》、《左心房漩渦》、《怒目少年》等。

賞讀

生命中有很多事情會沉澱在回憶中，酸甜苦辣，百味雜陳。這一些在偶然的機會裡就會從腦海中浮現出來，也許只是模糊的片段，也許完整而歷歷在目，其中童年往事常常是印象最深刻的。本文寫抗日戰火下一個小男孩純純的童戀，並透過「紅頭繩兒」的失蹤死亡，說明了日軍的侵略給中國人帶來的傷害。本文表現了極爲深刻動人的藝術魅力，以下分幾項敘述：

一、雙線敘述，首尾圓合

本文有兩條敘述線索，一是校長帶領學生挖防空坑，做防空演習。敵機轟炸，校長的女兒一紅頭繩兒失蹤；二是「我」對紅頭繩兒的戀情及其失落。這兩條線索又都與文章開頭「一切都要從那口古鐘說起」密切連結。全文以鐘貫串起故事情節，古鐘帶出了古廟，廟改成小學，於是又帶出校長和他的女兒。文章起首以鐘始，末尾以鐘爲結，前後呼應，行文縝密，更難得的是結尾餘韻不盡。夢代表了男主角潛意識的心願，他寧願以自己一生中最重要的情書（這是他一生中唯一可讓紅頭繩兒知道他愛意的信）

來交換紅頭繩兒的性命，他寧願擺在（活埋）鐘底下的是那封情書，而不是紅頭繩兒，她沒打開過信都可以，但紅頭繩兒就是不可以被活埋在鐘架下。這收束令人憮然同嘆，寫出他對她情感的深刻及永恆。

二、人物形象描繪，簡繁得當

（一）校　長

校長的性格作風、愛國情懷在本文中有極生動傳神的描繪。一位長得高大、健壯，說話聲音宏亮，對學生關愛之情有其特殊的表達方式，他管束嚴厲，打罵犯規的孩子，也不准孩子動輒哭泣；然而他又有一副忠貞愛國之心，只要學生爲書寫「打倒日本帝國主義」的標語而私藏粉筆，或是爲看抗日的大兵而遲到，他都能體諒，不加處罰。他教育「要在戰爭中長大」的這一代要「早一點學會吃苦，學會自力」、要「抬頭挺胸」。一字一句，擲地作響，讓學生畢生難忘。蘆溝橋事變發生，他連夜刻鋼板、油印快報，以「拚到底，救中國」爲題著文，讓學生分組散發油印的快報，又組織學生裝疏散門、在槐樹林裡挖防空坑、以敲鐘爲警報舉行防空演習。當敵機來襲之際，他臨危不懼，親自衝出去敲撞古鐘，力避學生和鄉親們的傷亡。爲了不給日寇搜刮大鐘去製造槍彈殘殺自己的同胞，他決定把大鐘埋在地下。這樣一位錚錚硬漢，卻在戰爭中失去唯一的親人 — 女兒。多少年後，談及埋鐘、敵機來襲的情景，他恍然悟得當初女兒是被埋在鐘底下。而他卻說「情願她扣在鐘底下，也不願意她在外面流落……」（校長把流落在外，反被欺負等語意吞下不說，更引人縈懷慨嘆），同時反過來安慰「我」，這都在在表現出其性格剛毅又溫厚的一面。這個人物形象豐滿，寫來有血有肉，深切而感人。

（二）紅頭繩兒

至於紅頭繩兒的形象，其實並未著意加以點染。只知她是瘦弱，沒母親照顧的孩子。她的真實名字未曾出現過，她也幾乎沒任何聲音，作者只用她頭上紮的「紅頭繩兒」來借代她。她的五官身材長相如何，文章裡也沒有交代，因爲從小男孩的視角來看，理應不會刻意去注意女孩的長相美醜、家世背景、身分地位等，他不會像成人一樣注意這些世故外在的東西。再者，紅頭繩兒雖是本文題目的主角，但本文無須營造她有多可愛、多美麗，因爲「她」只是作者藉來襯托主角「我」的配角，文章重點其實還是在「我」本身，「我」才是本文的敘述主體。作者雖也寫了純潔、溫馨的童戀，但這戀情其實還是次要的，日本的對華侵略所造成的摧殘毀滅，才是作者椎心刺骨之痛。

（三）男主角──「我」

作者對男主角「我」的形象描繪非常貼切生動，其欲言又止、忐忑不安的心情，正表現出那個時代稚齡孩童的戀慕情懷。「我」看到的紅頭繩兒總是楚楚可憐的單薄（她手指尖尖──表示瘦小，因沒母親照顧），所以「我」暗暗地喜歡她，想保護她。當上課鐘響，小孩子們都衝進教室，「我」總落在後面「看那兩根小辮子，裹著紅頭繩兒，一面跑，一面晃蕩。」既表示小男孩不敢正面直視她，也說明他想保護她，不讓她落在最後。這個小男生「我」的個性是前後一致的。小男生不敢正面直視小女孩，從背後看她反成印象最深刻的事。在文學作品中朱自清的背影也是從人物背後抒發情感，此一情感表達方式的心理因素及手法相當貼切東方人情感的表達方式。

由文章可知他雖有幾次機會可以跟紅頭繩兒說說話，可是一句話也說不出來，於是他拿定了主意，非寫一封信給紅頭繩兒不可。等到傳信那一刻，敵機轟炸，大伙四散躲避。後來，他走上孤獨的征途，仍然念念不忘紅頭繩兒。當他看到掛一條大辮子的姑娘，曾經想過：紅頭繩兒也該長得這麼高了吧？足見隨著時間的留逝，他的關心並未減少，他想像中的紅頭繩兒在長大，然後隨著歲月過去，他看到新娘子，也想過：紅頭繩兒嫁人了吧？這寫出他對她的愛，真正的愛或善意，是要能站在對方立場設想，關心對方，不是占有，而是一種成全。在中國，女人能順利成長是一種幸福，但長大之後還要嫁人，有自己的家庭。而嫁人之後還要能夠生養孩子，沒能生養孩子也還是悲哀的。所以他後來摸著小學生的頭頂，一面暗想：如果紅頭繩兒生了孩子……。他希望她過著正常的女性生活。愛一個人到最後變成永恆的關心，作者寫得很含蓄，但餘味無窮，令人感動。

最後他跟校長見了面，彼此談了很多，他幾次想向校長問紅頭繩兒的事，但幾次又吞回去。最後終於忍不住還是問了。這些描寫如實呈現了一位戀慕之情始終羞澀，而關懷之意卻始終如一的有情人形象。

三、以小見大，凸顯時代

本文作者其實不僅在描寫小孩子的愛戀，他將題材置於抗日戰爭的大背景下，就使整篇文章意境更加開闊了，也使本文與本書命名初衷（書名碎琉璃）緊密結合。「童年的夢碎了」，屬於小孩該有的美麗的童年，就宛如璀璨的琉璃，晶瑩剔透美麗異常，但卻被日本侵略所開啓的無情戰火炸得粉碎。然而戰火所炸碎的豈止是一個人的童年？它同時炸碎了很多家庭，以致人們流離失所；它炸碎了一個尚在抽芽茁長的小女孩的生命，她還來不及長大；也炸碎了一位淒涼老父的心；以及「我」極力護守的童年的綺夢。紅頭繩兒可說是大時代中的一個縮影，在那樣動亂的時代，其實有很多的紅頭繩兒。文中有段作者特意加黑處理的文字，寫大轟炸後：「槐林的一角傳來女人的呼叫，那是一個母親在喊自己的孩子，聲嘶力竭。……空襲過去了，她們出來找自己的兒女。」紅頭繩兒沒有母親，她怎會失去母親？說不定也是另一次的轟炸造成的，就如她後來的命運。

作者經營抗日這樣的大題材，但他沒有直接去渲染戰爭對人類、對中國的傷害，他用了以小搏大的手法，出奇制勝，可說用力少而收效多，既避免了聲嘶力竭正面議論的窘態，也拉開了更大的思考空間，使作品藝術性更為圓滿，作品更自然感人。

蔡文甫說碎琉璃「最大的特點是以懷舊的口吻，敲時代的鐘聲，每篇文章具有雙重甚至多重的效果。他把『個人』放在『時代』觀點下使其小中見大，更把『往日』投入現代感中浸潤，使其『舊命維新』。」可說一針見血指出全書神隨所在。

四、波瀾曲折，引人入勝

本文雖是散文，但作者所用的創作手法，實已揉合了小說的主動呈現，戲劇的突變張力，詩的潔淨澄明。文中寫埋鐘時突然而來的大轟炸，之後，大夥大逃亡。我東張西望，不見紅頭繩兒的影子，只有校長遠立在半截斷壁上，望著駁雜的人流發呆。一再朝他招手，他也沒看見。紅頭繩兒被扣鐘架下活埋的真相，一直到文章末尾才揭曉，當答案揭曉了，讀者才恍然作者前頭的伏筆安排，如：「鐘要消失，紅頭繩兒也要消失」、「鐘不歇，人不散」

（不僅是埋鐘後將分道揚鑣，也雙關了天人永隔），以及校長望著人流發呆等描寫。可說安排極富匠心，令人產生相當大的震撼。

本文前半部多用兒童敘述觀點，此一手法對人物形象的描寫有其影響，不少文學名著或電影作品，也經常用兒童觀點見證時代，或通過兒童個人的生活、遭遇來營造時代之感。如史蒂芬・史匹柏的太陽帝國透過外國小孩的眼睛，見證二次大戰時中國的災難、日本的神勇以及英國少年在國際俘虜營的遭遇；法國路易・馬盧的童年再見也是以兒童觀點見證納粹主義的恐怖；或者宮崎駿的螢火蟲之墓等都是這一類動人心肺的作品。

十、生活中的美好情趣

—— 讀周芬伶〈傘季〉

現代社會中，大多數人的生活節奏快速，要體會生活中情趣，真是談何容易。在緊張忙碌的生活中有片刻的寧靜與閒暇，觀賞回憶生活中美好的一面，對眼前事物做悠閒的想像，靜靜地觀賞，使人滌除世俗的困擾，掙脫名韁利鎖，興起高尚、純潔的追求。使原本平凡的事物，超出一般日常視覺感受的生命力與美感。並能從生活中的細小事物發現樂趣，以培養自在自適的人生態度。

本　文

開傘店大概很愜意。玻璃櫥窗擺上一排排五彩繽紛的傘，不需要任何裝潢，傘的本身就是最好的擺飾。它張開時是一朵大花；闔起來是一串小花，站著是魔術枴杖；躺下來是一葉小舟。加荷葉邊灑小圓點的適合嬌豔的淑女，黑傘適合彬彬有禮的紳士，七彩多瓣的傘有海濱的風味，素色的傘是一幅彩雲小天空，至於那有卡通圖案的娃娃傘，該是小女孩夢中的禮物罷！它們各是一則美麗的小品，合寫一部天空的大書。

店裡擺飾是這樣，再加個玻璃門，門上掛串風鈴，關起門來，關住無數個雨季；打開門來，又迎進十里的春風。美極了！我住的城市就開有這樣的店，逛街的時候，七拐八拐也要拐到這個角落來，去溫習傘的溫馨，傘的優雅，心想店主一定是愛美的雅人。李笠翁說花鋪、書鋪、香鋪是俗中三雅，做這三種生意的人都有前世因果。開花鋪的是蜜蜂前身，開書鋪的是蠹魚轉世，開香鋪的是香麝投胎。這三雅還可以加上畫廊和傘鋪之雅，開傘鋪的人大概是雨水投胎的吧！

雨季即傘季。春天是戲劇性的季節，總是在花開得最熱烈的時候，雨就開始下了。花在雨中凋零，輾為塵化為泥，活得燦爛，死得淒涼，春天就是這樣令人心痛。這時就該撐把傘，去看無邊的細雨如何化為點點愁思，看花兒跌落時是否摔疼了？檢查小草又長高幾分？撐把傘，把自己站成天地間最溫柔的地帶，去與春天同在，細雨同在。傘的中心，夢的中心，這裡無風無雨，有充裕的感情為春天支付。

我很粗心，掉傘是常事。說得樂觀點，我有很多很多的傘。在多雨的木柵住四年，最高紀錄是一星期換四把傘，有時也不是真的丟了，往往買了新傘，才發現舊傘仍在，下一回新傘舊傘再一起丟，結果連失好幾城。每次買傘必換新花樣，街上看得到的花色，我大約都撐過。這事有趣，走在街上，老覺得別人在撐自己的傘，那種錯覺真叫人迷亂，買傘付錢時，我會有種罪惡的快感，覺得自己是揮金如土的浪蕩子，就像三堂會審中蘇三的唱詞：「三萬六千兩一旦化為灰塵！」

這許多傘中最美的一把，是剛上初中時母親買的。那時一般人拿黑布傘，塑膠傘很稀罕，在鄉下還不曾看見有人拿過。母親一向時髦，很有嘗試新產品的勇氣，她給大姊和我各買一把，透明的傘布透天亮，邊邊上印有一朵玫瑰花，那個款式現在看起來很土，二十年前的鄉下，可是新奇得很。

我們這兩把傘一出現，引來不少羨慕的眼光。常有不認識的人跑來借傘看，我們就撐起撐落詳細解說：「你看這傘骨，和一般的不同，拿起來很輕呢！還有這透明的傘布，可以看到下雨的天空哦！」同學認傘不認人，叫我們「拿透明傘的那個」或「姊妹傘」，我們心裡好得意，巴不得天天下雨可以拿出來亮相。

後來這份得意變成失意，原因是我先把傘丟了，這下子只好拿家裡的舊黑傘。大姊和我一向同進同出，每當下雨時，看她撐著透明傘，輕快自如地走在前面，我則撐著笨重的黑傘在後面追，更覺得那把透明傘美得好絕望，心中的失意簡直變成痛苦了。粗心的人大概一生都要忍受這種痛苦。

前幾年愛上油紙傘，好不容易從美濃弄來一把，栗色的傘面很樸素，傘頭拴塊藍布，很平民化的那種。撐著它，好像從遙遠的古代走出來，走出古典與韻致。撐著它，可以聽雨聲，可以觀雨景，可以遐想，遐想也許在下個街角，會迎面撞見尋覓愛情的白蛇娘子和小青，她那潔白的身影是雨中的白蓮，不知如今她心中是否有怨？千百年的愛情化為這場煙雨迷離，那是神話的雨，斷腸的雨，美麗又哀愁。

那把傘的壽命也不長，這回沒丟，傘面破個洞而已，又不能修補，每到下雨時，雨水從破洞傾注而下，不但失去遮雨的功能，而且打壞一切情趣，只好留起來當古董。

這許多曇花一現的傘，因為來去匆匆，在回憶的幻影中顯得特別美麗，就連那雨也變得格外可戀。每場雨是一次不再的因緣，我們撐著傘緩緩走過，走過四季，走過悲歡離合，不知下場雨將會是怎樣的際遇，怎樣的心情？

怪不得喜歡傘店，實在是淵源深長，大概我也是雨水投胎的吧！眼看雨季又來臨，該去光顧那家傘店，挑一把新花色新款式的傘，光光鮮鮮走入雨中，度完這春意闌珊的日子。

作　者

周芬伶，筆名沈靜，台灣屏東人，生於民國四十四年（一九五五年）。國立政治大學中文系畢業，東海大學中文研究所碩士。目前任教於東海大學中文系。

周芬伶自稱「懶人」，沒事偏愛圖圖寫寫。最初是寫日記，偶有文章，也只在校內刊物發表。廿六歲參加聯合報徵文獲獎後，正式步上文壇。她喜歡隨身攜帶筆記簿，隨手記錄所思所感，遇有可示人的題材，整理後即抄下發表。早期使用筆名「沈靜」，寫作素材偏重於身邊瑣事及親情、鄉情。原筆名「沈靜」，因同名者不少，忍痛割捨，現用本名發表作品。改用本名後，轉以捕捉現代人生活及探索女性心靈爲主。曾獲聯合報徵文散文獎、中山文藝創作獎（散文類）、中國文藝協會散文類文藝獎章、吳魯芹先生散文獎。作品有散文、小說、童話、口述歷史十餘本。相信寫作的行動是「企圖在虛妄之中開出花朵」，喜歡的作家有莒哈絲、三島由紀夫。

趙滋蕃形容周芬伶：「沒有天真冠冕諸得目的自負，卻能順著天真的指標，過一種質樸、獨立、曠達而富有信心的生活。」她也自言「熱愛文學作品中的兒童品質」，她指的應是天真、明朗、率性、活潑等「不老成」的元素。多年來她在台中東海大學教書、寫作，安靜舒泰的「細繪生活情趣和生命情調」，寫身邊的人事，溫婉自在，她的作品無論敘事、抒情，都很新穎，筆觸婉約細膩，情感自然真摯，相當耐人尋味。著有散文集《花房之歌》、《閣樓上的女子》、《百合雲梯》、《絕美》、《戀物人語》、《熱夜》等，另有小說《醜醜》、《藍裙子上的星星》、《妹妹向左轉》等多種。她對這些作品自謂：

《絕美》（處女作，被評爲天才與天真的作品。）

《花房之歌》（此本得中山文藝獎，在早期的文章中，算是較整齊的一本。）

《閣樓上的女子》（不太滿意的一本，新舊文雜，寫小說的企圖太強烈了。）

《熱夜》（最不滿意的一本；有幾篇還不錯。此時期並未專注寫散文，求新求變的意念使得形式較晦澀。）

《百合雲梯》（與琴涵合著的散文集，卻賣得很慘，書名卻是最喜歡的。）

《阿甘正傳》（有關女性的雜文，也賣得不好，很寂寞。）

《妹妹向左轉》（其實是蠻炫的一本書，可惜知音不多。裡面的情節當然是虛構的。）

《醜醜》（寫給全天下自認爲不美麗的女孩，醜小鴨雖沒有變天鵝，卻可以說是一隻會唱歌的雲雀。）

《藍裙子上的星星》（這是我最暢銷的一本，不知道原因在哪裡。）

《小華麗在華麗小鎭》（會讓人喃喃自語的童書，小朋友大朋友都蠻喜歡的。）

口述歷史：

《憤怒的白鴿》（可以當歷史讀，也可以當故事讀，照片也很珍貴難得。）

在主流的歷史觀裡，女性的聲音一直未被重視。一本女性口述歷史：「憤怒的白鴿」，透過真實的台灣女性生活故事，以不同的角度去體會女性改寫的歷史。

她於台南全國巡迴文藝營與散文組學員談「戀物人語」。她認爲在各種文體中，散文和一般語言的關係最密切，從散文中可以了解時代的流行和語彙。「對於寫散文的人來說，必須能使用比一般人多二、三倍的語彙才行，」但是，她同時也認爲散文是一種「失落的文體」。她過去就曾經遇到拒絕出版散文的出版社，而理由是除了詩和小說之外，他們並不承認散文是個獨立的文體。

她認爲散文創作可以寫物，也可以談人，主要都是爲了寄情。她認爲散文若是直接抒情則太露骨，透過詠物，來喚起回憶、情感的方式，可以達到「借物起興」、「借物自況」和「借物寓意」的效果，如喻麗清散文中的父親與茶，就藉著連接茶葉與父親來抒情。此外，唐代駱賓王的詠蟬，透過對蟬的描寫，表達自己因直諫武則天而身繫囹圄的憤怒與不服，也是古詩文中詠物佳作。

她認爲透過「詠物」，再連接自身的美感經驗，就足以寫成一篇篇的好文章。〈傘〉這一篇文章即印證了她的看法，除了對「傘」做動人的描繪外，她涵融了與「傘」有關的經驗和感情，尤其以自身古典文學的涵養，巧妙地融入文中，使文字婉約動人，情意含蓄而深刻。

賞讀

本文以傘爲題材，透過作者細膩的觀察與深刻的感受，將平凡習見的傘寫得逸趣盎然，耐人尋味。不論在取材或技巧方面都相當成功。

傘的情味是本文描寫的焦點。作者以傘起筆，先對傘做了動人的描繪，再順次寫出她與傘之間的若干回憶與感情：春雨時撐傘的美好情懷，掉傘時的失意惆悵，及油紙傘引發的浪漫遐想。因為這些傘的來去匆匆，使得作者更加珍視與它們之間的美麗因緣。在日常生活中，類似的瑣碎事情或稍縱即逝的美感經驗，我們如果能善於體會，也自能發覺其中可愛可喜的一面。

本文充分發揮聯想力，第一段中譬喻法的使用，對傘的外觀予以貼切比擬，讓人印象深刻。而多次使用類疊、排比、頂針修辭手法，也能充分渲染自己的感情，造成一種情意綿綿、語言詩化的效果。

在一般文學作品中，下雨、掉傘經驗往往寫得沉重，本文卻有一種輕鬆自如的情懷，洋溢著一片美好與幸福。寫來生動多姿，十足體現作者散文所特有的婉轉深情的風格特點。

「傘」給人的聯想不外是遮陽、擋雨等實用的器物，本文作者則跳脫刻板層面，賦予傘更多采多姿的聯想，並透過個人經驗的回憶，使「傘季」不再是雨水淋漓，令人懊惱的，而是繽紛可愛的情懷。本文共分四部分，每一部分各分若干段。

第一部分包括第一、二段，作者掌握傘的外在特徵，對「傘店」中各種傘的款式、顏色、圖案等形貌之美，生動細緻的描繪。並以李笠翁花舖、書舖、香舖是俗中三雅的說法作陪襯，歸結出開傘舖及愛傘是件雅事。

第二部分是第三段，有點題作用，作者說「雨季即是傘季」，而雨來花落，「花在雨中凋零，輾為塵化為土」的淒美景象呈現了作者多情的筆調，因此她認為此際該撐傘佇立於落雨的天地間，以有情的的眼光來看待自然界萬物：「看花兒跌落時是否摔疼了？檢查小草又長高了幾公分？」去與春天、細雨同在，那是最溫柔的地帶。傘下的世界，可以遮風閉雨，可以編織夢想，因此繼之說「這裡無風無雨，有充裕的感情為春天支付。」這也是以有情眼光珍愛春天的筆致，爲春天泥濘、衰敗的景象表達她的關心。

第三部分包括第四到第十段，敘述自己和傘所結下的情緣。四到七段描寫掉傘的經驗，作者以樂觀的想法將掉傘的懊惱轉化成另一種心情，遂得以擁有很多不同花色的傘，甚至走在街上老覺得別人撐著自己的傘，於是掉傘似乎成了美事一樁。接著細寫初中時一次深刻的掉傘經驗，原本因撐著新式雨傘而得意的心情，由於自己的粗心丟失了傘，得意變成了失意，甚至變成了一種痛苦。

八、九兩段則寫她和油紙傘的感情。撐著古樸典雅的油紙傘，使作者恍如從遙遠的古代走出來，讓她遐想起白蛇娘子和小青在煙雨迷離間尋覓愛情的唯美、浪漫與淒迷。第十段寫因這些傘的來去匆匆，反而使人更加珍視彼此間的美麗因緣，甚至也變得格外可戀。

第四部分即最後一段。作者藉「雨水投胎」的說法來說明自己和「傘」的淵源深長，再次強調對傘的喜愛，並和第一部分前後呼應。

文章從一開始即對傘賦予了活潑潑的生命氣息。傘的形象是美好的，因此對於傘的感情，是一種美好的嚮往，而樂觀的態度也自然影響到作品的情調，在文中每一把傘都蕩漾著她深深的熱愛的感情。她把自己的感受融入到傘的描繪中，通篇雖看似詠物，實則含藏作者一己之情。作者行文承轉極爲流暢，又善於剪裁，在諸多材料中能選取關鍵性場景細加鋪陳，記敘的筆法裡洋溢著抒情的韻味，結構安排上首尾呼應，卻又不著痕跡，而其語言通達秀美、清婉雋永，都使本文倍加耐人尋味。

詠物之文，除了外貌形似的描摹，重要的是體現對物的情感，或與物有關的某些聯想。本文聯想力奇特而豐富，比如猜想

「開傘舖的人大概是雨水投胎的吧！」又如描繪傘的開、闔、立、臥時不同的姿態，或像一朵大花、一串小花，或像魔術枴杖、一葉小舟。以譬喻法加以描寫，使傘有著多采多姿的面貌。而不同款式顏色的傘，也給作者不同的感受，不同的聯想，可說在文章一開頭，就深深抓住讀者的注意力。又如想像迎面撞見白蛇娘子的種種心情。因巧運想像力，使得文境開拓了，情思也深長了。豐富的想像力是語文表達和文學創作的必要條件，語文的魅力，多半來自於出人意表、深中人心的想像力。本文藝術之成功，與此實關係密切。

其次，本文多次使用排比、頂針、類疊等修辭手法：

頂針句法如：「撐著它，好像從遙遠的古代走出來，走出古典與韻致。」、「可以遐想。遐想也許在下個角落，」、「我們撐著傘緩緩走過，走過四季，走過悲歡離合」等。**類疊**修辭如：去溫習「傘的溫馨，傘的優雅」、去與「春天同在，細雨同在」、「傘的中心，夢的中心」、「那是神話的雨，斷腸的雨」、「走過四季，走過悲歡離合」、不知下場雨將會是「怎樣的際遇，怎樣的心情」。**排比**修辭法如：「可以聽雨聲，可以觀雨景，可以遐想」、「開花鋪的是蜜蜂前身，開書鋪的是蠹魚轉世，開香鋪的是香麝投胎」、「關起門來，關住無數個雨季；打開門來，又迎進十里的春風。」（此例牽涉排比界義是兩句或三句，暫列於此。）這些文句既充分渲染了自己的感情，又造成一種情意綿綿、語言詩化的效果。

作者擅於捕捉稍縱即逝的美感經驗，又能在文章中發揮其深厚的古典文學涵養，融敘事、抒情於一爐，使文字婉約動人，情意含蓄而深刻，值得細細品味咀嚼。作者擅於捕捉稍縱即逝的美感經驗，又能在文章中發揮其深厚的古典文學涵養，融敘事、抒情於一爐，使文字婉約動人，情意含蓄而深刻，值得細細品味咀嚼。在第一段出現的文句可留意者如：「去看無邊的細雨如何化爲點點愁思」，這是運用秦觀〈浣溪沙〉一詞：「漠漠輕寒上小樓，曉陰無賴似窮秋。淡煙流水畫屏幽。自在飛花輕似夢，無邊絲雨細如愁。寶簾閑掛小銀鉤。」飛花似夢，細雨如愁，聯想巧妙，比喻新穎。而輕靈的，飛動的，綿綿細小的景象加諸以「無邊」表現愁的紛繁無際，意境空靈而意蘊更加豐富。李白用「白髮三千丈」比擬愁之多之長，李後主借「一江春水向東流」比喻愁之多，愁之綿綿無盡，都是以具體事物來譬喻愁思。

至於「把自己站成天地間最溫柔的地帶」，也是一句很詩性的散文，今人頗喜使用「站成一株○○」，如梅新紀念文集，書名就叫《他站成一株永恆的梅》。又如「在陽光下我終於站成一株樹，而你就是那被守候的兔子」、「宿命的安排足以讓最堅強的人佇立風中，站成一株落花凋零的樹。」、「於是我站成一株雪梅楊，佇立在你必經的路旁，哪怕只是一個回眸，到處都有我忠誠的守望」、「在精神的荒蕪裡，你將自己站成一株沙棘。」、「我在異鄉的天空下站成一株樹」、「我站成一株蓮花。又是轉瞬即逝的芳華。陪襯在萬綠之中。做著孤芳自賞的夢。」、「您走了。從此，思念站成一株樹，在我的心裡，隨歲月瘋長」、「如果青鳥疾飛，如果迷路我會站成一株青草陪你千年，再緩緩老去」。例子甚多，可以留意並仿傚。

十一、今之水經注
——郭鶴鳴〈幽幽基隆河〉

從中外歷史可知世界四大古文明的文化發展，皆起源於河流地區，村落的形成發展與河流分佈的關係至為密切。河流中下游地區之盆地沖積平原及三角洲都是具備人類生活條件最好的地方，人口多最易形成村落，甚至發展為城市；河流更是最方便的交通路線，故人類的居住與交通亦多沿河而發展；其次河流又有阻隔的防禦功能。先民依河生存、繁衍後代，歷經數千年，絕非偶然。今日台北盆地的發展史，也和淡水河息息相關，其主流大漢溪，支流新店溪，基隆河之沿岸，皆可發現昔日商集、河港的遺跡。清嘉慶年間，大船也可直駛汐止，再換小船至暖暖、瑞芳……等基隆河中下游聚落。今日因河水污染、交通工具改變等的因素，減少人們對河流依存性外，人與河流間的疏離感越來越嚴重，如何重建河流的生機與人河的親密度，乃是刻不容緩之事。

本文

一個古老的傳說

曾經有一個很古老很古老的故事，不知是何許人編出來的，他這麼說：

南海之帝為儵，北海之帝為忽，中央之帝為渾沌。儵與忽時相遇於渾沌之地，渾混待之甚善。儵與忽謀報渾沌之德，曰：「人皆有七竅，以視、聽、食、息，此獨無有，嘗試鑿之。」日鑿一竅，七日而渾沌死。

故事說完了，接著，請讓我告訴你一條河流的生命歷程。

源頭活水

平溪鄉薯榔村，這個臺北縣東邊的山地村子，就像任何一個小小山村，住宅疏疏落落地散布在山腳、在水旁。林間小鳥閒閒的啼鳴，告訴你山中歲月的幽靜。三月，山頭，天色帶點陰沉，隨著清晨的山風飄拂過來的，不知是雨是霧，輕輕軟軟的沾衣不溼。

十方圓明禪寺，也許真是納須彌於芥子吧，名為遍照十方、既圓且明的這個禪寺，卻是小而不能再小。沒有窒悶的香煙繚繞，沒有喧嘩的遊人如織，一逕的冷冷寂寂，正是清修佳地。禪寺後方的山谷裡，巖之間，石之隙，清泉汩汩，細流潺潺，撥開山岩水石，欲尋源頭起處，卻早無端無跡。

這水應自天上來吧！仰頭看天，卻見橫在右側形勢奇偉的山壁凹處，那不知何人供奉的一座小小白瓷觀音，正自舒眉頷首，報我以微微一笑。

大江始出，源僅濫觴。橫貫整個臺北的基隆河，活水源頭，就是這麼一小片清清淺淺。

這兒沒有自來水，附近人家用黑色的塑膠管在源頭以山石圈起的小水塘裡取水。管子梢頭套片濾網，濾去草莖枯葉，汲引到家。那水清洌中帶著甘甜，或者應該說，這才是真真正正的自來水呢！水塘滿溢了，水就順著水道流下，有的人家用來種花樹、養盆景，那花木看來自有一派掩不住的生氣暢茂；有的人家用來養魚，那錦鯉五顏六色，鱗甲片片鮮明，在一清見底的池子裡從容嬉戲，看那一副得其所哉的樣兒，魚之樂是根本用不著辯論的。

這是天真未鑿的基隆河，洋溢著豐盈飽滿、清純可愛的生命氣息，也滋養潤澤了一切與他同在的生命。

平溪到十分

河水東流，踏上他迢遙的旅途。約五公里，至平溪村。沿途人煙漸密，汙染漸多。「在山泉水清，出山泉水濁」，古人的深沉慨嘆，在這裡獲得了現代人強烈的共鳴。

座落河旁的煤礦廠，取上游清新鮮潔的河水來洗煤，而報之以汙穢渾濁。排放的髒水，在河中翻滾成一條條黑黑褐褐的毒龍。伸出河堤的一根一根管子，家家戶戶的汙水由此排出，河中破雨傘、塑膠袋載浮載沉，河水所經，那大大小小的石頭上不是蒼綠如茵的蘚苔，竟是油滑垢膩，如一頭頭面貌猙獰，正待攫人而噬的水怪。

在這裡，基隆河濁臭逼人，已完全成了藏汙納垢的淵藪。

河水繼續東流，約十公里，至十分寮。這兒素來以瀑布馳名。想像中的懸泉瀑布，應是潔淨靈動，如一匹匹奔騰跳躍的白駒。然而基隆河在此空自有一番含斂渟蓄，那水卻是灰撲撲的，暗慘慘的；漱瀉而下，轟轟隆隆的水聲裡，竟不見絲毫光采神氣。

北上瑞芳

河水流出平溪，轉而北上，進入瑞芳鎮。沿途山勢蜿蜒盤旋，河流隨之彎起落。崇山峻嶺之中，滿目青翠點綴著叢叢粉紅，那是一樹樹野生的櫻花。三月的春日裡，山風仍勁，呼呼聲中透著料峭的寒意。極目北濱，隱隱可見浪花翻動，那就是深沉的太平洋了。

瑞芳，這個臺灣北端最著名的礦業聚落，眼見它礦業鼎盛，燈火通宵；眼見它礦源枯竭，人去樓空。端的是今非昔比，盛況不再。而基隆河靜靜地流入，又靜靜地流出，一切繁華，一切破敗，如幻又如化，似乎與他全不相干。

鎮內爪峰橋下，一邊河堤上有鎮公所用油漆大書的「垃圾亂倒河內罰金二四〇〇元」，但垃圾仍隨處可見；另一邊不見警告，垃圾可就多了，滿籮滿筐之外，還有一堆一堆的敗瓦殘磚。

不遠處河灘大石上，一位老阿伯正在釣魚。

「這河裡有魚啊？」

「釣著玩的啦！有時釣到一兩尾，味道怪怪的，煮上桌也沒人敢吃。」

「敢是以前就這樣？」

「不會啦！我自小就在這河裡釣魚，以前好好的，人多了，時代進步了，河水就越來越骯髒，魚也越來越少了。」

河裡有魚，想見基隆河的生命尚存一息，但這樣委弱困頓的神情，這樣瘡痍滿目的軀體，還要再遭遇基隆以下夾岸工業廢水的荼毒，基隆河的生命便油盡燈枯了。

八堵到內湖

河水在瑞芳折而西轉，進入基隆。自八堵以下，沿岸工廠的數量急遽增加，那些未經適當處理的工業廢水，辛辣惡臭中往往帶著含有劇毒的重金屬離子，如鉛、鎘、汞等等，這些將慢慢地置基隆河於萬劫不復的死地。

河水再西，經汐止進入臺北市。在南港附近，河道與高速公路間聳立著一座巍峨壯觀的「人造山」，那就是臭名喧騰、啟用至今已十二年的內湖垃圾堆積場。每天臺北市兩百三十萬人丟棄的垃圾全數運來這兒，山頂上川流不息的垃圾車蠕蠕而動，如腐屍上突突竄竄的蛆蟲；山頂山腰山腳下，沼氣自燃自滅，惹得煙焰處處；當風而立，空氣中瀰漫著一股令人忍無可忍的惡臭，說它如魔窟鬼域，正不為過。大雨一來，雨水自山頂直瀉基隆河，只見河中黃黃褐褐，真是集一切汙穢骯髒之大成。此時此地，基隆河儘管水波微微盪漾，水草迎風招展，但看來渾不似含情的細語，活脫是無言的嗚咽。

最後一段旅程

河水蜿蜒又西。在這最後的一段途程裡，基隆河所過的是臺北市人口最密集的松山區、中山區以及士林區。人口帶來了汙染，大量的人口帶來大量的汙染，而汙染破壞了生態，殘滅了生命。長此以往，我們就要準備接受難逃的浩劫了。

在圓山附近，中山橋上車水馬龍，中山橋下河水幽幽。在我們尚未能夠想像 —— 因為那實在不堪想像 —— 去迎接一個沒有鳥語、沒有花香的「寂靜的春天」之前，基隆河先已一片寂靜。他將寂靜地流到關渡，寂靜地注入淡水河，寂靜地入海。

萊因河曾經死過，現在它已復活。待到幾時，我們的基隆河能再恢復活潑暢旺的生機？我想起源頭石壁中那一座觀音，希望她回答我的不會只是一聲長長的嘆息。

題解

作者藉著對基隆河的敘述，對當前日益嚴重的環境污染問題，深致感慨憂思之意。基隆河本是清瑩亮麗的，足以令人悠然神往的一條美麗河流，然而種種的破壞、污染，使基隆河黯然失色，失去往日旺盛活潑的生機。作者用「幽幽」來形容，既是基隆河的幽暗、幽怨，也是作者的滿懷幽怨。

篇首先安排一古老傳說，以作爲伏筆，同時也是全文主線所在。以下再分五段，次第敘述基隆河遭受污染的全部歷程。「源頭活水」寫基隆河的「天真未鑿」；平溪、十分、瑞芳、八堵、汐止、南港、內湖以至圓山，則被「日鑿一竅」而生機殆盡。本文的分段及小標題，使文章脈絡清晰明朗，易於掌握重點。遣詞用字方面，在流暢白話文中，巧妙嵌入洗鍊簡易的文言、戲曲小說的語彙，以及自然生動的典故，使文章寓意豐富，發人省思。

作者

郭鶴鳴，台灣台南縣人，民國四十一年生。國立台灣師範大學國文研究所博士，曾任教於崇佑企專、建國中學，目前任教於國立台灣師範大學國文學系。

作者長期受到中國傳統文化薰陶，又從事教育工作，爲人溫文儒雅。由於深厚的國學基礎，作品鎔鑄經史成分不少，又由於出身貧困，作品中往往帶有悲天憫人胸懷，感人至深。

大學時代即在各報刊發表作品，曾先後獲救國團金獅獎大專組一等獎、教育部散文創作散文組第一名、聯合報散文獎七十年第二名及七十三年第一名。作者平時鑽研學術，除了《王船山詩論探微》，其中有極大部分為四書新詮，時有創見；文化評論則具知識分子使命與熱情。其他新文藝作品散見報章雜誌，尚未結集出版。

賞　讀

本文言之有物，關懷現實，對目前環境生態遭受破壞，深致憂思之意，並以「他山之石」啓示改善有望，不流於消極性之報導。但散文之佳篇，不僅是內容上的充實正確，更有待於圓熟的藝術技巧。本文分廿八小段六部分，分別是：一個古老的傳說、源頭活水、平溪到十分、北上瑞芳、八堵到內湖、最後一段旅程。第六部分結尾復寄寓作者的期望。

第一部分即篇首（含一、二、三段）以一個古老的傳說暗示，故事出自《莊子・應帝王》篇，比喻智巧能夠傷身損性，以此展開基隆河由天真未鑿，而日鑿一竅，以致衰竭待斃的命運。此是本文伏筆（在文章內預先為下文鋪設的語句），也是全文的主線。

第二部分是：源頭活水。四、五、六、七段記敘基隆河源自平溪鄉薯榔村，十方圓明禪寺後方的山谷。八、九段記敘自源頭至平溪這一段天真未鑿的基隆河，滋養潤澤了一切與他同在的生命。

第三部分是：平溪到十分。十、十一、十二段記敘基隆河東流至平溪村，已完全成了藏汙納垢的淵藪。第十三段記敘基隆河東流至十分寮，雖成懸泉美景，卻因河水髒汙，只能遠觀。

第四部分是：北上瑞芳。十四、十五、十六段記敘基隆河北上進入瑞芳鎮，垃圾滿佈河床。十七到二十二段記敘瑞芳段的基隆河裡，魚是越來越少了。

第五部分是：八堵到內湖。二十三段記敘基隆河西轉進入基隆，（沿岸工廠未經處理的）工業廢水將置基隆河於萬劫不復的死地。二十四段說明基隆河是被人們製造出來的垃圾、汙水、廢水毒死的。

二十五段記敘基隆河進入臺北市，經內湖垃圾水沖瀉，真是集一切汙穢骯髒之大成。

第六部分是：最後一段旅程。記敘基隆河西經臺北市人口最密集區，寂靜的注入淡水河入海。最後抒寫對基隆河（如萊茵河般）復活的期盼之情。

本文的分段及每一部分的小標題，使文章脈絡清晰明朗，易於掌握重點。中間大段對比，以「源頭活水」一段與以下各段相對，對比出「在山泉水青，出山泉水濁」來。結構方面，以十方 圓明禪寺的白瓷觀音，在「源頭活水」中舒眉頷首地微笑，而面對遍歷浩劫的基隆河也只能一聲長長嘆息，這由喜而悲的首尾呼應加深了讀者的感慨及深思。微笑與嘆息首尾呼應，更呈現圓融完整的結構。遣詞用字方面，如以「一條條黑黑褐褐的毒龍」指平溪到十分段，受到煤礦廠污染的基隆河。在流暢白話文中，巧妙嵌入文言、戲曲小說的語彙，如：「一逕」的冷冷寂寂、「端的」是今非昔比、「活脫」是無言的嗚咽等，使文章自然生動。此外，本文引用名著、名篇或名家的作品，亦皆平實自然，使文章內涵更豐富，發人省思。如古老的傳說，出自莊子．應帝王篇；納須彌於芥子一詞出自《維摩詰經．不可思議品》第六；魚之樂出自《莊子．秋水》篇；在山泉水清，出山泉水濁出自杜甫〈佳人〉詩；及引用美國．卡遜《寂靜的春天》一書。林文月說：「以古典的質素適切地融入現代白話文中，而不覺其文白夾雜，反有斂放自如之功，也是本文別具一格獨到之處。」（〈今之水經注 — 試

評幽幽基隆河〉，聯合報，民國七十三年九月十九日副刊）

本文作法與酈道元的「水經注」，最大的相同點在於採「順敘」的筆法依水流循序描述。其中「河水東流」、「河水蜿蜒又西」的口吻，與水經注中「江水東流」、「江水又東」極其相似，顯然受水經注相當的影響，不過現代散文如此寫法，仍然讓人耳目一新。

世上美麗的城市無不與水脈相連，清澈的河流，永遠是一種美麗的召喚，然而現代化、工業化的結果，以及人類的自私愚昧，敗壞了美麗的河流，讓河流走入了死亡。其實鑿傷河流，也正是鑿傷我們自己，人與自然生態本來就是密不可分的。本文作者以其對歷史、人文的關懷，及其清新流麗的文筆，讓人讀完此篇，自然念基隆河之幽幽，深受感懷。

十二、自然禱告者
── 王家祥〈春天的聲音〉

人來自自然，天地間一切的生命也都來自自然。對自然多一分敬畏，對所有的生命也就會多一分尊重與愛惜，而生活也就更見和諧，更增情趣。然而如今生存在現代文明的牢籠裡，人與自然日益疏遠，對自然尊重的文化涵養也成長緩慢。當一次次自然的反撲迎面襲來，我們能不深加反省嗎？本文作者寫春天的聲音，希望在和平寧靜的美好環境中，自然界生命的繁衍能自由自在地成長，不受外界侵擾，啓示讀者尊重自然、尊重大地的觀念，是篇理性與感性兼具的佳作。

本文

生命發生的聲音，有些是聽不見，卻看得見的。某些聲音可以在心中滋長，甚至變得很喧囂、很龐巨，耳畔卻沒有任何聲響。

走在春日迷濛的山林小徑上，耳朵裡很安靜，鳥叫蟲鳴，風拂雨斜；這些，是不吵人的聲音。可是，你要靜下心來讓真正的聲音在心頭滋長、流動，仔細傾聽；沒有一種生命可以暫時停止運轉的，停止在生命之河裡流動。

泰國的禪坐大師阿姜查，教導弟子要學習「靜止的流水」的心境。弟子們懷疑，世界上哪裡有靜止不動的流水呢？既然是流動的水，便無法同時保持靜止呀！是啊！既然是聲音，便不能有聽不見的聲音呀！聽不見的聲音又如何叫做「聲音」呢？

阿姜查說，那是一種心靈狀態。保持心靈的靜止、安祥，並不表示生命與外在的互動便暫時停止；思考仍然在心靈中流動著，智慧容易在其中受孕生成。

我想，世間的表態不能決定所有的狀態。在你心中響起的聲音，別人聽得見嗎？別人心中的聲音，你又聽得見嗎？你心中是否有許多的聲音不是自耳畔響起，而是自心中某個被遺忘的角落，偶爾滿溢，或時時迴盪於腦海中。某些時空觸動起回憶的聲音、未來的聲音、理想的聲音、思考流轉的聲音。您的心靈的土地上是繁雜吵鬧，亦是空蕩冷清，毫無聲響。也許你得學習安靜而易於感受，然後你的心田喧囂熱鬧，充滿意志的能量，而不是吵鬧得無法傾聽。

走在春日喧囂的山林小徑上，耳畔清靜，蹲下來，卻能看見熱鬧鼎沸的聲音。一株株細嫩的幼苗剛從柔軟的黑泥中探出綠色的新芽，在接受雨水的充分滋養之後，他們迸發出來的生命能量是何等龐大的溫柔，未及等待泥土由寒轉暖，一株、兩株、三株、一百株、一千株紛紛破土而出，鋪滿每一處柔軟的土地。

植物發芽的聲音也許聽不見，卻看得見、領受得到。仔細低頭探視每一處被去年的老株殘枝所掩蓋的角落，假如你聽得見那微弱幼苗群起探頭的聲音；那多如波浪不斷湧向海岸的聲音，在亙古的時代它們便未曾止歇，一直向未來發音，掀起生命的意志。

我們在春季間上山無意便會踩死這些探頭的意志。即使我已經極力小心，審慎避開每一步可能的錯誤；然而那些美麗的小生命所展現的強大意志遍布於土地的每一處隙縫，使人不勝其擾。

彷彿它們正群集喧囂叫著:「小心呀!不要踩死我呀!不要踩死我呀!」而我則是被不忍心之心逼迫得進退不能,懊惱不已。

從內心湧現的那一股不忍之心,在近年來越加強烈,使得春季雨水充沛之後的上山日子,變得有點令人不適與心疼。除非必要,或者春日某些特定的華麗太吸引人。否則我寧可滿心歡喜地待在家裡感謝今年的春雨適時來到,解放我那群乾渴一整季長冬的朋友。

日本有段春天狐狸嫁女兒的傳說,警告人們春天不要進入森林裡打擾了狐狸的婚禮,否則會遭到厄運。導演黑澤明也曾將這段傳說應用在他綠色思想極為強烈的電影《夢》裡頭。細想,這段傳說背後的深層意義,不正是在提醒人們:春天不要進入森林干擾各種生命旺盛的萌發與成長。

印度有支最古老的宗教在數千年前即體會春天儘量不出門,若不得已也要打赤足的教義。印地安人則在春天即卸下馬的蹄鐵,也不駕馬車出門,以免影響大地的胎氣。印地安人相信,春天是大地懷孕的季節,要避免馬的堅硬蹄鐵劇烈踩踏大地。

我則慶幸內心開使有了這樣謙虛的心境。要向大地表示謙敬是一段不容易體會的人生修行。當你聽得見春天幼嫩的生命發出的聲音而去在意它時,是比辛勤聆聽深奧的道理來得接近善念吧!

題解

本文選自晨星出版社印行的《四季的聲音》。作者自述:「在都會中討生活,內心往往喧囂紛雜,難以辨認自己發出的聲音。一有機會我便回到荒野之中,暫時找到遁逃之路,在那兒我自然會安靜下來，很容易聽見自己內心的聲音。……春天我喜歡聽植物幼苗冒出地面的聲音；夏天我喜歡聽森林猛茂生長的聲音；秋天我喜歡聽候鳥飛來的聲音；冬天我喜歡聽海風蕭瑟的聲音。」本書即以春、夏、秋、冬四季的聲音分四卷，本文是「卷一 春天的聲音」的第一篇，描寫作者在春日時進入山林小徑的所見所感，期待讀者能尊重、關懷自然，去傾聽萬物滋長的聲音。

本文首先說明「生命發生的聲音有些是聽不見，卻看得見的」，作者以泰國高僧阿姜查的說法來引申聽不見的聲音，引人深入聆聽內心世界的聲音。而這些陳述，主要即是要帶出春天不只是用觀賞的，而是要用心靈去聽覺的，去感受宇宙萬物生機勃勃的旺盛氣息，感受它們爲了生命之河不斷流動發出的強大意志。接著作者又說明春天是萬物萌芽成長的季節，日本的傳說、印度教的教義、印地安人的習俗，都有提醒人民不要去干擾、驚嚇各種生命成長的說法。最後，勉勵讀者尊重生命、謙敬大地是一種人生修行，也是比聆聽深奧道理更接近善念的。

本文立意新穎，觀察細膩，感受敏銳，那完全發自內心的真情實感，深深感動讀者的心田，讀來令人興味無窮。

作者

王家祥，筆名雲水、李詳，台灣省高雄縣岡山人。民國五十五年生。國立中興大學森林系林學組畢業。曾以文明荒野獲中國時報散文類評審獎，攀木蜥蜴獲聯合報極短篇小說獎。曾任台灣時報副刊主編，業餘從事台灣鄉野生態保育工作，爲高雄柴山自然公園促進會會長及解說員。

他的作品以觀察自然生態、土地風貌、荒野經驗爲主，提倡自然保育思想，尋找人與自然的新關係。除了散文，他也寫歷史小說，以台灣土地爲背景，以文學補綴歷史，並報導台灣社會中不公不平的現象，爲弱勢族群說話。著有散文集《文明荒野》、《自然禱告者》、《四季的聲音》，小說集有《打領帶的貓》、《關於拉馬達仙仙與拉荷阿雷》、《小矮人之謎》、《倒風內海》等。

王家祥是台灣「自然寫作」的重要作家，自然寫作的書寫即是將長期生態旅行或自然觀察所記錄下來的自然生態的形容和美好，透過創作者的鏡頭和文字，傳達給讀者。由於島嶼被過度濫墾濫伐，美麗島千瘡百孔，因此自然寫作者多不耽溺於自然美景的感性與溫馨之中，而是從自娛中走向自省、自勵，而更積極的採取實際行動保育自然生態環境。作者覺察到近年來自然觀察朝向知識性與逸樂性兩種方向，喪失了我們跟自然相處時應有的謙卑精神與情感的交流經驗，因此特別強調心靈層面的回歸。

賞讀

春天，大自然生命力最豐盈、最旺盛的季節，和平寧靜卻又生機勃勃。本文作者以情觀物，描寫春天的聲音以及春日走山林小徑上的所思所感，生動闡釋了他對自然的熱愛與對生命的尊重。有關春天的題材，詩詞文章已然不少；有關聲音的描繪亦不算少，現代散文中如夏丏尊〈叫賣的聲音〉、陳黎〈聲音鐘〉等都是箇中佳作。而本文之特殊，在於作者綰合春日與聲音兩者來寫，亦即將聲音放在春日在寫，那將是一種怎樣的聲音呢？春，是季節抽象的概念，如何展現春的到臨？春的美景？一般人習以用視覺呈現春天的樣貌，作者卻以視覺上幼苗嫩芽的抽長，寫出聽覺上的春天，而這無形無影的聲音，並非外在具體的喧嘩。人只有在寧謐安祥的心境下才易於感知，才能真聽見、真看到。

本文分十二段，可分四部分來談：

第一部分是第一段，作者對一般人平日習以爲常的聲音，有他個人獨特的感受：「生命發生的聲音有些是聽不見，卻看得見的。」「某些聲音可以在心中滋長，甚至變得很喧囂，很龐巨，耳畔卻沒有任何聲響。」文章一開始即扣住讀者好奇心，卻一探究竟，那是什麼聲音呢？這一段同時也是總說。第一句寫聲音，第二句暗寫春日那充滿意志的生命能量，這兩句點出了題目「春天的聲音」。春天的花草、植物不會說話，我們似乎聽不到生命萌發的聲音，但如果肯用心，這些聲音便能在心中滋長。

第二部分包含第二至第五段，偏重對聲音的陳述。第二段先談蟲鳴叫、風拂雨斜的聲音，但這不吵人的聲音是在自然界確實可聽到的，不是作者刻意要強調的。他要我們試著去傾聽其他真正春天的聲音。第三段借泰國高僧阿姜查的「靜止的流水」之說，引人聆聽那聽不見的聲音。第四段進一步說明保持心靈的靜止、安祥，智慧便容易在心中生成。第五段又再次說明生活上有許多聲音不是自耳畔響起的，而是自心中來的，我們要學習傾聽，讓心田充滿熱鬧、生意盎然。

第三部分包含第六段至第九段，回應題目「春天」一詞，同時也結合前面所述的「生命的聲音」。耳畔清靜，點明作者走在春日的山林小徑是多麼的寧謐、寂靜，然而這時卻可以看見熱鬧鼎沸的聲音，一株株幼苗抽長新芽的情景，歷歷在目。這裡可說是從靜中寫動，把視覺與聽覺的感受統一起來，彷彿聲音有形有影，可感可觸；而這形影觸感，其實就是春天豐盈生命力的滋長、萌發。第六、七段寫出了作者對洋溢著活潑躍動的生命力的感動，第八段緊接著想起自己在春季上山，彷彿侵擾了這些正努力生長的小生命，牠們似乎喧囂地一再叫著「不要踩死我」。作者在第五段曾說「別人心中的聲音你又聽得見嗎？」因爲心靈寧靜，真正關懷對方，所以他聽到了植物心急的哀求聲音，湧起了一股不忍之心。第九段即寫自己內心這股不忍之心，所以除非必要，他盡量不在春日上山侵擾驚嚇到生命的成長。

事實上，有很多人以爲植物是靜止的，其實它們是忙碌、有強力生命力的，它們看來無聲，其實活潑喧鬧，能傾聽植物的人就知道，它們日夜活動，與自然的韻律互相呼應著。古人說：「仁者與天地萬物爲一體」，是指真正有修養、有愛心的仁人君子，把天地間的萬物看得和自己一樣，對一切生命都能給予尊重和愛惜。本文雖未直接抒寫此一觀念，卻和這個道理暗暗相合。同時作者也提出他獨特的看法，以爲真正的尊重是不侵擾它們的生長。

這一部分所述，提醒了大家應蹲下來撫觸大地，敬畏自然，並愛惜土地所孕育的一切生命。而這呼聲也說明了年年春季來臨，就有不少人一味趕熱鬧，既無意於看春，亦不懂得看春。赴山賞春，那紛亂嘈雜氣氛，既看不到真正的春日，也聽不到春日的聲音、自然的生命力。

第四部分包含第十、十一段及最後一段。作者先以三個關於春天的民間傳說和事例，呼應第九段之說。第一個是日本春天狐狸嫁女兒的傳說。第二個是印度某支古老宗教於春天儘量不出門的教義。第三個是印第安人在春天卸下馬蹄鐵的事例。作者藉此告訴讀者，春天是萬物生育的時機，生命都在努力的抽長萌發，人們應對新生生命加以尊重。最後一段精簡有力，令人印象深刻，也警醒那些對自然予取予求的現代人，應謙敬大地，那是一種人生修行，當我們曉得尊重、關懷生命時，是比聆聽深奧的道理接近善念的。

本文作者不直接描述春天的鳥鳴蟲聲，也不從視覺上描摹春天的美景，而從聽與視相輔相成的關係來描寫生命的聲音、春天的聲音，從視覺上幼苗的成長，寫出聽覺上生命的聲響，因其深刻的感受，使文章呈現出面目一新的生命情態與耀眼光彩，委婉的語調結合深刻的哲思與物我合一的胸懷，使人自然接受其看法，而不覺得所說的道理枯燥乏味。可說是篇清新剛健、發人省思的佳作。

讀王家祥〈夏日的聲音〉

本文題目的「聲音」是個關鍵詞，應扣緊這個詞語思考、體會作者的心情，了解自然觀察者的態度、想法。聲音是無色無影的，我們如何能看得見、領受得到？由此進一步探討生活態度，如何靜下心來讓生命的聲音在心中流動，如何尊重大地，如何保育山林。藉由作者的感受，學會珍惜生活環境中的一草一木，與自然為友，洗滌自己的性靈，如此我們才可能真正看得見樹的茁莊，聽得見植物幼苗探頭的聲音。

生態環境一旦遭受破壞，百年千年都將難以恢復。臺灣山地森林的濫伐濫墾，東北角海岸景觀的恣意摧殘，紅樹林、水筆仔的無知破壞，成千候鳥的捕殺等，這些不計後果的破壞生態的平衡，將使我們再也無法和自然的韻律起伏相呼應，將使人類自趨於毀滅之運。

本文

夏日的聲音豐盈而旺盛，有如不斷湧昇的洋流，在內心翻攪奔騰，從不停歇。

夏日的聲音由外而內，由遠而近，盡情生長，直到能量滿溢，爆裂四射。

聲音是會成長的，蟬鳴由初夏至仲夏，逐漸轉趨熱絡，在某一天達到高潮，那是夏日生命的高峰；然後緩緩平心靜氣，零零落落，終至沉寂。

有些人總要到了蟬鳴達到最高峰的那些時日，才猛然驚醒夏天是活的，蟬兒們正在集體求愛。

他們不願聽見夏日的聲音，他們用肌膚害怕夏日的暴躁炎熱。

其實夏日的聲音藏在樹蔭下，藏在午後的暴雨，藏在慵懶的南風中，藏在夜晚的水澤哇鳴，藏在艷藍中泅泳的白雲，藏在山澗中清涼的小溪，因為白日下的氣溫是那麼地喧囂粗暴，人們不願傾聽。

有一種熱帶雨林中的天南星科植物，被植物學家稱做魔芋，它在夏日的雨林中會迅速長出巨大的佛燄花，最高達二百八十公分。恆春人喚它叫「雷公槍」，因為這種奇異的植物把多年生的塊莖藏於地下，每年聽見第一道夏日的暴雨兼雜雷聲時，便會如箭矢標槍般灌滿能量射出，在三至六天內迅速成長，如排山倒海般開花授粉，完成繁殖，然後迅速枯萎，再以猛爆的力量成長出枝葉，貪婪地吸收夏日的陽光；森林裡魔鬼的芋頭，只在夏日出現，在春夏交替之際便於地底下傾聽，等待雷聲，等待暴雨，盡情伸張整個夏季，然後於秋日復歸泥土，繼續沉睡。

於是我們在夏日，總惦念著上柴山找魔芋，邂逅今年伸張最快意的佛燄苞。

除了巨大的魔芋之外，猴群中懷孕的母猴也在春夏之際產下小猴，到了六月，滿月的小猴子已能離開母親，有點笨拙地在樹叢間玩耍。我們都知道，母猴產期的季節反而看不到小猴子，牠們被小心翼翼地保護於懷裡，寸步不離。只有在夏季，小猴子滿月之後，才陸續聽得到小猴子細細弱的玩耍，那也是夏日最純正的聲音。

在農人的曆法中，季節不分春秋，只有夏天和冬天，因為山中不是很熱，便是很冷，八、九月一過，天氣便開始轉涼了，到了四、五月，天氣又回復炎熱，所以只有冬天與夏天。

挑灣人夏日在田野中工作，沒有冷氣，他們用各種植物編成桂冠，叫拿波羅，像個桂冠詩人戴草葉於頭上避暑。

人們不願傾聽之後，我們在城市中失去了夏日的美好；失去了樹蔭，南風也被高樓擋著進不來。失去健康的土壤，蚯蚓和蟬無法住在充滿水泥磁磚的地面上。失去水澤埤塘，也失落了夜涼如水與蛙鳴。我們小心藏匿於冷氣大樓內，躲避夏日的旺盛熱情，不願抬頭傾聽白雲飛翔的聲音，也不願於夜晚打開窗戶傾聽月光灑落大地。突然間，生氣蓬勃的夏日，在城市中變得索然無味，了無生趣，只有熱呀！熱呀！逃避酷夏為唯一的想法。

日本人已開始反省，在城市中留下健康的土壤，注重透水透氣度，以調節夏日的溫度。東京市的心臟地帶，皇居二重橋前的國際廣場，是日本皇室迎接貴賓之處，附近圍繞著許多大銀行、企業總部和國會建築，是日本金融、經濟以及政治活動的核心；廣場上卻鋪滿細沙，植滿松樹，只有必要的道路才鋪上柏油和水泥，雨水和空氣可以順暢進出這片遼闊的廣場，象徵國家統治者的土壤顯得毫不刻板，可以自由地呼吸。

東京市的下水道系統非常發達，汙水下水道已達百分之百，河川草已免去汙黑的命運；即使這樣，夏日的暴雨如果越大，仍然無法有效疏解水患，汙水下水道的糞水立刻溢滿繁華的街道，令他們百思不解。後來他們發現，不能單憑下水道來疏解水患，健康的土壤也是其中要素。而且健康的土壤必須加入蚯蚓這個主角；據日本研究指出，蚯蚓大量活動的土壤，每十五秒鐘可以吸收五十公厘的雨量，並流入土層深處成為地下水，而硬化的土壤要消化雨水，需要兩個小時之久。東京市的綠蔽率雖然達到百分之五十六，可是公園裡的土壤仍然不夠健康，必須開始加入生態的考慮，然後土壤會為了城市吸收過多的雨水，在高溫時蒸散放出，一則調節溫度，二則疏解水患。

新加坡綠化成功之後，科學家發現，夏季溫度平均下降二至五度，省卻不少電能耗廢。

臺灣城市卻流行把歐洲低日照環境下，設計用來聚熱以減少暖氣開支的玻璃帷幕大樓，依樣畫葫蘆地移植至熱帶臺灣來，然後再以冷氣與之強硬對抗，耗掉龐大的電費，不得不在島上威脅著要站起第四座核電廠，密度全球最高。

其實在高樓空曠的天空中，打開窗戶（要是有窗戶可以打開的話），聽得見風的流動。

我們一直反其智而行，聽不見土地的聲音。

什麼時候，我們聽得見一座生態城市在夏日成長的聲音。聽得見布滿爬藤的石板壁上，枝葉盡情在陽光下伸張的聲音；聽得見枝葉盤繞下的石板，有一種古老而智慧的涼爽，那是大武山的子民使用許多年的方法，冬暖而夏涼。

夏日的能量豐盈而旺盛，巨大的太陽能無限地罩護在我們的頭頂上，使人們在白日裡幾乎無所遁逃。為何無人願意傾聽那群憂心的反核人士，順應太陽，使用乾淨的太陽能或天然氣發電，不要抗拒它，逆天而行！這些人是先知，是盲目社會中少數的清醒者；先知告訴我們，不要完全地信賴科技；科技有善意，科技也會殺人，當我們完全無條件地依賴某一種科技，我們的靈魂會失落，科技將變得粗暴。

日本女作家有吉佐和子一直不厭其煩地告訴人們：只要土中留有大量的蚯蚓，農作物不但久雨無虞，也能耐乾旱。臺灣農業長年大量施用化學肥料與農藥，土壤底部早已硬化不透氣，排水性差，還充滿各種汙染殺死分解腐物的微生物與蚯蚓；加上水澤埤塘，濕地坐埔等補充地下水位的特殊土壤被開發殆盡；我們的土地一旦暴雨來臨便鬧水災，無法迅速吸水，旱季一到又變成炎熱的沙漠氣候，四處農田休耕停作，塵沙飛揚。今年五月底的幾天久旱逢甘霖，結果旱災一下子變水災；去年缺水一整年，可是六月九號下午至十號中午的持續豪雨，中南部不到一天之內災情頻傳，光雲林縣損失便超過二億六千萬元。

人們無心傾聽先知或土地的聲音之後，其實內心活得更加不安，世界更加貧瘠。

我們失落了夏日原有的豐茂繁盛，以及無限想伸張的生命能量。我們漸漸失去了樹蔭，失去了一片水塘，一處柔軟好土，甚至連吹南風機會也沒有。

只要我們繼續想用科技將土地據為己有，我們的夏日將會越來越了無生趣，只剩下無限的熱和巨大的水災旱災而已。

題　解

此文描寫夏日的聲音豐盈而旺盛，但是人們卻因害怕夏日的暴躁炎熱而不願傾聽，以致失去夏日本有的種種美好。透過本文作者深切企盼人們能用心去傾聽土地的聲音、夏日的聲音，不要讓粗糙的科技殘暴了我們原本自然的生命，如此方能讓夏日處處洋溢著生機與生趣。本文深刻傳達了尊重自然、尊重大地的觀念，只要我們用心傾聽，就可以獲得生活的情趣與內心的寧靜。讀來令人興味無窮，爲之動容，是篇感性與理性兼具的佳作。

賞　讀

王家祥是台灣「自然寫作」的重要作家。此文可分五部分來看：

第一部分作者先說明夏日的聲音豐盈而旺盛，夏季是自然界生物猛茂生長的季節。這些聲音藏在樹蔭下、暴雨南風中、水澤蛙鳴裡以及白雲小溪中，然而人們畏懼夏日的暴躁炎熱而不願傾聽。

第二部分先舉熱帶雨林中夏日奇特壯觀的植物「魔芋」（恆春人喚爲「雷公槍」）爲例說明夏日植物中具有能量滿溢、爆裂四射的美景。接著舉高雄柴山的小猴，在夏季滿月之後，離開母猴懷抱於樹叢間玩耍，發出細細弱弱的聲音。這些聲音正是夏日最純正的聲音。

第三部分敘述排灣人以植物草葉編成桂冠戴於頭上避暑，而城市中的人們住在高樓大廈，躲在冷氣房中逃避酷暑，因爲不願傾聽夏日的聲音，他們失去了樹蔭、土壤、好風好水，也失去了蛙鳴、白雲飛翔與月光灑落大地的聲音。他們在城市中失去了夏日的美好。生氣蓬勃的夏日與人們的距離越拉越遠，幾乎絕緣，夏日遂變得索然無趣。

第四部分舉日本之例說明在城市中留下健康土壤的重要。日本人在二重橋前的國際廣場植滿松樹，同時從下水道系統的排水發現要有效疏解夏日暴雨帶來的水患，需要有健康的土壤。健康的土壤方能調節夏日的溫度及疏解水患。作者復舉新加坡綠化成功之後夏季溫度下降，節約了電能消耗。然而台灣不能考慮位處東方氣候的特性，反而引進歐洲玻璃帷幕大樓，以致夏日溫度不降反升，遂以開冷氣與酷暑相對抗，突然耗掉龐大電費，然而台灣人仍不知反省，處心積慮亟欲起建核四廠以供電。

承上文所敘，作者緊接著說明屬於大武山的子民利用石板屋來建築冬暖夏涼的屋子，充滿了古老的生活智慧，進而肯定反核人士之作為。提醒我們科技文明的粗糙有時會殺人，會使人靈魂失落，並以日本女作家有吉佐和子諄諄之言，提醒人們健康的土壤必須有大量的蚯蚓，如此則不懼水、旱災。台灣則因大量施用農藥、化學肥料，致水旱災頻仍。

第五部分說明人們再無心傾聽土地的聲音，再想用科技將土地佔為已有，其內心將更加不安，世界將更加貧瘠，我們將失去夏日所有的美好，只剩下酷熱和水災、旱災。

〈夏日的聲音〉以對比手法凸顯了現代台灣城市人反智而行，肯定了日本、新加坡對保護健康土壤的作法及大武山子民建築石板屋的智慧。這樣的明智作法，使夏季久雨無虞，乾旱無懼，涼爽而省電。作者在〈山谷之風〉一文中也說：「以人類的慾望永遠無法改變流水的方向或禁錮自由之水；到目前為止，人類的科技只開發出宇宙中少部分的能量。我們的電廠既無法製造像太陽一樣永恆照耀大地幾億年的能量，甚至連山谷之風整日吹拂森林與草原的力量也無法比擬。假如要製造吹拂動整座山谷的樹葉的人造風，必定耗費鉅資，不合成本。山谷的自然風卻是完全免費而自由的。人類卻也會愚蠢地在城市裡建造過多過密的超高大樓，除了失去星空，還擋住從原野吹拂入城市的天然風。」此段話正足與本文相互印證、相互發明。

科技文明的粗糙，令人驕傲而無知，也讓現代人忙得沒時間、缺少智慧去傾聽四季的聲音。作者以自然觀察者的身分，帶給我們嶄新角度的思考，但願藉由他的感受，讀者也能認清人與環境的關係，明白人類自身的渺小，學會親近自然，並珍惜自己所在環境中的一草一木，尊重自然、尊重大地，不喧賓奪主，自然將以最好的禮遇，最美的容顏接待我們。

〈夏日的聲音〉與上一篇〈春日的聲音〉在內容上有其異同。春天是植物幼苗初冒出地面，動植物開始繁殖的時期，春天小徑充滿熱鬧鼎沸的聲音。夏天是動植物猛茂生長的季節，能量滿溢、爆裂四射。這是季節上自然的差異，相同的是作者在兩篇文章中一貫的關懷，對自然、對土地的尊重，他時時不忘警醒對自然予取予求的現代人，應謙敬大地，敬畏自然。否則破壞自然生態平衡，趕盡殺絕的結果，必然換得大自然的反撲，人類將趨於毀滅之運。此外作者對「聲音」的掌握，並非完全從聽覺上著手，自然界豐盈生命力的滋長、萌發，本身就是一種聲音，二文都不直接描述春夏生物的聲音，也不從視覺上描摹春夏之景致，而從聽與視相輔相成的關係來描寫生命的聲音，從視覺上生物的成長，寫出聽覺上生命的聲響，語調委婉、哲思深刻，使人耳目一新，深有啓發。

現代小說卷

一、賴　和〈一桿『稱仔』〉

本　文

鎮南威麗村裡，住的人家，大都是勸儉、耐苦、平和、從順的農民。村中除了包辦官業的幾家勢豪，從事公職的幾家下級官吏，其餘都是窮苦的佔多數。

村中，秦得參的一家，尤其是窮困的慘痛，當他生下的時候，他父親早就死了。他在世，雖曾贌得幾畝田地耕作，他死了後，只剩下可憐的妻兒。若能得到業主的恩恤，田地繼續租給他們，雇用工人替她們種作，猶可得稍少利頭，以維持生計。但是富家人，誰肯讓他們的利益，給人家享。若然就不能成其富戶了。所以業主多得幾斗租穀，就轉贌給別人。他父親在世，汗血換來的錢，亦被他帶到地下去。他母子倆的生路，怕要絕望了。

鄰右看她母子倆的孤苦，多為之傷心，有些上了年紀的人，就替他們設法，因為餓死已經不是小事了。結局因鄰人的做媒，他母親就招贅一個夫婿進來。本來做後父的人，很少能體恤前夫的兒子。他後父，把他母親亦只視作一種機器，所以得參，不僅不能得到幸福，又多挨些打罵，他母親因此和後夫就不十分和睦。

幸他母親，耐勞苦、會打算，自己織草鞋、蓄雞鴨、養豚，辛辛苦苦，始能度那近於似人的生活。好容易，到得參九歲的那一年，他母就遣他，去替人家看牛，做長工。這時候，他後父已不大顧到家內，雖然他們母子倆，自己的勞力，經已可免凍餒的威脅。

得參十六歲的時候，他母親教他辭去了長工，回家裡來，想贌幾畝田耕作，可是這時候，贌田就不容易了。因為製糖會社，糖的利益大，雖農民們受過會社刻虧、剝奪，不願意種蔗，會社就加上「租聲」向業主爭贌，業主們若自己有利益，那管到農民的痛苦，田地就多被會社贌去了。有幾家說是有良心的業主，肯租給農民，亦要同會社一樣的「租聲」，得參就租不到田地。若做會社的勞工呢？有同牛馬一樣，他母親又不肯，只在家裡，等著做些散工。因他的氣力大，做事勤敏，就每天有人喚他工作，比較他做長工的時候，勞力輕省，得錢又多。又得他母親的刻儉，漸積下些錢來。光陰似矢，容易地又過了三年。到得參十八歲的時候，他母親唯一未了的心事，就是為得參娶妻。經她艱難勤苦積下的錢，已夠娶妻之用，就在村中，娶了一個種田的女兒。幸得過門以後，和得參還協力，到田裡工作，不讓一個男人。又值年成好，他一家的生計，暫不覺得困難。

得參的母親，在他二十一歲那年，得了一個男孫子，以後臉上已見時現著笑容，可是亦已衰老了。她心裡的欣慰，使她責任心亦漸放下，因為做母親的義務，經已克盡了。但二十年來的勞苦，使她有限的肉體，再不能支持。亦因責任觀念已弛，精神失了緊張，病魔遂乘虛侵入，病臥幾天，她面上現著十分滿足、快樂的樣子歸到天國去了。這時得參的後父，和他只存了名義上的關係，況他母已死，就各不相干了。

可憐的得參，他的幸福，已和他慈愛的母親，一併失去。

翌年，他又生下一女孩子。家裡頭因失去了母親，須他妻子自己照管，並且有了兒子的拖累，不能和他出外工作，進款就減少一半，所以得參自己不能不加倍工作，這樣辛苦著，過有四年，他的身體，就因過勞，伏下病根。在早季收穫的時候，他患著瘧疾，病了四、五天，才診過一次西醫，花去兩塊多錢，雖則輕快些，腳手尚覺乏力，在這煩忙的時候，而又是勤勉的得參，就不敢閑著在家裡，亦即耐苦到田裡去。到晚上回家，就覺得有點不好過，睡到夜半，寒熱再發起來，翌天已不能離床，這回他不敢再請西醫診治了。他心裡想，三天的工作，還不夠吃一服藥，那得那麼些錢花？但亦不能放他病著，就煎些不用錢的青草，或不多花錢的漢藥服食。雖未全都無效，總隔兩三天，發一回寒熱，經過有好幾個月，才不再發作。但腹已很脹滿。有人說，他是吃過多的青草致來的，有人說，那就叫脾腫，是吃過西藥所致。在得參總不介意，只礙不能工作，是他最煩惱的所在。

當得參病的時候，他妻子不能不出門去工作，只有讓孩子們在家裡啼哭，和得參呻吟聲相和著。一天或兩餐或一餐，雖不至餓死，一家人多陷入營養不良，猶其是孩子們，猶幸他妻子不再生育……

一直到年末。得參自己，才能做些輕的工作，看看「尾衙」到了，尚找不到相應的工作，若一至新春，萬事停辦了，更沒有做工的機會，所以須積蓄些新春半個月的食糧，得參的心裡，因此就分外煩惱而恐惶了。

末了，聽說鎮上生菜的販路很好。他就想做這項生意，無奈缺少本錢，又因心地坦白，不敢向人家告借，沒有法子，只得教他妻到外家走一遭。

一個小農民的妻子，那有闊的外家，得不到多大幫助，本是應該情理中的事，總難得她嫂子，待她還好，把她唯一的裝飾品——一根金花——借給她，教她去當鋪裡，押幾塊錢。暫作資本，這法子，在她當得帶了幾分危險，其外又別無法子，只得從權了。

一天早上，得參買一擔生菜回來，想吃過早飯，就到鎮上去，這時候，他妻子才覺到缺少一桿「稱仔」。「怎麼好？」得參想，「要買一桿，可是官廳的專利品，不是便宜的東西，那兒來得錢？」她妻子趕快到隔鄰去借一桿回來，幸鄰家的好意，把一桿尚覺新新的借來。因為巡警們，專在搜索小民的細故，來做他們的成績，犯罪的事件，發見得多，他們的高升就快。所以無中生有的事故，含冤莫訴的人們，向來是不勝枚舉。什麼通行取締、道路規則、飲食物規則、行旅法規、度量衡規紀，舉凡日常生活中的一舉一動，通在法的干涉、取締範圍中。——她妻子為慮萬一，就把新的「稱仔」借來。

這一天的生意，總算不壞，到市散，亦賺到一塊多錢，他就先糴些米，預備新春的糧食。過了幾天糧食足了，他就想，「今年家運太壞，明年家裡，總要換一換氣像才好，第一廳上奉祀的觀音畫像，要買新的，同時門聯亦要換，不可缺的金銀紙，香燭、亦要買。」再過幾天，生意屢好，他又想炊一灶年糕，就把糖米買回來。他妻子就忍不住，勸他說：「剩下的錢積積下，待贖取那金花，不是更要緊嗎？」得參回答說：「是，我亦不是把這事忘卻，不過今天才廿五，那筆錢不怕賺不來，就賺不來，本錢亦還在。當鋪裡遲早，總要一個月的利息。」一晚市散，要回家的時候，他又想到孩子們。新年不能有件新衣裳給他們，做父親的義務，有點不克盡的缺憾，雖不能使孩子們享到幸福，亦須給他們一點喜歡。他就剪了幾尺花布回去。把幾日來的利益，一總花掉。

這一天近午，一下級巡警，巡視到他擔前，目光注視到他擔上的生菜，他就殷勤地問：

「大人，要什麼不要？」

「汝的貨色比較新鮮。」巡警說。

得參接著又說：

「是，城市的人，總比鄉下人享用，不是上等東西，是不合脾胃。」

「花菜賣多少錢？」巡警問。

「大人要的，不用問價，肯要我的東西，就算運氣好。」參說。他就擇幾莖好的，用稻草貫著，恭敬地獻給他。

「不，稱稱看！」巡警幾番推辭著說。誠實的參，亦就掛上「稱仔」稱一稱，說：

「大人，真客氣啦！才一斤十四兩。」本來，經過秤稱過，就算買賣，就是有錢的交關，不是白要，亦不能說是贈與。

「不錯罷？」巡警說。

「不錯，本有兩斤足，因是大人要的……」參說。這句話是平常買賣的口吻，不是贈送的表示。

「稱仔不好罷，兩斤就兩斤，何須打扣？」巡警變色地說。

「不，還新新呢！」參泰然地回答。

「拿過來！」巡警赫怒了。

「稱花還很明瞭。」參從容地捧過去說。巡警接在手裡，約略考

察一下說：

「不堪用了，拿到警署去！」

「什麼緣故？修理不可嗎？」參說。

「不去嗎？」巡警怒叱著。「不去？畜生！」撲的一聲，巡警把「稱仔」打斷擲棄，隨抽出胸前的小帳子，把參的名姓、住處，記下。

氣憤憤地，回警署去。

參突遭這意外的羞辱，空抱著滿腹的憤恨，在擔邊失神地站著。

等巡警去遠了，才有幾個閒人，近他身邊來。一個較有年紀的說：「該死的東西，到市上來，只這規紀亦就不懂？要做什麼生意？汝說幾斤幾兩，難道他的錢汝敢拿嗎？」

「難道我們的東西，該白送給他的嗎？」參不平地回答。

「唉！汝不曉得他的厲害，汝還未嘗到他，青草膏的滋味」那有年紀的嘲笑地說。

「什麼？做官的就可任意凌辱人民嗎？」參說。

「硬漢！」有人說。眾人議論一回、批評一回，亦就散去。

得參回到家裡，夜飯前吃不下，只悶悶地一句話不說。經他妻子殷勤的探問，才把白天所遭的事告訴給她。

「寬心罷！」妻子說，「這幾天的所得，買一桿新的還給人家，剩下的猶足贖取那金花回來。休息罷，明天亦不用出去，新春要的物件，大概準備下，但是，今年運氣太壞，怕運裡帶有官符，經這一回事，明年快就出運，亦不一定。」

參休息過一天，看看沒有什麼動靜，況明天就是除夕日，只剩得一天的生意，他就安坐不來，絕早挑上菜擔，到鎮上去。此時，天色還未大亮，在曉景朦朧中，市上人聲，早就沸騰，使人愈感到「年華垂盡，人生頃刻」的悵惘。

到天亮後，各擔各色貨，多要完了，有的人，已收起擔頭，要回去圍爐，過那團圓的除夕，償一償終年的勞苦，享受著家庭的快樂。

當這時參又遇到那巡警。

「畜生，昨天跑那兒去？」巡警說。

「什麼？怎得隨便罵人？」參回說。

「畜生，到衙門去！」巡警說。

「去就去呢，什麼畜生？」參說。

巡警瞪他一眼便帶他上衙門去。

「汝秦得參嗎？」法官在座上問。

「是，小人，是。」參跪在地上回答說。

「汝曾犯過罪嗎？」法官。

「小人生來將三十歲了，曾未犯過一次法。」參。

「以前不管他，這回違犯著度量衡規則。」法官。

「唉！冤枉啊！」參。

「什麼？沒有這樣事嗎？」法官。

「這事是冤枉的啊！」參。

「但是，巡警的報告，總沒有錯啊！」法官。

「實在冤枉啊！」參。

「既然違犯了，總不能輕恕，只科罰汝三塊錢，就算是格外恩典。」

官。

「可是，沒有錢，」參。

「沒有錢，就坐監三天，有沒有？」官。

「沒有錢！」參說，在他心裡的打算：新春的閒時節，監禁三天，是不關係什麼，還是三塊錢的用處大，所以他就甘心去受監禁。

參的妻子，本想洗完了衣裳，才到當鋪裡去，贖取那根金花。還未曾出門，已聽到這凶消息，她想：在這時候，有誰可央托，有誰能為她奔走？愈想愈沒有法子，愈覺傷心，只有哭的一法，可以少舒心裡的痛苦，所以，只守在家裡哭。後經鄰右的勸慰、教導，才帶著金花的價錢，到衙門去，想探探消息。

鄉下人，一見巡警的面，就怕到五分，況是進衙門裡去，又是不見世面的婦人，心裡的驚恐，就可想而知了。她剛跨進郡衙的門跟，被一巡警的「要做什麼」的一聲呼喝，已嚇得倒退到門外去，幸有一十四來歲的小使，出來查問，她就哀求他，替伊探查，難得那孩子，童心還在，不會倚勢欺人，誠懇地，替伊設法，教她拿出三塊錢，代繳進去。

「才監禁下，什麼就釋出來？」參心裡，正在懷疑地自問。出來到衙前，看著她妻子。

「為什麼到這兒來？」參對著妻子問。

「聽……說被拉進去……」她微咽著聲回答。

「不犯到什麼事，不至殺頭怕什麼。」參怏怏地說。

他們來到街上，市已經散了，處處聽到「辭年」的爆竹聲。

「金花取回未？」參問她妻子。

「還未曾出門，就聽到這消息，我趕緊到衙門去，在那兒繳去三塊，現在還不夠。」妻子回答他說。

「唔！」參恍然地發出這一聲就拿出早上賺到的三塊錢，給他妻子說：

「我挑擔子回去，當鋪怕要關閉了，快一點去，取出就回來罷。」

「圍過爐」，孩子們因明早要絕早起來「開正」各已睡下，在作他們幸福的夢。參尚在室內踱來蹀去。經他妻子幾次的催促，他總沒有聽見似的，心裡只在想，總覺有一種，不明了的悲哀，只不住漏出幾聲的歎息，「人不像個人，畜生，誰願意做。這是什麼世間？活著倒不若死了快樂。」他喃喃地獨語著，忽又回憶到他母親死時，快樂的容貌。他已懷抱著最後的覺悟。

元旦，參的家裡，忽譁然發生一陣叫喊、哀鳴、啼哭。隨後，又聽著說：「什麼都沒有嗎？」「只「銀紙」備辦在，別的什麼都沒有。」

同時，市上亦盛傳著，一個夜巡的警吏，被殺在道上。

後　記

這一幕悲劇，看過好久，每欲描寫出來，但一經回憶，總被悲哀填滿了腦袋，不能著筆。近日看到法朗士的〈克拉格比〉，才覺這事，不一定在未開的國裡，凡強權行使的地上，總會發生，遂不顧文字的陋劣，就寫出給文家批判。

作於 1925 年 12 月 4 日夜

── 原載於《臺灣民報》92、93 號，1926 年 2 月 4 日、21 日

作　者

賴和（1894～1943），原名賴河，筆名有懶雲、甫三、走街先、灰、安都生等。彰化人。醫學校畢業後回故鄉彰化開設「賴和醫院」，地方父老尊稱為「和仔先」。行醫之餘，從事抗日文化工作，不僅加入「臺灣文化協會」，又主編《臺灣民報》「學藝欄」，培植新文學作家。後因「治警事件」（1923 年 12 月 16 日）被捕入獄。1925 年 8 月發表第一篇白話隨筆〈無題〉，同年十二月受彰化蔗農「二林事件」感發，撰就生平第一首白話詩〈覺悟下的犧牲 ── 寄二林事件戰友〉，自此積極投入臺灣新文學的創作。後又發表〈鬥鬧熱〉、〈一桿『稱仔』〉小說，這些作品實際代表了賴和日後文學創作的主題及三〇年代臺灣作家作品的共同主題與文學精神 ── 殖民地人民被壓迫、榨取的慘況，與臺灣舊社會陋習

的批判及弱者不屈不撓精神的發揚。此外，他也從各方面探討臺灣人的性格，表達了他的觀察與憂思。

賴和在臺灣新文學史上特別受到推崇與肯定，有「臺灣新文學之父」的美稱。實由於他激發了臺灣新文學的精神，樹立了臺灣作家的典範，提攜了不少年輕的文學工作者。他不僅開拓反殖民、反帝國主義、反傳統陋習的文學內容，更開創了臺灣話文的文學語言形式，他他的小說總是盡量融入閩南方言，使臺灣人民的口吻神情，活靈活現如在目前。作品有《賴和全集》(賴和文教基金會出版)。

賞　讀

一桿『稱仔』是賴和的第二篇小說，小說描述身爲佃農後代的的秦得參，在製糖會社的剝奪下，租不到田地，不得不轉爲菜農，只因巡警索賄不成，平時賴以維生的稱仔也被折斷，還被以違反度量衡規則入罪，秦得參在遭到種種羞辱後，深感生存的悲哀，乃抱必死的覺悟，選擇與巡警同歸於盡。小說強烈批判了日本殖民體制對臺灣庶民的經濟掠奪，並指控日警欺凌善良百姓的的殘酷行徑，對弱者寄予無限的同情，甚至暗示受壓迫的同胞，挺身對抗殖民不公不義的統治。

小說的時代背景是十九世紀末期、二十世紀初期臺灣淪爲日本近代殖民地時半封建半資本的社會，日本當局爲使臺灣由封建形態轉變爲資本主義化，自一八九七年後臺灣總督府便陸續推行「貨幣法」、「臺灣地籍規則」、「臺灣度量衡條例」等，將臺灣推入資本主義化，而殖民主義的民族問題及內部社會問題也日漸尖銳化。秦得參即是資本主義下層的勞動菜農，在面臨資本主義的

「法」或殖民主義的「法」時，永遠只是弱勢而渺小的，被統治者置之罔顧，法之所以爲法，不過是殖民者自欺欺人的騙局。本文爲這段歷史做了最好的見證與詮釋。小說可分兩部分：

第一部分從小說開頭到秦得參決定賣菜的前一段。這一部分主要是交代秦得參近三十年的生命史。或謂「入題太緩」，描寫不夠生動，不過這一部分的描寫卻也是全篇小說不可或缺的。這裡描寫了得參一家住在鎭南威麗村，父親是佃農，他出生時父親便過世了，田地爲業主收回。母親不得已招贅了後父，但後父並不顧家，母親只好身兼父職，織草鞋、畜雞鴨、養豬。得參九歲時，母親便讓他幫人看牛，做長工，以貼補家計。十六歲時，母親要他辭去長工，準備租田耕作，但製糖會社加入競爭行列，因此地主沒讓他們承租。母親不忍他去會社，淪爲會社的廉價勞工，因此要他留在家中，幫農家做散工。由於他力氣大，又勤快，母親又很節儉，家裡有了些積蓄。十八歲時，他娶了農家女爲妻，多了幫手，一家生計穩定下來。可惜在他二十一歲時得子後，母親過世。翌年又得一女，妻子必須留家中照顧兒女。得參因加倍工作，終於累出病來，得了瘧疾，不能工作，家庭陷入愁雲慘霧中。

第二部分描述得參決定賣菜後的情形，是全篇重點所在，在人物塑造、對話、動作與細節描繪上都非常鮮活，簡潔生動，充滿張力。這一部分寫得參眼看尾牙將至，決定賣青菜，積蓄新春食糧，於是妻子向娘家嫂子借得金花典當爲資本，又向鄰人借得尙新的「稱仔」爲工具。頭幾天收入不錯，他都花在辦年貨，及爲子女買新衣。在除夕之前兩日，得參遇到巡警，這巡警僞稱要買菜，其實是要他贈送，得參老實，以爲少算斤兩，便能討得巡警的歡心。不料巡警勃然大怒，把他借來的「稱仔」當場折斷，還記下姓名、住所；得參意外受辱，只得在家避禍一天。除夕清晨他又挑了擔子上鎮賣菜，巡警故意來找麻煩，因一句畜生惹惱了得參，與巡警起了爭執，巡警將他押進衙門，法官判他違犯度量衡規則罪，罰金三圓，得參不肯繳罰金，寧可坐監三天。後來秦妻繳了罰款，才得釋回。除夕夜，圍過爐，孩子們都睡了，他卻抱著最後的覺悟，毅然決然殺警再自殺。

綜合以上所述，閱讀時應留意以下幾點：

一、本篇小說的情節發展是以主角秦得參的一生及最後幾天爲時間線索。秦得參近三十年的生命，正好與已割台三十年的臺灣同長（本文寫於西元一九二五年歲末，距一八九五年臺灣割日，剛好三十年）。作者似乎以主角苦難的一生隱括整個臺灣自割日以來殖民地人民整體的悲慘命運。小說主角名爲秦得參，臺灣人姓秦的很少，秦得參三字，以閩南方言讀之跟「真的慘」音讀相近，雙關了其一生的遭遇，孤苦、慘痛、可憐、凍餒、煩惱、嘆息、悲戚、冤枉、同歸於盡等等，這樣的人生，這樣的遭遇，真的是有夠悽慘。

二、「稱仔」是「法」的象徵，在小說中有線可尋。當秦得參買得生菜想去鎮上販賣時，「他妻子爲慮萬一，就把新的『稱仔』借來。」「因爲巡警們，專在搜索小民的細故，來做他們的成績，犯罪的事件，發見得多，他們的高昇就快。所以無中生有的事故，含冤莫訴的人民，向來是不勝枚舉。什麼通行取締、道路規則、飲食物規則、行旅法規、度量衡規紀，舉凡日常生活中的一舉一動，通在法的干涉、取締範圍中。」可見一般老百姓「感到這一官廳的專利品」的「稱仔」即代表「法」，他們並未感受到「法」是保障生活權益的，反而視之爲「干涉」、「取締」，主要的緣故即在於執法的日警以之做爲高昇的利器。這桿稱仔被巡警打斷擲棄，不僅說明了失去賴以謀生的工具，也象徵法律原本應有的公正客觀遭到毀壞，由於毀壞者代表立法的日本官方，因此凸顯了立法者自毀其法的荒謬。又由於立法的目的並不在保障人民的權益，而是鞏固執法者的不法統治，因此「稱仔」的毀壞無形中也就拆穿了執法者實際上是披法而違法、亂法。小說題目的稱仔，特別加上雙引號，其深意由此可見。傳統的稱仔竟然不符現代度量衡規則，菜販直樸的良心也抵不過巡警貪婪的嘴臉，美其名是現代化的法治，其實不過是統治者的強權，顯示出傳統的、民間的、臺灣民眾所追求的正直公平的價值，如同稱仔一般地遭到打斷擲棄。再者，稱仔也象徵人間的平等，但在日人自視高高在上，動輒罵秦得參是畜生的行徑中，也就全無平等可言，標準、平直的稱仔最後被打斷，也就像善良、正直的得參寧折而不屈。

三、小說的高潮安排在一年的最後一天—除夕（也是主角一生中的最後一天），除夕本是一家團聚的日子，本應充滿喜樂歡悅的，但因日本巡警的壓迫凌辱，主角選擇了玉石俱焚，他的家庭也在這一天被摧毀了。小說以喜襯悲，更凸顯其「悲喜」的強烈對比。文末賴和寫到「元旦，參的家裡……只『銀紙』備辦在，別的什麼都沒有。」又說「同時，市上亦盛傳著，一個夜巡的警吏，被殺在道上。」以較含蓄內斂之筆，揭露強權不義的統治，必將引發受壓迫凌辱庶民的反抗。這裡省略了得參殺警並自殺的過程，僅描寫兩人同夜死亡。因在日本殖民強權統治下，為了避免無謂的牢獄之災，作者不得不採取迂迴方式來寫。同時這樣的結尾，一改前文的正面直接描寫，改為自側面聽秦得參家中傳出的慌亂，畫面上沒有主角實際的動作，卻由畫面外的聲音交代情節、渲染情緒。「看不到」，反而更具想像空間，增加了感染力。

四、小說中另一重要政治因素是日本警察。在日軍剛剛進入臺灣，各級地方行政機構還沒建立以前，警察網就已經遍佈全島。

警察權力極大，除一般警務外，對戶籍、保安、兵役、徵役、防火、防空、防疫、衛生、徵稅、派捐、經濟管制、強制收購土地等等，無所不管。甚至連人民日常生活中的冠婚祭葬、演戲娛樂，也加以干涉。臺灣民間對橫暴貪婪，無惡不作的日警，私下稱以「草地皇帝」。日本學者鹽見俊二認爲日本在台的經濟政策，「必待警察的支持，始能推行。」他指出臺灣日警的特殊魄力，「固然，世界任何國家的殖民地，其警察力無不與其經濟政策的實施有關；但其關係之強烈與普遍，則世界任何殖民地都不如臺灣之甚。」而這個「世界上未嘗有的」、「強大的警察國家的體制」，一直維持到日本戰敗爲止。甚至到了日據末期，爲了日本侵略戰爭的需要，日本在台灣強徵三十萬左右的青年，「而這樣大量的勞力動員」必須依賴警察才能完成。從這些可以看出日警是如何徹底地執行著殖民政府的暴虐政策。

五、一桿『稱仔』是篇以寫實手法表達的作品，作者對於秦得參生長過程的描寫極清楚，九歲、十六歲、十八歲、二十一歲如何等，都有詳細交代。對於看西醫花掉多少錢、金花典當多少錢、科罰多少錢、坐監幾天、小使幾歲等等，作者都不厭其煩記下來，既強調了其取材的真實性，也強調了日警橫暴苛虐臺灣人民的真實情況。小說結束後，作者有一段現身說法的獨白，這一段文字說明爲其取材的現實性做了註腳，同時也說明了這類悲慘的事，不一定在台灣這未開發國家發生，在法國、凡是強權行使的土地上，總會發生。作者處理時極具技巧，小說自始至終未直接出現日本警察的字眼或明指時空背景是日本殖民統治，但明眼人一看就知道是日據臺灣的背景，這可讓日本殖民政府不致因此興師問罪，也可使其在被批判之餘認清人民的力量。

需說明的是，後記這一段文字陳述了作者的寫作動機、立場，對讀者閱讀有其影響。在發表時原是以低兩格的方式編排，與小說正文有區隔，某些教本將之置於最後一段，影響了小說結尾令人震撼的強度，也削減了作者獨白的震撼力，修訂本應考慮恢復其原貌。

至於克拉格比小說的內容亦應有所理解，方能掌握法朗士一九〇一年創作的這篇短篇小說如何影響賴和的〈一桿『稱仔』〉。克拉格比的法文原名爲 L' Affaire Crainquebille，目前可見的音譯有克蘭比爾、克蘭克比爾，義譯或作恐怖事件。故事大要是：克拉格比是個叫賣菜的小販，樸實苦幹，從早到晚在街上叫賣已經五十年了。十月二十日那天，他正在與一個鞋店老闆娘爲一捆大蔥討價還價時，64 號警察要他把菜攤推走。但他因等老闆娘付錢（十五個蘇），與警察發生爭執，引起交通混亂，警察以違警罪把他抓到看守所，同時指控他罵警察是「該死的母牛」，不管在場的醫生證人如何替他辯護，法庭經過繁瑣的審判與辯護後仍判他有罪，判處十五天拘役和五十法朗的罰款。出獄後的克拉格比依然上街賣菜，可是街坊知道他曾蹲過監獄，以爲他是壞人，不再買他的菜，人們都裝做不認識他，連欠他的錢也不還。民眾奚落他、輿論摒棄他，導致他開始酗酒，與人吵架，精神完全崩潰了。最後他走投無路，天真地以爲再進入牢房總比餓死街頭好，因此企圖想讓警察重新把他抓到監獄裡去，他故意去罵警察是「該死的母牛」，恰恰碰到一個好脾氣的警察，沒有捉住他。小說最後寫道：他垂頭喪氣，冒著雨向黑夜的深處走去。故事主要是揭露了司法制度的階級偏見和窮人得不到保護。賴和此篇同樣揭露當時司法的偏頗，庶民受迫凌辱的苦楚，這導致主角最後選擇付出生命以抗暴，見出其時代環境較諸克拉格比更惡劣。教學時尤宜考慮當今社會的自殺風氣，指引同學在面臨人生困境、凌辱時，應該培養冷靜應對的智慧，思考所面對的險惡環境，求取最圓滿的結果。

此外，小說中一桿『稱仔』有相當的重要性，其實一根金花亦佔了相當份量，尤其是小說後半部多處提到贖取金花細節，及秦得參被誣指違犯度量衡規則因之被科罰的三塊錢相當於贖金花的錢，甚至秦得參一出獄念之在茲的便是金花是否已贖回？賴和藉此刻畫出農業時代善良質樸的人民，無須通過「法」的束縛，即在日用人倫之間充分體現出其守信的美德、淳樸的民風。通過對一根金花象徵意義的掌握，一桿稱仔的意義也就更能完整凸顯出來。

二、賴　和〈豐作〉

本　文

「發育這樣好，無二十五萬，二十萬準有。」添福兄心裡私自揣測著，農會技手也來看過，也獎賞我栽培去好，會社也來計算過，講無定著一等賞會被我得來。一想到一等賞，添福兄的嘴角，就禁不住要露出歡喜的微笑來。他一面私自笑一面還在繼續著想，「粟現在雖然較起，也即四十圓左右，甘蔗一等五十四、二等五十二，甲當，準二等算，十八萬、十八萬五十二圓，這就有九百三十六圓，粟一甲六十五石，四十二圓，也即二百七十二圓，除去頭家的租金，還有六百六十四圓，豆粕八十塊，燐酸十二包，共要一百五十多圓，蔗種三萬五，會社雖未發表，一種準五厘算，共一百七十五圓，踏種自己的工可以勿算，除草三次，除去自己以外，尚要五十工，一工五角共二十五圓，防風的設備，竹、鉛線，啊！這一項竟開去三十二圓外，自己二人還做去二十四工，水租八圓半，採伐的時候，另要割蔗根的工錢，一萬大約二圓，一甲就要三十六圓，這樣算起來一甲還有三百圓長，我做這一筆二甲零，任他怎樣去扣除，至少也有五百圓賺，年終要給兒子娶媳婦的錢都便便了。」想到這裡，添福兄的心內真是得意到無可形容。

「哈哈！徼倖！今年的蔗價，在年頭就發表，用舊年的粟價做標準，所以定得較好，以前逐年都會社贏去，做田人總了錢。哼！今年，今年會社準輸，糖現在講又落價，哼！」添福兄猶自一個人坐在店仔頭，嘴咬著煙管，想到他的甘蔗好，價格也好，準賺錢，真像報復了深仇一樣的暢快，嘴角不時笑到流下口沫來。

看看甘蔗的採伐期到了，蔗農們忽然大家都不安、都騷動起來，因為會社發表了新的採伐規則，在這規則裡最要緊的是：

「凡甘蔗有臭心的皆要削掉。

凡要納入的甘蔗，蔗葉蔗根併附著的塗，須要十分掃除。

凡被會社認為掃除不十分的甘蔗，應扣去相當斤量，其應扣的重量，由會社認定。」

蔗農們議論紛紛，總講他們的結論，都是一樣地在講會社起拗蠻。因為今年的粟價較有些低落，蔗價在年頭定了有較好些，看見農民得有些利益，會社便變出臉來。蔗農們大家都不愿。不愿雖然在不愿，卻不知道要怎樣，纔能爭回他們的利益，這時候專門擾亂社會安寧的不良份子，獻身於農民運動的人，便乘著這難得的機會，出來活躍搧動，一些較不安份的農民，平時對會社就抱著不滿，與及前年因為被強制插蔗，虧去了做息本，希望著今年要掙回些少本錢的農民，聽講有法度好計較，大家都走到他的指導下去。

會社也飼不少爪牙，關於這起事，早就在注視蔗農們有什麼舉動，這規則會引起他們的不平反對，會社在先就有覺悟，所以也準備好對付的方法在等待著。

忽一早起，會社方在開始辦事的時間，有一大群蔗農擁到事務室去，會社雖然自早就在注意，但是這一舉竟為爪牙嗅不到，出乎他們意料外，所以也就狼狽起來，有幾個像是被推舉的代表，進事務室去，要求工場長會面，這時候他尚未出勤，事務員便有所藉口，暫時讓代表們在應接室等待，便趕緊去告急，在惶急的時候，雖只一些時間，在他們已有重大的效用。

添福兄聽著會社新定的採伐規則，也真不平，但是他卻還自信他的蔗種去好，農會的技手、會社的技師，都講他會得到獎勵金，設使被會社怎樣去扣除，當然不會扣至十八萬以下，所以在添福兄自己，並不怎樣失望，大家要去包圍會社的時，他也不敢去參加，他恐驚因這層事，叛逆會社，得獎勵金的資格會被取消去，他辛辛苦苦，用比別人加三、四倍的工夫，去栽培去照顧，這勞力豈不是便成水泡，所以他總在觀望，在等待消息，他的心理也在祝禱這次交涉，能得有好結果。

等到過午纔看見一大群人返來，問起結果怎樣，大家也不知道，他們是被解散被驅逐，像羊群一般被幾個大人押返來的。

「啊！竟勞動到官廳起來，」添福兄看見這款式，不禁在心裡駭叫著，身軀也有些顫戰，他本能地回想起二林事件的恐懼。

「代表們怎無返來。是被檢束去不是？」

「怎樣便會被檢束？」這句應答，帶有鄙笑意。

「無？怎無看見？」

「還在和工場長交涉。」這句話纔使添福兄驚懼的心，小可鎮定。

「以前是在獎勵期中，會社不要怎計較，所以量約，但是這幾年來，會社真虧本 —— 是虧到配當去，每年配當總有二十成 —— 所以就較認真一點，這是極當然的，譬論恁大家去買物，要買好的也要買壞的？削去臭心，扣除夾雜物，不是極應該的嗎？不過凡事可以商量，恁大家若講這法度不好，也可講究別的方法，照恁永過的慣例，大家來分糖也好，看恁怎樣？」

這是在公正的官廳立會之下，被認為最合理的回答，也是代表們帶返來給大家的，這次交涉的結果。

「分糖？這樣糖價的時候，會社纔講分糖，分來要去賣給誰？不敢和他們辯論一兩句？當代表幹什麼呢！」因為交涉是失敗了，便有人罵起代表的無能來。

「幹麼！替恁去當西虜，在會社個個都惡爬爬，不認失心要加講幾句，哼！你就曉得。恁較能幹，何不做頭前，閃在後面講涼腔話」。這也難怪做代表們的憤慨不平。

「幹！攏是那些人的變鬼，叫人去死，自己一點也不敢露出頭面。」又有對指導者發出攻擊的毒矢。

「講起來攏是組合（蔗農組合）的人不好，都無奈人何，偏要出來弄鬼。險惹出事來，像二林那一年，不知害著多少人。」欠訓練的民眾，尤其是無理解的農民，講話卻似乎真有情理。

添福兄總是不失他的傍觀態度，也不發表他個人的意見，他深信他會得到獎勵金，自然他不愿去和會社分糖，他是承認了新定的採伐規則。結局這規則不僅添福兄一人承認，到後來也不見有一個人講要去和會社分糖。

這一場小騷動，算會社善於措置，只一些時便平靜下去，過不幾日會社便動起工來，新聞紙上也看見這樣記事。

「××製糖××工場，自×月×日開廍，C區T區現在已經採收完了，其成績去推定不遠，產糖的步留亦佳，舉以前未有的成績，增加約有二成半。」

但和這記事發表同時，C區和T區的農民，又很不平地呼喊起來，因為採收所得的結果，蔗作的成績，和推定產額差去很遠，約減有五分之二。平素是替會社奔走的甘蔗委員，這時也懷疑起來，「雖怎樣去折扣，減去百分之五，已經是大大的影響了，何況減要對半，豈有此理，削去臭心也不會削去那麼多，這的確是磅庭在作祟，秤量不公道。」他們不惜工夫，將另外一台甘蔗詳細量過，暗做記號，和別的一齊給運搬機關車牽走去。經過磅庭，領出甘蔗單，這一意外，使兩個甘蔗委員，也驚到吐出舌來，差他們量過的約四千斤，那個種蔗的人看到這款式，不待委員的指示，便去請警官來立會，要求重再磅看。再磅的結果和單上所記的斤量，依然一致，立會的警官面便變起來，那個種蔗的人卻驚得面色死白，兩個委員著實也不可思議，便去講給那警官聽：

「這一台我們預先秤量過，確差有四千斤。」

「馬鹿，你無看見，再磅的不是同樣？」

「所以奇怪，我們是真詳細量過，你看！這樣一台向來總是在一萬斤以上。」

「今年的甘蔗大概是較無糖分，所以較輕。」

「不是，到今日的成績，步留講增加有二成以上，糖分那會較少，而且臭的通通削掉。」

「敢是這秤量器有故障？」

「不一定，我們來試試看。」

兩個甘蔗委員，和一個警察大人，便同時立到磅台上去，警察大人看到所量的結果，自己也好笑起來，三個人共得二十七斤。這時候他的先見已經證實，隨時去和會社商量，這磅庭便臨時停止使用，所有未磅過的一概移向別的磅庭，別的蔗農不知為什麼緣故，要多費這一番手腳，多在埋怨，來到會社的農民，他們所最注意的，是蔗單和食券，磅過甘蔗的，各個人都在爭先領取，食過中午，要趕緊返去做下半晡的工作。在麵店仔食中午的時候，各個蔗農所談論的一樣是關於今年的甘蔗，怎會這樣無重量的問題，講各人雖然都曉得講，卻無一個人要去根究它無重量的原因。

添福兄的甘蔗已經全部採收了，他是極信著會社，領到蔗單，他自己不識字，卻也不去請教別人看，待到要發錢的時候，始提到事務室去換手形，他接到手形和一張計算書，忽然好膽起來，很恭敬地對著那事務員問：

「獎勵金有在內麼？」

「獎勵金是另外授與的，你的單我看！」看過單那事務員便又對添福兄講，「你的蔗，甲當尚不上十八萬，那會有獎勵金？」

「啥貨？不上十八萬？在品評的時，農會和會社的技手，都講我的蔗種去真好，推定生產量當有二十五萬，一等無的確，二等是允有，怎樣甲當不上十八萬？」

「哦！這我就不知道，你返去問恁區委員。」那事務員笑著回答他，這笑使添福兄惶惑起來，不知道是笑他憨想，也是笑他什麼，他已失去再問的勇氣，面紅紅走出事務室，並那張手形是記有多少錢也沒問明白。

「前借金七百四十圓，」添福兄去拜託人給伊看計算書時，聽見念著這一條，便一面想一面應答。

「這一條，有有。」

「肥料代二百七十六圓。」

「這一條，也有。」

「種苗代二百五十圓。」

「啊！橫逆一種正實算五厘。」

「利息共七十五圓六角六。」

「怎麼算？利息竟會那麼多！」

「不知道！這單上所記的就是這款。」

「總共千三百四十一圓六角六，甘蔗三十六萬二千四百斤。價格千八百八十四圓四角八，你領多少出來？」

「五百四十二圓八角二。」

「著啦，無差錯。」

添福兄帶著錢要去算還頭家晚冬的租金和米店的賬，雜穀店的豆粕錢，一路上私自計算著，三七尾廿二石，一車廿二圓算，須要一百七十六圓四角六，豆粕說還要九十多圓。「啊！」他這時候纔覺得自己是被騙了，他想起委員來勸誘他加入競作時講的話，「肥要加下些，會社配出來的不夠，要二十萬以上的生產，要加下些」，「加下？」現在不是加了工更加了錢？但是也覺得這時反悔已經無用，也就不去想它，復算起他的賬來，米店雖只二十外圓，三條總共已經二百八十餘，扣除起來，只剩有二百六十零圓，後冬二甲餘地的肥料粟種，掘蔗頭、犁、駛手耙、刈耙，自己的工可以免算，播稻、除草，尚有到收成時，這五箇月的春糧所費呢？替兒子娶媳婦？啊！伊娘咧！添福兄想到這所在，摸摸帶著的錢，就不忍便去算給別人，翻著頭向他自己家裡返去。

「添福兄！好空（走運，有錢）啦！領有一千多圓無？」保正伯兼甘蔗委員曉得他領錢回來，便來收取自動車的寄附金。

「看見鬼！一千？也無五百。」

「怎樣無？你的蔗敢不是有五十多萬？」

「是咧！大家都講有，怎樣採收起來只有三十外萬？」

「嘿！著奇怪咯，是什麼緣故？」

「都不知咧，伊娘咧！會社搶人！」

「現在我也不管怎樣，那一條寄附金，你講領了蔗金就要繳，也著來完咯。」

「那一條？自動車的寄附金是麼？你自己記落去的，我不知道，我自早就同你講沒有錢。」

「不好這款，僅僅十圓，你的甘蔗那樣豐收，只提你獎勵金的十分一。」

「看見鬼，那有獎勵金？」

「怎樣？無？」

「獎勵金？給你害到要去做乞食，獎勵金？」

── 原載於「台灣新民報」三九六、三九七號，一九三二年一月一日、九日。本文曾由楊逵先生譯成日文刊載於東京出版的《文學案內》二卷一號（新年號），一九三六年一月。

題　解

本文選自前衛出版社印行的《賴和集》。賴和爲台灣新文學的啓蒙者，其作品反映了當時的社會，尤其是日本殖民統治下的經濟剝削情形。

小說內容描述蔗農添福，爲了獲得製糖會社的超額生產獎金，辛苦終年，用心種蔗。在甘蔗採發期到了時，會社卻發表了新的採發規則，剝削蔗民的利益，以致引起所有蔗民的騷動。當別人成群結隊刀爲會社抗議時，他寧可觀望等待，不敢貿然去抗爭，以免拿不到獎金。但結果仍被製糖會社，使用動過手腳的磅秤加以剋扣，以致達不到超額生產的標準，給兒子娶媳婦的美夢也因而落空。

從小說篇名觀之，「豐作」實寓有反諷之深意，一者，甘蔗豐收，卻落得血本無歸，美夢成空，台灣蔗農的處境可想而知，更何況在收成不好的時候呢？二者，蔗農所種甘蔗，都由製糖會社收購，比起其他農民，蔗農已多了一層保障，如果連蔗農的處境都如此悲慘，全體農民的命運也就可想而知了。

日本學者矢內原忠雄在《帝國主義下的台灣》一書中說：「製糖會社採取土地所有並自家經營甘蔗栽培，導致農民變成純粹的農業勞動者。賃代會社所有地或贌耕地的佃農也同樣因得在會社指揮監督下，從事種植甘蔗，所以其經濟關係上的本質也已變成會社所雇用的勞動者。同時，連會社所要從自耕農收買甘蔗之際，這自耕農受到耕作資金前貸制度所制約，而負必定要生產所定數量的甘蔗之義務；又再受到原了採取區域制度所制約，而被指定把所生產的甘蔗只能賣給該地區的製糖場，並被禁止把甘蔗作為製糖原料以外的消耗。不僅如此，年年的甘蔗收買價格卻得任由會社擅自決定，以致令蔗農不得不屈服在會社的隸屬關係之下。」堂也是日本帝國主義在台灣最成功的經營，但也犧牲廣大的農民。日本統治時期台灣民間流行的諺語說：「第一憨，種甘蔗給會社磅。」充分說明了蔗農被剝削的慘況。

賴和這篇小說發表於西元一九三二年，所處理的正式在此一背景下，製糖會社對於農民的壓榨。

作者

見前述。（略）。

賞讀

〈豐作〉是一篇刻畫日本殖民統治對臺灣農民經濟掠奪的典

型小說。蔗農添福的遭遇，其實也反映了殖民地人民整體的命運。

小說共分四部分：

第一部分寫主角添福喜孜孜的心情。他預估他所種植的甘蔗豐收，可以賣得好價格，加上他可能獲得的獎勵金，年終娶兒媳婦自然沒問題的。這一部份的敘述也帶出往年蔗農一直被製糖會社剝削的現象，所以添福想到今年會社輸定了，而總算輪到他賺錢時，他「真像報復了深仇一樣的暢快，嘴裡不時笑到留下口沫來。」然而這樣的歡心，並沒有持續太久。

第二部分即寫製糖會社到了甘蔗的採伐期，便暴露其真面目。它「及時」發表了頗爲嚴苛的新的採伐規則，尤其掃除不夠乾淨的甘蔗，要由會社扣去相當斤重。因此農民派代表到會社抗議，會社假裝退讓，提議農民若不願接受新的採伐規則，就改用分堂來配當（分紅），但以前農民爭分糖，是因爲會社把收購的蔗價定得很低，農民分糖可以自己賣得好價格。今年收購的蔗價定得很高，甘蔗又豐收，糖價下跌，農民分糖又賣給誰？這個辦法當然不能接受，這次抗爭的結果，終究失敗了。這一部份寫出農民是無法與製糖會社相爭的，農民注定永遠處於不得不吃虧困境中。

當農民爲新採伐規則憤憤不平，派代表與製糖會社交涉時，添福一直保持旁觀的態度。他太老實，以致未能認清製糖會社的真面目，他不敢叛逆會社，怕被取消獎勵金的資格。這對添福的心裡掌握相當成功，在小說中間有關交涉過程的敘述，加進添福內心的想法，使得主角仍居小說的重心，就小說結構的經營上看來，實爲高明。除了添福之外，那些原先支持派代表去談判的人，等到談判沒有成果，也反過來批判力主爭取的代表。從這裡我們也可看到另外一些人，一遇挫折就怨怪別人，膽怯退縮，於是持續而有力的抗爭遂不可能產生。結局自是這新的採伐規則「不僅添福兄一人承認，到後來也不見有一個人講要去和會社分糖。」會社的變本加厲自是可以想見。這一部分不僅在描寫製糖會社對農民的剝削，也呈現臺灣農民懦弱與苟且的性格。賴和不但指責強者的壓榨，也對弱者太順從、柔順的性格有所憂慮。

第三部分緊承第二部分，寫騷動平靜後，製糖會社在收購甘蔗用的磅秤上動手腳，使實際重量減少將近一半，連平日替會社奔走的甘蔗委員，也感到驚訝。後來雖然證實磅庭有問題，但老實的農民仍忙於下田工作，沒有人去會社追根究底。這樣的性格和第二部份結尾說沒有人去和會社分糖是一樣的。

第四部份寫添福原先被推定一甲二十五萬產量的，結果十八萬都沒有，根本得不到獎金，他預估五十多萬斤的甘蔗，結果只「收」了三十來萬；本來預算可以從會社拿到九百三十多圓的（見第一部份），現在竟只拿了五百四十多圓。扣除種苗、肥料、利息……，簡直血本無歸。最後他懊惱不已，終於迸出「會社搶人！」的憤慨心聲。就這樣，老實的農民在甘蔗豐收的時候，卻蒙受了重大的損失。閱讀時宜再掌握以下個要點：

一、豐作是賴和短篇小說中相當具有鄉土特色的作品，而盡量融入閩南方言的表現方式，使臺灣農民的口吻神情，活靈活現如在目前。篇名「豐作」及主角「添福」的命名，都擬得相當好，具有強烈的反諷意味。作物豐收並未帶來實質的利益，添福不僅「添」不了任何福份，豐美的甘蔗，反硬生生被剋扣而減了斤兩。

二、小說依照事件的發生先後敘寫，其中前後部分形成鮮明的對比，一開始的歡喜微笑，經過會社的層層剝削後，轉為失望、憤怒，尤其結尾部分與保正伯的一段對話，頗為生動傳神。而第二、三部分，對於添福心裡的掌握也相當細膩，讓讀者深刻理解到他一直保持不聞不問的態度的原因。

三、本文是一篇以寫實手法表達的作品，作者對於蔗農的各項種植成本計算極精細，一甲當產量多少、米價多少、蔗價多少，需要的種苗代金、肥料代金、肥料的種類、利息、水租，三人跳到磅秤上的重量等等，作者都不厭其煩的記下來，既強調了其取材的真實性，也強調了會社壓榨、剝削農民的真實情況。從這篇作品來看，毫無異議的，作者是位相當關心社會的人。

四、在本文中象徵精確、客觀的稱量工具－磅仔，被製糖會社任意動了手腳，無情剋扣了農民辛苦的血汗。本文也跟一桿『稱仔』一樣，稱仔、磅仔都具有象徵之意義，並可擴及法度之問題。這裡頭包含著作者的微言大義。稱仔是稱量的工具，它必須精確而客觀，如同「法」也必須精確而客觀，然而稱仔被代表執法者的日本巡警折斷；在本文中象徵精確、客觀的磅仔，也同樣被任意動了手腳。作者藉著理應絕對客觀的工具，徹底揭露出支配者的不公、不義。所謂「法」無非是這些人的護身符罷了！無非是無法無天罷了！

五、豐作不僅抨擊了製糖會社對蔗農的經濟剝削，也吐露了作者對若干農民自私、膽怯性格的憂慮。小說的添福很安分，未去抗爭，並沒讓他倖免於被剝削，作者似也有意借添福的表現，來說明在殖民統治下，和統治者、會社妥協、合作的結果，只有蝕得更爲徹底。

二、三〇年代臺灣社會運動中，發展得最蓬勃的無疑要數農民組合運動。作者在本文中輕輕舉到二林事件，其實是有以藉此說明製糖會社的長期剝削。從這個背景來看，〈豐作〉無疑是一篇能掌握時代脈動、深刻體會農民心聲的佳作。

三、楊千鶴〈花開時節〉

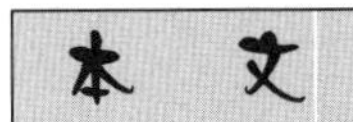

略。

作者

楊千鶴（1921～），台北市人，先後畢業於台北第二師範附屬公學校、台北靜修高等女學校、台北女子高等學院。1940 年 10 月經由朋友介紹，擔任臺灣帝國大學理農學部中村副教授的助手。不久發覺台、日薪資的不平等待遇，憤而欲辭職，後勉爲其難工作一個月。次年 6 月進入當時臺灣最大報社，日人經營的《臺灣日日新報》，擔任家庭文化欄記者，其時她提出「與日本人同工同酬」爲條件，膽識可謂過人。後陸續得以結識張文環、呂赫若、龍瑛宗、黃得時、楊雲萍、吳新榮、郭水潭、陳逸松、金關丈夫教授、池田敏雄、立石鐵臣、宮田彌太郎等文學界人士。除了爲數不少的採訪稿刊登於《臺灣日日新報》外，她還發表了一系列隨筆於《文藝臺灣》、《民俗臺灣》、《臺灣藝術》、《臺灣時報》、《臺灣公論》等雜誌報刊上，作品有：〈待嫁女兒心〉、〈旗袍〉、〈買東西〉、〈賣唱人〉、〈有小孩的風景〉、〈少女的表情〉、〈母親與過年〉、〈女人的宿命〉等。這些作品對當時家庭主婦思想文化教育有一定的提升作用。而 1942 年 7 月發表於《臺灣文學》上的日文短篇小說〈花開時節〉，在爲數不多的女性小說中，迄今仍備受重視。其時男性作家們的作品，充滿了爲淒涼的宿命所凌虐的女性，而本篇以女性特有的細膩、獨立、自信，生動描繪了女性鮮爲人知的微妙心理，與同時代男作家的寫作風貌截然不同。

1943 年結婚，面臨封建家庭婆婆的驅使，1953 年又經歷丈夫被政治迫害判刑七年的悲慘命運，作者本其一貫的堅忍與執著不妥協的過人毅力，尤其是對母親真摯緬懷的信念，得以在矛盾、掙扎、煎熬中走出一片亮麗的天地。1993 年夏出版了回憶錄《人生的三稜鏡》，是一本由作者親自撰寫的「女性傳記文學」，此書既爲時代歷史作見證，也爲臺灣文學留下珍貴的參考文獻。

賞　讀

〈花開時節〉隱喻了人生的一個階段：少女們蹣跚走出學校大門，面對了未來複雜多彩的人生，她們還沒有足夠的心理準備論婚嫁，爲人婦，還充滿著對少女時代的留戀，對美好青春的惜別。小說從一群女校學生畢業寫起，寫她們或者待字閨中、或者結婚生子，或者嘗試著走上社會的不同道路。通篇文字裡彌散著少女內心的騷動和茫然，以及淡淡的惆悵。

正如小說裡的主人公所稱的：她們所處的那個時代，社會風氣發生了急遽轉變，身處「沿襲古風」與「趨向新世代」的夾縫中，受到兩者之間的強烈摩擦力的羈絆和綑套。因此她們的「花季」（花開時節）也烙上了鮮明的時代印記。主人公的姑媽經歷的是「古風」時代的婚嫁習俗，「如果有人來提親，就只有自個兒悄悄躲起來的份兒，哪能說出自己的心願。」而「對方長個什麼模樣也要等到結婚當天才知道。」這是「古風」時代女性完全沒有主宰自己命運的寫照，到了主人公論婚嫁的年代就不同了，雖然還是父母之命、媒妁之言，卻已經允許訂婚之前兩個年輕人見面和談話，以便婚前就能生出感情。小說裡的女孩之一朱映就是這樣戀愛成功的，似乎也可以算是「趨向新世代」的標記了。但是小說的敘事者（主人公）並不以此爲滿足，她是想在這兩種時代風氣的夾縫中走得更遠，能夠更加主動地把握自己命運中的幸福契機。她終於在二哥的幫助下拒絕了姑媽介紹的婚約，自己走入社會工作，儘管沒有工作多久就辭職了，但這終究是一個良好的人生開端，她走出了傳統臺灣婦女世世代代走不出的人生舊軌道。

〈花開時節〉描寫的是一群高女中學生畢業後的生活場景，這些女孩都接受過良好的教育，但如主人公所概括的：「女人的一生，從懵懂無知的初生嬰兒時期開始，經過幼年時代，然後便是一個學校接一個學校唸下去，尙且無暇喘口氣的時候，又緊接著被催促要出嫁，然後在生兒育女之中，轉眼就衰老而死了。」在日據時代，這是臺灣的貴族婦女才可能有的生活，並不能概括大多數貧寒家庭婦女的悲慘命運。但是，雖然受過良好教育卻仍不能自由掌握自己的命運，正反映了臺灣婦女的社會地位和家庭地位之低；同時，也正因爲她們接受過良好的現代教育，才養成了對個人感情與自由意志的嚮往，才會對於「尙無心理準備的被安排結婚，感到不安與不解。」現代教育啓發了主人公的朦朧覺悟，鼓勵她按著自己的本性行事。其實主人公所走的道路，也是臺灣社會走向現代社會的必然之路，小說裡提供的證據之一，即主人公顧慮重重的抗婚與謀職計劃竟出乎意外地獲得了頑固父親的同意，暗示出這種時代風氣的變化。

這篇小說創作於日據時代，它所反映的時代的生活環境和婚嫁觀念與我們今天的青年人所接受的教育已經很不相同，但是，作家在描寫少女待字閨中的微妙心理卻是十分細膩和傳神，任何年代的少女都可能經歷這樣一段人生經驗。所以，這篇小說對時代變遷的暗示是通過大量的少女心理描寫來表現的。小說從學生即將畢業時的一堂音樂課寫起，女教師教大家練習畢業歌引起了一位馬上要結婚的林同學的哭泣，由此把同學的畢業與待嫁結合在一起，有力地烘托出女生「畢業即結婚」的人生命運，在這些受過良好教育的女孩子心理造成的壓力。當然也不是所有的人都如此敏感，只是小說的敘事者即主人公表達了這種對古老命運安排的迷茫與懷疑，她不斷觀察那些已經訂婚或結婚的同學，不斷地疑惑和詢問她們的內心真實，又不知不覺地揉合進自己的經驗。比如在姑媽給她做媒時，她聯想到：「同學們大概就是這樣子被提親，在口口聲聲對方是如何完美的說辭下，答應了親事，然後就出嫁了吧？」對這種社會集體心理的探詢，並不是主人公要為自己的心理行為尋找一個認同點，相反的，在反思世世代代的婦女所順從的命運中，她卻找到了反叛的理性依據。同樣的手法，小說結尾時特意安排了一節倒敘的內容，回憶兩個女孩子（一個即將結婚，一個還是獨身）在風砂撲面的海濱浴場，激情地說出人生勉勵的話，並用腳在沙灘上不停地寫「友情」兩個字的細節，這裡的風、砂，都象徵了女孩子對結婚後命運的本能恐懼和壓力，而「友情」的呼喚，則充滿著孤獨的抗爭命運的意義。這些細節裡，作家都將主人公的孤立的探詢抗爭與群體的沉默順從作為對照，寄託了小說的宗旨。

〈花開時節〉最初是用日文發表，當時楊千鶴才 21 歲，與小說中的女主人公年齡相仿，似乎帶著一點自傳痕跡。本文據以論述的中文譯本是作家晚年與女兒合譯的版本。就語言風格來看，這篇小說的創作手法與初期白話小說中自然主義的態度相似，即採取似乎是不加剪裁的白描手法，將生活形態原原本本地記錄下來。這樣的生活場景，讓人感覺非常真實，本來即如此的。比如小說裡出現了許多人物，大多是招之即來，揮之則去，就好像是生活中本來就存在的人物一樣，沒有一點虛構。小說的結構也較隨意，如有一段寫主人公被父親叫去談話，於是她聯想了一大段父女關係的舊事，其中又插入了一段對母親的回憶；還有小說開始寫了主人公有個「三人小組」，都強調友情勝過婚嫁，對結婚不熱心，結果其中一個朱映做了新娘，主人公自己也經歷了一番抗爭，而還有一個翠苑卻沒有故事，始終是陪襯，這其間卻又插入了另一個謝同學的婚事。這樣的小說結構典型地表達了初期小說的審美觀念：文學表現人生的美學特點，即認爲文學是對人生狀態的真實描寫和對人生問題的提出，而後者是通過前者來表現的。或許當時的作家對西方「小說」的結構要求與技巧不特別著意，他們創作時沒有很多「小說作法」的限制與束縛，只是流暢地按照生活的本來樣子寫下來，傾訴他們內心的情感。所以，在他們的小說裡，往往貫通著一種樸實無華的生活質感，追求的是真實而大氣的生活原生態，而不是根據小說技巧的要求對生活作刻意剪裁。雖然這類風格的小說缺乏的是精緻與技巧，但獲得的是文字的質樸與內容的實感。〈花開時節〉就是屬於這樣一類的小說風格，在臺灣文學史上自有它的特殊地位。

雖然日據時代的臺灣作家已經就女性解放問題提出過充滿悲情的看法，但作爲女性作家的楊千鶴卻在作品裡表現出與男性作家的理性的創作態度不一樣的藝術特色。她並不強調社會運動和階層鬥爭，她筆下的女性，沒有直接與傳統生活尖銳對立，也沒有刻意製造出悲慘事件來渲染女性解放的思想，她的主人公幾乎是憑著聰慧的本能在感性地探詢自己的人生道路，以及向命運提出了疑問。與那個時代的大多數臺灣女性知識分子一樣，她最後還是返回到樂觀主義的人生態度，來充分感受生命本身的歡樂。小說結尾部分寫到朱映生了兒子，她們幾個朋友共同地分享這份生命開花的喜悅。〈花開時節〉本來應該討論的是知識女性走出校門後如何擺脫傳統命運、自尊自強的問題，但最後將生命的意義融入了孕育新生命的大歡樂之中。新生命的誕生當然孕育了希望與未來的信心，但是對主人公的探詢而言，又多少含有一層無奈與苦澀的滋味。

四、重　荷

張　文　環

日治時期是早一代臺灣人民共同的生存記憶，但是對於現代的臺灣人來說，卻成為遙遠而無關緊要的歷史陳跡。通過張文環這篇書寫細膩的小說，我們不但可以一窺早期臺灣人民的生活心情及樣態，瞭解日治時期人民及統治階層的不同行為模式及處境，更可以藉由健母子看似疏遠實而親暱，悄悄互相關懷、擔憂的情況，看出親子間血濃於水的溫暖情誼，不能輕易被抹滅、忽視，並且以異於西方熱情開放的方式，婉轉曲折傳達心中情感的親子互動中，讓讀者產生油然而生心有悽悽焉的共感情緒。

本　文

母親說：反正是掛國旗的假日，不去算了。但是健認為掛國旗的日子去學校才是最快樂的一件事，說什麼也要去。

「要去的話你就替我挑這個，可以嗎？」

健望望那看起來不輕的香蕉擔子，想了一下，才朝著母親點個頭，「嗯」了一聲，身子一屈，挑起滿滿的兩米袋的香蕉就邁開大步先走了。

「在市場旁邊等我，知道嗎？小心，跑那麼快多危險啊。」

健嘔氣似地，嘴裡答：「好。」腳下卻故意跑得咚咚作響。母親也急急拿起背帶套在才剛兩歲的弟弟腋下，用力往肩上一帶，但是因為肩上還要擔扁擔，所以孩子就像一只布袋似地鬆懸在背上。背帶纏了幾圈，然後牢牢在胸前打了一個結。隨後拿起扁擔，彎腰挑起裝在二只甘藷籃裡的香蕉。估量大概有六十來斤重吧？加上健所挑的那些，合起來少說也有八十斤左右。母親挑著重擔，步履艱難地走著。晨曦才剛爬上番薯田，停在紫色番薯花上的蜜峰彷彿還在睡夢中。花葉上的露珠提醒了母親，教她後悔不迭。

「早知道該把汗衫給脫了。」扁擔沉沉地壓在阿春嫂肩上，她縮縮脖子，想換個肩膀。也趁這時候把額上的汗擦了擦。心裡盤算著上了坡就要把汗衫脫掉，可是抬頭瞥見坡上一夥男人在那裡歇息，只好打消了這個念頭。但不知健跑到那兒去了？健爬上坡以前並不知道自己背部已經完全汗溼。他一面走，一面胡思亂想著母親從來就只知道要他幫忙做事，卻不曾買過一件漂亮的衣服給他。她會不會是後母呀？要不然怎麼……

「什麼東西都只給源仔！」有時他也會跟弟弟吃飛醋，為自己打抱不平。母親有一次就故意逗他：

「是呀，源仔是我兒子，你又不是我親生的，是收養來的喔。是由石頭裡蹦出來的。」

偶爾回想起這件事，他心裡就有疙瘩。或者是真有其事呢！典禮會場已經布置妥當了吧？主要的工作大都昨天就做完了，今天所要做的，不過是在花瓶裡插插花而已。要站在那些美麗、可愛的女孩身邊，如果沒有體面的穿著，那該有多窘、多不相稱啊。唉，說不定還是不到學校去的好。想到這裡，他忍不住要抱怨自己為什麼不生長在城裡富貴人家家裡，而要做窮鄉下人的兒子。

健一路走一路想，幾乎把後頭的母親給忘了。上了坡，得卸下擔子休息一下才行。卸下擔子，朝山腳下望了望，原想要是看到母親跟上來的話，就要繼續向前趕路的，可是母親居然還不見蹤影。這麼說，她是還沒有過橋囉？看樣子是可以好好喘口氣了。他解開上衣的鈕子，敞開胸膛，一陣涼颼颼的冷風吹來，背上好像黏了一塊溼答答的布在上頭，怪難受的。或許還是繼續向前走吧？這時，他卻一眼瞥見被香蕉擔子壓駝了背的母親從山坡下吃力地走上來。健的腦子立刻陷入混亂，走吧，可是母親究竟爬不爬得上這個坡呢？看母親吃力費勁的樣子，健突然心疼起母親。

「好哇，健。如果你真那麼討厭娘的話，我就死了算了。死了你就知道了。現在你不聽我的話，我死了，你或許就會懂事一點。」

健想起有一回在田裡跟母親頂嘴的時候，母親這麼說過。

「媽媽！媽媽！走得動嗎？」健忍不住朝著山坡下的母親大喊，眼淚差一點就流了下來。搞不好母親就真的在這半坡上喘不過氣來咯血死了。健想著，迫不及待地便往山腳下疾奔過去。

「健，你不好容易才爬上坡，又跑下來幹什麼？」母親氣喘呼呼地說，健看母親開了口，這才鬆了一口氣。

母子倆一步一趨地上了坡，找一塊平坦的地方休息。幾個莊稼漢打從他們身邊走過。

「母子倆一塊幹活呀？辛苦囉。」

「女人跟小孩子，沒辦法，簡直要命哩。」

莊稼人跟母親寒暄了幾句便走了。直到完全聽不到腳步聲，也確定沒有人再走近，母親才再開口：

「健，你在這裡替我把風，娘很熱，要脫掉一件衣服。小心，要牽著源仔，別讓他跌跤了。如果看到有人來了，你就咳嗽知道嗎？」

母親撥開草叢，走進裡面。健正在替弟弟擦鼻涕，母親就挾著父親的一件針織襯衫走出來了。

「好了，繼續趕路吧。衣服脫了，小心著涼喔。」

母親彷彿是自言自語，說給自己聽似地。她急急忙忙背起弟弟，擔子上肩便再往上坡下走。這回健再也不肯撇下母親一個人獨自走了。太陽已經昇越右側山峰，照得四面原野一片耀眼的金光。下了這個坡還得攀越另外一個山坡才能走出平坦的道路。健的家跟R鎮相去有一里半的路程，因為路途遙遠，所以健一直等到九歲才開始念一年級。如今他已經是三年級的學生了，這條路雖然來回走了幾年，只因為今天肩上擔了東西，所以格外覺得長路迢迢，沒個盡頭。走過合歡的林蔭道，再穿過相思步道，路就平緩了。剛才所想的事情已經一股腦兒拋在腦後。因為公學校就在這附近，林蔭深處隱隱傳來孩子們喧騰的鬧聲。一下了坡來，兩隻膝蓋已經僵硬得不聽使喚。彷彿就在原地踏步似地，也跟上、下坡時一樣，身體好像根本未向前進。因此踩在地面的聲音也就特別響。事實上，下坡時也像在跑步，身體往前傾。只是挑著擔子的人本身感覺不像旁觀著那麼明顯罷了。走到學校前面，健不時要脫帽子向路過的老師行禮。老師的金質杓形肩章在陽光下閃閃發光。連腰際的佩刀也燦然生輝。跟平日所見的老師、跟教他讀書的老師似乎完全不一樣。就像老師有一次指著身上的佩刀，說：

「你們看這個，肯用功的人就可以獲得這份榮耀。」

健始終把這句話牢記在心裡，可能的話，他也想去讀師範學校。可是想想那樣出人頭地、衣錦還鄉的日子畢竟離自己太遠，內心又不免有些遺憾。啊，那金質肩章、那金色的紋理，健屏住呼吸，竭力避免扁擔下滑，脫帽向陳老師行最敬禮。那樣畢恭畢敬就宛如自己是偉大人物的僕人。——那把佩刀不知道夠不夠快，那天試拿來削削竹筍就知道了——他想起這個笑話，心下不覺快活起來。啊，還得再來一個最敬禮。這麼麻煩，乾脆帽子不要戴算了。——雖然警察先生也配掛肩章，可是那花紋卻有點像拉麵，而且老師的肩章看起來要閃亮、神氣多了。所以當然是老師的比較好，對老師自然也就更尊敬些。但是警察很可怕，老師卻一點也不，究竟以後自己要當什麼好呢？健愈想愈複雜，愈想愈遠。母親看到他頻頻彎腰敬禮不迭，似乎自己也覺得不好意思，便提醒兒子：

「小心走啊，別摔跤囉。」

健幾乎忘了肩上的重擔，全神都貫注在那金質肩章的事情上。大體這樣的日子裡自己都得這樣挑著擔子。不敬禮應該也沒有什麼關係。因為敬禮時失去平衡，可能就會重心不穩踉蹌跌倒，要做出完美的鞠躬姿勢是不可能的。或者，老師應當也會留意到他肩上的擔子，體諒著他一點，不會責怪他才是。可是想到自己的操行，就不知道老師還會不會再給他一個甲？三年來，自己一向是規規矩矩地鞠躬、行禮，但是關於禮節，似乎還是很難做到盡善盡美、合度得體，或許該學習的地方還多著呢。是不是因為自己是鄉下人的孩子，就連骨氣也沒有了，才會這樣膽怯、畏縮；見不得人似的？就連有時候進辦公室，也總是顯得侷促不安，連手腳都不曉得往那兒擺才好。或者這跟自己不曾當過級長也有密切的關係？以後還得更用心學習才好。唉呀，現在大概已經九點過了吧？健一路想著，腳下已經跟母親來到了市場邊。母親卸下肩上的擔子，來自城中的商販便一起擁到面前，跟母親討價還價起來。

「這位大嫂，今天到處的行情都是百斤六十歲。怎麼樣？這個價錢我就買下來了。」

「沒多少東西，再多算五錢罷？」

「我多給妳五錢，妳或許又會要求再多五錢，給再多，妳也還嫌不夠。」

「六十錢實在太便宜了，這位大叔。」

「妳說便宜？我還嫌貴呢！」

這些商販一副要就來、不要拉倒的盛氣，談不妥，掉頭就走了。健看到一連來了幾個商販都是這樣。

「媽，我可以去學校了嗎？已經遲到了。」

「再等一下吧，你沒看到媽媽在跟人談價錢，一個人應付不來？」

商販又來了，這已經是第五回了。說的還是同樣的話。健悄悄地扯了扯母親的衣角。

「好吧，就六十錢吧。」

健跟母親把香蕉挑到市場稅務所前去過磅。

「八十二斤半，扣除籃子正好是八十斤。」

市場秤量索費三錢，這是由商販負擔的費用。然後稅務員開給母親一張稅單，要她支付十錢稅金。

「一百斤才十錢吧，所以請高抬貴手，就算五十斤的數吧，香蕉價錢實在太賤了。」

「那不關我的事，這位大嫂，五十斤五錢，超重一斤也要以一斤數繳稅，這是規定。所以一定要收十錢。」

「這不講道理嘛，只賣了四十錢就要繳十錢的稅。」

「不繳嗎？簡直是生番嘛。」

「我沒有說不繳，只是說香蕉還不到一百斤。」

「妳這個人煩不煩？難怪人家說山裡人野蠻，像生番！」

「什麼生番？說得這麼難聽，喏，拿去吧！」

母親一把搶過稅單，把一個五錢硬幣塞過去。母親也是要拿、不拿隨你的神氣，轉身就要離去。

「開什麼玩笑？」那稅務員一把揪住母親的背部，暴喝道。母親猛回頭，健發現她額頭上青筋暴起，可以看出這回她是真的被激怒了。

「你想怎麼樣？」

「妳還不明白嗎？到派出所去呀！到那裡我看妳是講不講理。」

「這位大嬸，」旁邊賣豆腐的小販插了嘴：「不要自找麻煩，還是乖乖付了罷，這也是上頭規定的。」

健已經忍無可忍，他又拉了拉母親的衣袖，母親這才發覺事情果然麻煩，但也可能是她認為豆腐攤老闆講得有理，最後還是付了十錢。

「健，我們回去吧！」母親用力地拖著健的肩膀，邁開大步。

「多拿我的錢，小心吐血拿去買藥吃。」母親雖是自言自語，但故意說得很大聲，讓大家都能夠聽得見。那稅務員取過十錢，似乎有些尷尬下不了臺似地，一溜煙就混在人潮中溜走了。也不曉得有沒有聽到母親的話；即使聽到，恐怕也只能裝聾作啞吧？健認為母親是白費口舌，可是那稅務員剛才的態度、說那種話，實在也教人一口氣嚥不下。

「健，回家囉！」母親再次抓住健的肩膀拖著他走。並沒有注意到弟弟不知什麼時候居然哭了起來。走到學校的時候，國歌的合唱已經像寧靜的湖水般漾了開來。—到了這個時候，健連說要上學的力氣都沒有了。

「走快一點，家裡的豬一定在叫了。」母親急急趕路，健想起那一天早上的父親，腳步不得不也跟著加快。彷彿後頭有人在追趕著他們似的。將來，母親是不是也會跟父親一樣被奪走呢？健默默地一言不語。

健啊，上學還來得及嗎？現在去還行嗎？」母親心疼地望著兒子，可是，可是她又能怎麼樣呢？

「健，你要去就去吧？」

可是健臉抬也不抬，只是一個勁兒搖頭。

「好吧，那我們就回家吧。回去煮隻雞蛋給你。」

母親眼前鋪展開來的平坦路面像籠上一層霧的夢景，霎時間模糊起來。山谷間傳出牟—牟的牛叫聲。

她悄悄拉起衣袖拭淚。前方是一個陡坡，母子倆很快又氣喘呼呼起來。

題解

本文選自前衛出版社印行的《張文環集》，依日文直譯，其題目原爲〈過重〉。內容描述在日本統治下的山村，小學生健想到學校參加慶典，母親則要他幫忙把香蕉挑到市場。健的母親自己背起兩歲的幼子，又肩挑六十來斤的香蕉，母子倆辛苦爬過高坡到市場販賣。健目睹母親在市場上受商販剝削、稅務員欺凌後，感受到父親被奪走，乃是此一苛酷現實造成的，因此放棄到學校，而與母親相依返家。

從小說內容觀之，「重荷」既是肩上香蕉的沉重負擔，也是婦人失去丈夫，獨立扶養兩個未成年小孩的重荷，進一步而言，「重荷」的意義，也暗指日本殖民統治對臺灣人生存上的壓迫。本篇小說呈現了山裡窮苦人家早上生活的片段，及母子間相互關懷之情，讀來令人動容。

作　者

張文環，西元一九〇九年出生於嘉義梅山太平村，中學時即赴日就讀，後進入東洋大學文學部，學生時代即加入《福爾摩沙》創作小說，成爲該雜誌同仁及重要作者。他並爲東京臺灣藝術研究會發起人之一，一九四一年復與王井泉、陳逸松、黃得時等人組「啓文社」，創辦《臺灣文學》，是日治時代是富有理想的文學運動家。一九三五年，〈父親的顏面〉入選《中央公論》小說徵文第四名，頗受文壇矚目。一九三八年返臺，持續在《臺灣文藝》、《臺灣新文學》等刊發表小說、隨筆、評論、散文等。一九四〇年，長篇小說《山茶花》在《臺灣新民報》連載，可惜至今尚未有中文譯本，內容鮮爲人知。

當時《福爾摩沙》的成員，大部分都是在學學生，他們都有介入政治活動，可能被捕而喪失學籍的顧慮，因此開會決議走文藝派，不走政治派的路線。雖然如此，他們也寫文章批判寫實主義，即使沒有明指批判的對象是誰，但應不外《臺灣新民報》、《明日》、《洪水報》、《伍人報》等對象，因此動輒被官方翻查審問。在查禁處分的刊物作者群中，巫永福、吳天賞、王白淵顯然都有崇尚現代主義的傾向；然而身爲《福爾摩沙》要角之一的張文環，從其發表的作品來看，卻是〈早凋的蓓蕾〉、〈貞操〉之類，書寫在土地上踏實生活的人，任何可能發生的生活瑣事，因此也確立張文環走向關懷人間事務文學道路。

四〇年代張文環返回臺灣之後，作品以〈辣薤罐〉、〈藝旦之家〉、〈論語與雞〉、〈頓悟〉、〈閹雞〉、〈夜猿〉爲代表，大部分作品都收入「臺灣作家全集」的《張文環集》裡。這些作品又大都反映了嘉義梅山山村的生活經驗，雖然張文環年紀很小的時候就搬離了「大坪」這個地方，住到梅山鎮上去，說他的父親經營竹紙業也是不正確的。〈夜猿〉裡描寫的山區製紙人家是張文環的叔叔。不過，整體的梅山經驗，無疑是張文環文學裡最原始、最深層的意識之根源。

張文環的小說，有意把梅山山村世界，當作臺灣社會的縮影來看待，在這個淳樸、偏僻而獨立的山村裡，顯現的民情風俗、人情世故，勤苦謀生的景象，平淡生活中偶然激起的漣漪，呈現的是一群真實生活在大地上的民眾圖像。〈辣薤罐〉寫市集裡經商的小攤販、小商行，〈論語與雞〉寫村塾教師，〈夜猿〉寫山區造紙人家，〈閹雞〉寫生意人把事業和兒女婚姻混同交易的悲劇，〈藝旦之家〉寫風塵女子的愛情與命運。大致上可以說是眾生相、浮世繪的總合。張文環的小說，可以說在寫實主義和文藝派的主張之外另闢蹊徑，具有寫實主義的風貌，卻不具批判性，而是接近自然主義的客觀呈現，如果單純的從這些作品去瞭解張文環，得到的恐怕只是「謎」一樣的困惑，以至於從日本人的觀點，想要找他作品裡「反日」的蛛絲馬跡，和從臺灣人的觀點，想從中找出「抗日作家」的證據，同樣令人茫然，因此，張文環可以說是謎一樣的作家。

戰爭期間，他曾經和西川滿、濱田隼雄、龍瑛宗，代表臺灣作家出席第一屆「大東亞文學者」大會，也曾獲皇民文學奉公會頒贈「第一屆文化賞」，但從來沒有人懷疑張文環是皇民作家，應該和他的文學始終只站在臺灣的土地，只寫生息於這塊土地上的人有關。

他的文學活動，一直維持到戰爭結束的前一年。然而，戰後他卻過著幾乎與文學絕緣的生活，除了短時期的從政經歷外，二二八事件爆發後，張文環被迫逃到山區去避禍。其後，一直過著極不安定的生活，做過許多不同的行業，就是封筆不寫，他請文友千萬別再稱他「文化人」或「小說家」，好像刻意要忘掉從前，真正的原因是什麼，無從知道，他自己說是：「光復後，我因爲有種種的理由，不但不寫小說，連國文國語我也不會。」一般相信這不是真正的發自內心的真心話。

張文環做過文獻會編纂，保險公司、紡織公司經理、銀行專員、大飯店總經理等多種職業，語言一定不是問題，何況，他早在一九五七年，便能以漢文將〈藝旦之家〉改編成電影劇本。一九六五年也曾發表中文寫的〈難忘當年事〉，從這些經歷與創作看來，都可以肯定上述推測並非子虛烏有。

直到一九七二年，張文環才再拿起筆來，寫了一部《在地上爬的人》之長篇小說。據稱這是他預定要寫的三部「文學遺書」之一，可惜，第二部《從山上望見的街燈》剛剛動筆不久，他卻以心臟病於一九七八年二月十二日去世。

《在地上爬的人》曾由廖清秀譯成中文，易名《滾地郎》在臺出版。《滾地郎》描寫一個被賣作養子的「千田真喜男」和養女秀英攜手在地上打滾一生的故事，「養子女」似乎在暗示臺灣的命運。命運坎坷的「養子」，雖然吃盡身份帶給他的苦頭，但他終於得到一甲山林，他也堅信，只要在大地上打滾，認真爬行，一定能戰勝命運，這是一部很動人的仰賴土地爭生存的故事，和他的短篇小說，有一致的主題和內容。張文環的文學雖然不適合貼上「抗日作家」的標誌，但就像他自己早早便被貼上「臺灣人」標誌的情形相同，張文環是深深紮根在臺灣的大地上長出來的作家。（參考陳千武：〈張文環——與土地相連的作家〉，《文學臺灣（13）》，頁 161-162。）

賞　讀

在文學藝術的天地裡，不乏以兒童的觀點，或以少年爲主角，來看成人世界的生存百態、價值觀念之作品。因爲兒童或少年雖無社會化的世故成熟，卻有著純真心靈的反映，不參雜世俗的虛僞和利害，反而能提供我們認識社會的另一個視角。

〈重荷〉這一篇小說，即運用「孩子眼睛」的描述手法，來揭露日本帝國主義殖民統治下的臺灣人命運。全篇以小學生健爲敍事觀點，在掛國旗的日子，健本來滿懷期待想到學校參加慶典，但母親要他幫忙挑香蕉到批發市場出售，健不得不答應開端。小說描述母子二人擔著香蕉從山村到達市場出售的過程，就情節發展脈絡來看，小說可分三部分：

第一部分描寫健母子二人擔著香蕉途經陡峭的山坡、健所就讀的公學校，然後到達市場。這一部分穿插描寫健的所思所想。小說一開始，健想到學校參加慶典，卻被母親要求先幫忙挑香蕉去市場售賣，身爲長子的他，口頭上雖說好，但心裡仍不太甘願，想到母親什麼東西都給弟弟，又想到爲什麼不生長在城市富貴人家家裡，而要做窮鄉下人的孩子，心中不免有些許抱怨，此處頗能貼切傳達小孩子爭寵，及窮苦人家小孩的心態。但是等他爬到山坡上，一眼瞥見被香蕉擔子壓駝背，從山下吃力走上來的母親時，不禁憐憫起母親，隨即往山腳下疾奔到母親身邊。

後來健與母親繼續趕路，走到校門口，健望著老師文官服上金質肩章在陽光下閃閃發光，連腰際的配刀也燦然生輝。這些描寫，呈現了窮人家小孩渴望出人頭地，健所能理解的人生目標，就是通過文官考試的榮耀。這份榮耀甚至比警察還高，因爲警察肩章像拉麵。而這種對殖民教育的認同，促使健經過校門口，遇到老師，縱然肩挑著香蕉，也要努力做好立正鞠躬禮的動作。這一大段的描述，說明了接受日文教育的臺灣孩童，不知不覺認同了日本教育所帶來的價值觀，涉世不深的健，顯然不清楚殖民政權所恩賜的「榮耀」，背後竟有支配臺灣人的企圖，這樣潛移默化的價值灌輸，在小孩子的身上作用得更爲明顯。

第二部分描寫健的母親到了市場，遭遇到商販和被稅務員辱罵的經過。當健的母親卸下肩上的香蕉擔子，來自城中的商販便蜂擁而上，跟母親討價還價起來。這裡的描寫深刻呈現了中盤商的無情剝削。本來蕉農出賣香蕉，應是依市場機能，由產品好壞、供需情況來決定價格高低，但香蕉的價格，卻受到中盤商的聯合壟斷，使蕉農屈居劣勢，明知不合理、不公平，卻無可奈何，只好賤價出售。健的母親便在這樣的情形下，八十斤的香蕉僅賣得四十錢。然而在經歷中盤商的剝削之後，緊接著又是第二層的剝削。

健跟母親把香蕉挑到市場稅務所前過磅後，稅務員要她支付十錢稅金。不甘損失的母親，以庶民素樸的想法，與稅務員爭辯，自行打折，丟個五錢給稅務員，不堪權威受挑戰的稅務員，勃然而怒罵健的母親「山裡來的生番」，威嚇要將母親帶到派出所。在周遭眾人勸說之下，母親意識到事情麻煩，只好乖乖繳了稅金。但她還是呈現臺灣婦女遇到不公義之事時的憤怒：「多拿我的錢，小心吐血拿去買藥去。」面對不合理，不利人民的稅法，她所能做的，也只是如此罷了，讀之令人心疼、動容。

第三部分描寫返家過程。由於賣香蕉的經過，不是那麼順利。健趕不及學校的慶典，母親雖催促他去學校，健卻因目睹母親與稅務員爭執的驚嚇，深恐母親像父親一樣又被奪走，而緊隨母親身旁，不願再去學校。母親爲獎賞他的幫忙，以回家煮個雞蛋做獎勵。結尾說「前方是一個陡坡，母子倆很快又氣喘呼呼起來。」來時路的艱辛，似乎又一一呈現眼前。全篇讀來令人有些不忍的心酸。

〈重荷〉一篇，其實可以更深入一層來解讀，其寄旨頗爲深遠。張恆豪曾說此作「呈顯出一個被馴化的殖民地少年的醒悟，他因殖民教育所帶來的天真幻想亦隨之崩潰，歸途上少年一掃先前的快樂開朗，卻變得沉默無言，此一無言之境最是耐人尋思。」（見陳映真等著《呂赫若作品研究》，聯合文學出版社）

全篇以一個殖民地少年的角度切入，健認爲「掛國旗的日子去學校才是最快樂的一件事，說什麼也要去。」代表了一種對殖民者的認同，並且是一種心悅誠服的認同。身爲公學校三年級生的健（九歲才開始念一年級），對學校的態度是欣然嚮往的，想出人頭地，想去讀師範學校，他一見到老師就忙不迭地脫帽行禮，「畢恭畢敬就宛如自己是偉大人物的僕人。」雖然心中存疑：「以後自己要當什麼好呢？」警察或教師？兩相比較之下，答案自然不言可喻。在權衡何者較好的過程裡，健對警察流露出「很可怕」的敬畏感，或可視爲執法者嚴峻形象的伏筆。

健遇到老師時，他心中盪漾起一波又一波的心事。他想到：「關於禮節，似乎還是很難做到盡善盡美、合度得體，或許該學習的地方還多著呢。是不是因爲自己是鄉下人的孩子，就連骨氣也沒有了，才會這樣膽怯、畏縮；見不得人似的？」一個殖民地少年對殖民者的模仿，對本身的自卑畢現於斯。他深恐學得不好不像，他選擇「以後還要更用心去學習才好。」唯有去盡一身土味、鄉下氣，他或許才能夠比較不自卑。但健卻沒能想到，這種身分是永遠無法改變的，就是學得再像，他仍是臺灣的子民，仍做不成道道地地的日本人。在價值觀逐漸被異化的同時，健可說毫無知覺，他崇敬膜拜的信條正異化了他的靈魂。殖民地少年的悲哀，由此可見。

透過對建的所思所想，一方面反映了日本殖民統治對臺灣孩童的影響，另方面也反映了當時新的價值觀就是循著教育體制努力，通過文官考試，脫離貧窮，以及勞動人的卑賤地位。相對於健，母親的所作所爲則無此認同。她以爲：「反正是掛國旗的假日，不去算了。」她的生活重心無他，扶養小孩，求一家溫飽而已。正因如此，當小說一開頭就出現了緊張與對立時，母親並未因而改變關愛子女的立場。健賭氣跑得咚咚作響，母親表現其關心：「小心，跑那麼快多危險啊！」當健往山腳下疾奔，想要與母親同步，母親又關心對他說：「你好不容易才爬上坡，又跑下來幹什麼？」賣了香蕉之後，母親關注的仍是苦難的現實生活，爲了養豬，她必須趕快回去，雖然問了鍵來不來得及上學，但也只能無能爲力地心疼著默默不語的孩子，並承諾煮顆雞蛋給他。

再以親情小說來看待〈重荷〉，似乎也未嘗不可。藉由母子間親情的呈現，或者更能反映殖民者的無情剝削。本篇小說基本上即充滿這兩種觀點：一是洋溢著理想希望的健對日本殖民體制的幻滅、醒悟過程；一是健母子面對殖民統治的生存壓力，表現出濡沫相依的感人親情。全篇即透過健對日本教育體制的欣悅，及殖民經濟體制下的困境，反襯出「榮耀」在健內心的破滅。

作者並沒有安排健明白表達對殖民政權的不滿，而是循著在山坡上害怕失去母親的感情，通過健在感受殖民統治的壓力之後，讓此一害怕失去母親的恐懼大過對榮耀的期待，以健不願離開母親到學校，分享殖民政權所賜予的歡樂，批判了殖民政權的不義。

其實，在日治的臺灣小說中，多的是無父的孤兒，與苦難的女性。而「母親」的意象，又時有「受異族（日本人）侵略的臺灣」之象徵。健最後投向母親的懷抱。而放棄了去學校的作爲，有其轉折的過程，這一過程，或許也是作者深意所在。開始時：「健一路走一路想，幾乎把後頭的母親給忘了。」

健一路想起的事物之中，不僅對殘忍的現實發嗟怨，更對美好的生活方式有所憧憬。想得出神，遂忘記了仍在後頭荷著重擔的母親。如果將母親的意象解讀爲臺灣，那麼，健的「遺忘」無異是一種背棄的行爲，想逃脫被殖民的身分，卻又不能的窘境。幸而這樣「不經意的遺忘」並未持續太久，在自己汗濕衣衫之際，健的腦海中出現母親艱辛趕路的樣子，繼而擔心母親能否負重上坡，「健突然心疼起母親來，覺得母親好可憐。」若母親爲受難土地 —— 臺灣的象徵，則健的心疼悲憫大可視作臺灣子民對土地的深厚感情。在這一路上健的心情轉換過程中，自有其特殊意義。所以一再揣想「母親」可能遭逢的困境之後，健馬上往山腳下疾奔過去。從此母子倆「一步一趨地上了坡」，化解了先前的緊張對立氣氛。到達市場之後，母親忙著出售香蕉，健仍然念念不忘要到學校去的事，直到「稅務員事件」的影響，健彷彿從其身上察覺了殖民者的共相，當他與母親趕回程的路，他「想起那一天早上的父親，腳步不得不也跟著加快。彷彿後頭有人在追趕著他們似的。將來，母親是不是也會跟父親一樣被奪走呢？」「那天早上」究竟發生了什麼事？父親又是怎麼被奪走的？作者雖未說明，但似乎可以將此處與稅務員事件稍作聯想。因爲怕母親重蹈父親的命運，所以最後他心灰意冷「連說要上學的力氣都沒有了。」

小說結尾處的母子趕路返家情形，頗不同於起出的期待 —— 健期待可以趕快把香蕉挑到市場出售，然後好去學校；母親則期待香蕉賣得好價錢。但顯然的，回程的路途是充滿屈辱、挫折的酸楚況味。健在心靈尋求認同、價值的過程，與母親在現實中胼胝打拚的歷程，同時受到了挫折。他們雖然目標各異，但此時同樣只能氣喘吁吁面對殘酷無奈的現實。導致這樣的結局，不能不歸因於其身分 —— 山裡人，尤其是山裡的窮人。更慘的是，他們是被殖民的「山裡的窮人」，特別是無可依恃的孤兒寡母。

全文寫來如河流一般，蜿蜒曲折有致，順時間之流而下，人物心境的變化也都能清晰呈現，且合乎孩子心理，是篇蘊義相當豐富，值得再三品賞的佳作。

五、被宰殺的雞
—— 鍾理和〈草坡上〉

本　文

那隻灰黃色的母雞，終於不能走動了！

一清早起別的雞已全部出了窩，走到草坡上和樹林裡去了，而那隻母雞的小雞卻環著牠走來走去，吱喳吱喳地叫著。

牠那數天前受了風濕的腳，似乎已發展到使牠膝部關節完全失去功用，匍匐地面，用翅膀自兩邊支著身子，不時痛苦地呻吟著。

「爸，我們的母雞不能走了！」

鐵兒說罷走前去，把牠攙扶起來。但手一放，又癱下去，彷彿一堆棉花。

「哎呀，牠站不起來了！」

鐵兒不勝憐憫。

小雞恰在換毛期，柔軟的黃花絨已漸漸脫落，灰的、黑的、茶褐的，或別的什麼顏色的羽毛。零零碎碎的披在身上，像主婦們的抹桌布，骯髒而破碎。有一隻全身袒裸，紅通通地活似一頭大章魚；也有只在屁股邊換得一小撮尾巴的，彷彿是願意先由這裡裝飾起來，走路時更大模大樣的搖擺著，看上去十分可笑。

小雞們都張大了眼睛，驚惶四顧，在母雞前後左右團團轉著，六張小口一齊鳴叫著，好像在尋問為什麼母親不再像往日一樣領牠們玩去了？母親貼在地面，時而奮力振翼，向前猛衝，但只挪動了一點點就又沉重地倒了下來，牠的眼睛顯出痛楚的神色，絕望地幌著腦袋。

經過母雞這一動作，小雞似乎更受驚了，厲聲鳴叫，時或側頭窺探母雞的眼睛，好像想由那裡看出到底是怎麼回事，母雞再度蹶然躍起，又挪動了一點點；卻仍伏倒了。於是母子臉偎著臉，眼睛看著眼睛，無助地相守著。母雞喉嚨顫抖著，發出幽暗的聲音，彷彿在悲泣。

這裡是已廢的香蕉乾燥廠的門口，一邊連著有小灌木和芊芊青草的小坡，開著紅黃白紫各色花朵的野草，一直滋生到灶門邊來。草木嬌小玲瓏，恰如小孩的眼睛清晰可愛。朝陽撒著粉黃色的光輝，把這些小草樹裝璜得新鮮妍麗。草葉上露珠閃爍。空氣中漂著清沁的草香。蝴蝶和白蛾在草叢間飛逐嬉戲，陽光停在昆蟲的小翅膀上微微顫動著，好似秋天的小星點。

昆蟲畫著奇妙的曲線，盤旋上下，逐花飛舞。小翅膀在一隻小雞的眼珠邊一撲。小雞猛吃一驚，倒退幾步，瞪眼而視，然後向昆蟲一躍！昆蟲一閃悠悠地飛開了。小雞再度奮勇一躍；昆蟲不曾抓到，自己卻仰天翻了一個大筋斗。牠爬起來晦氣地搧著小翅膀，望了望飛遠了的小昆蟲，反身跑回母雞身旁去了。

小白蛾兜了個圈子又飛回來了。小雞不再猶豫，就是一撲！白蛾由牠的脖子下邊溜開了。另一隻小雞覷得真切，由另一角向昆蟲撲去。昆蟲一閃身，又瀟灑地躲開了。小雞一個顫身，撞在一株草樹上，滾了幾滾，像顆皮球。

昆蟲在小雞間來去翩翩，十分寫意，彷彿這是一場非常有趣的遊戲。兩隻小雞難捨難分，在草樹間跌跌撞撞，緊緊追在白蛾後面漸漸走得遠了。

又飛來另一隻昆蟲；小雞爭相追逐，也隨著去了。又飛來了另一隻昆蟲。……

慢慢的，六隻小雞全走到小坡上去了。

母雞孤伶伶地依舊蹲在那裡。

灶門口漸漸的靜下來 ── 。

鐵兒異常高興的說：

「爸，我們的小雞全跑到坡上去了！」

晌午邊，妻說恐怕過兩天母雞餓瘦了，不如趁早宰了牠好。

我不知道到底宰了好，還是不宰好，因而只「啊」了一聲，算作回答。

傍晚，妻餵雞時，我發覺那隻母雞已經不在了，便記起她跟我說的話。

「你把母雞宰了？」我問她。

「珠 ── 珠珠 ── 珠」

她向草坡那面高聲叫雞。

「宰了！」她邊叫邊說：「都說餓瘦了可惜嘛。珠珠 ── 」

雞聽到叫喚聲，從四面八方向庭子聚攏，大小不齊，顏色雜駁，你擠我啄，紛亂而擾攘。那六隻小雞也由草披上走來了。牠們膽怯怯的在外面徘徊觀望，間或偷啄幾粒撒出最外邊的穀子。可是大雞卻出其不意的加以一啄，銜起半天高，然後重重一摔！小雞被擲出老遠，羽毛紛紛下落。

啾啾啾……

小雞銳聲悲鳴。這樣一來，更是膽怯了。

於是妻由屋裡提出雞籠來，讓小雞獨自在裡面吃。雞籠眼大小剛好容小雞進去。

「多可憐哪……」

妻守在雞籠旁，悽然看著小雞啄穀粒。

太陽把披在山頭的最後一抹餘暉也帶進西山去了，天上的烏雲向四面擴張著，猛獸似的把薔薇色的雲朵一塊一塊的吞噬掉，大地已蓋上昏暗的夜幕，雞兒全歸窩了。

小雞們走了一整天，現在回到灶門口卻找不到母雞。母雞哪裡去了？牠們在早晨離開前母雞蹲伏著的地方走來走去，伸長了脖子叫，聲音悽愴而尖厲。牠們失去依靠的孤兒生涯，便這樣用傷心與悲泣來開始了。

妻惶惶然坐立不安，走進走出，不知如何是好。最後她走前去，打算把牠們捉起來關進雞籠裡。但小雞卻都往草叢裡鑽。我和鐵兒走下石階想幫她捉。結果卻更糟，這些可憐的小東西走得更遠了。我們緘口不語，在灶門口搓手靜立，癡癡地望著小草樹那搖動著的幽影。有好大的工夫大家屏息傾聽著消失在黑暗中的小雞們的鳴叫。此刻聽起來，那聲音更覺淒涼而悲怨了。

這時我才深深覺悟到宰了母雞的失措，但嘴裡又不得不安慰似地說：

「小雞慢慢的會習慣的……」

妻一言不發，轉身走上石階，坐在椅上低首默默地給兩歲的立兒餵乳。

飯桌上，那隻被犧牲了的母雞頭在一隻大晚裡浮出湯面，眼睛半閉，好像在諦聽牠的兒女們是否都無恙，睡得安好。

「我不該宰了母雞，」妻開口說話：「留著牠，就算不會領小雞，夜裡總會抱著牠們睡的。」

妻言下有無窮悔恨之意，一邊伸手把鐵兒拉進懷裡，又把胸前的立兒抱得緊緊。兩個孩子溫馴地依偎在母親懷中，不稍一動，彷彿小心靈裡正在害怕有什麼東西就要把他們母子從中分開一樣。

看到她泫然落淚的模樣兒，我也覺得難過。

晚飯大家都吃得非常之靜，非常之少，尤其是妻。那隻盛了雞肉的碗，沒有人的筷子去動過，即算稚小的鐵兒亦復如此，顯然，這孩子也分有著和父母同樣的情緒了。

那晚，六隻小雞就在灶肚裡過夜。

從那以後，那些不幸的小雞們成為我們生活的中心了。我們每個人都好像對牠們負有某種責任。妻餵雞時總特別關照牠們；火灶肚清掃乾淨後另給舖上麻袋，好讓牠們不致受濕；鐵兒則幾乎每天由田間弄來許許多多小蝦蟆、蚯蚓，有尾巴的蝌蚪之類餵給牠們吃。

牠們似乎也明白自己的身世，兄弟姊妹間相親相愛，同行同宿，從不分開。天一亮便彼此招呼，一起走到草坡上來，在草叢間採草實、找小蟲、追螞蚱。吃飽了肚子，便成堆地躺在樹蔭下，兩隻腳一踢一踢，意態舒暢而快活。

這中間，不知流過了多少日子，某天下午，我幫著妻在高出草坡的庭邊搭籬笆；我們的鐵兒和立兒，則在庭裡戲玩著。秋陽已斜在半天，草樹沐在柔軟的陽光中，溫馨、寧靜而和平。藍天掛著幾朵白雲，它們徐靜地移動著、舒伸著、變幻著、美麗而多姿，彷彿是賦有知覺和生命的生物，像雞一樣。

草坡上有六隻雞兒躺在陽光下休息，牠們伸直了腿，拿嘴去梳刷翅膀。這是大雞常有的動作。牠們已經羽毛豐滿了。在牠們那光潔豐美的羽毛之下，那已經成熟的生命在搏動，它具有了打開重重阻礙的力量和意志。

那是美麗的，嚴肅的。

「你看，多美！」妻微笑著說著：「毛都長齊了！」

她笑得很優美，眼睛良善而純潔，流露著人類靈魂的莊嚴崇美。

我也高興地笑了。

一回首，猛覺得我們那兩個孩子在不知不覺中又長大了許多！

我和妻相視而笑，感覺到如釋重負般的輕鬆和快樂……。

作者

鍾理和（1915～1960），臺灣屏東人。長治公學校畢業，進入私塾學習漢文，後受同父異母兄和鳴鼓勵，接觸新文學作品，也決定以文學創作爲職志，更奮發學習中文。十六歲，嘗試寫作，其中有短文〈由一個叫花子得到的啓示〉與小說〈雨夜花〉。十八歲，在父親經營的農場當助手，行駛鄉間的小火車上，結識鍾臺妹女士，從此展開驚天動地的愛情。因這段感情遭到閉塞的客家社會，與頑固的家庭制度所不容，一九三八年夏天，憤而離家出走，隻身遠赴大陸東北，入瀋陽「滿州自動車學校」，學習謀生技能，二年後回台攜台妹奔赴中國結婚。其後又遷居北平（當時瀋陽、北平均爲日本佔領），開始專注寫作。因戰爭謀生不易，曾當翻譯，賣煤炭。光復那年，集結成《夾竹桃》，由北平馬德增書店發行，是生前第一本，也是唯一的創作集。書中充滿年輕銳利的批判眼光，以旁觀者對古老中國民族做了深刻的審視與反省。

一九四六年三月攜眷返臺，隨即應聘到屏東內埔初中擔任代用國文老師，後因肺疾日漸惡化，翌年辭去內埔初中教職，返美濃笠山定居。雖然後來死裡逃生（耗盡家產及鑿掉七根肋骨才挽回性命），但家計全賴台妹維持。一生備極艱辛，一女一子夭折，長子鐵民又因長期營養不良摔傷成駝背，幸識林海音、鍾肇政，及文友廖清秀、文心、陳火泉鼓勵，才重燃生機，努力創作。罹病、散盡家財、殘廢的長子，繼續無情的打擊他，被封建社會視爲叛逆的同姓之婚，並未因時間而獲得包容和諒解。

一九五四年年底《笠山農場》草稿初成，是他生前唯一完成的長篇小說，一九五六年十一月榮獲中華文藝獎金長篇小說獎。一九七六年十一月張良澤曾編成《鍾理和全集》八冊出版，一九九七年高雄縣文化中心復出版了《鍾理和全集》。

其作品就取材而言，大約可分三類：一、中國大陸生活的回憶和對臺灣人命運的感思，如〈門〉、〈白薯的悲哀〉。二、個人生活經驗，有濃厚的自傳色彩，如〈貧賤夫妻〉。三、農村、農民與鄉居生活，如〈故鄉〉、〈做田〉。在他的日記、小說與散文中，經常誠懇而真切地描繪出客家人的生活與客家婦女的堅忍與偉大。語言質樸，悲境中仍可見其樂觀積極的一面。一生經歷台灣淪日五十年的後半期，也在大陸淪陷區的僞政權度過八年，終其一生足跡所至，包括台灣、瀋陽、北平、上海等，經驗的廣度與深度，皆爲同時期作家罕見。現已公認爲戰後初期台灣重要作家。

一九六〇年盛夏，他在病床上修訂中篇小說《雨》，舊疾復發，咯血而逝，得年四十六。他對文學感到無力，生前雖一再告誡家人「不得再有從事文學者」，然而在備嘗人間疾苦之後，仍執著於文學創作，不改其志，具現了作家追求理想的精神，陳火泉稱之爲「倒在血泊中的筆耕者」，是對其不朽形象最傳神的寫照。

題解

本篇完成於 1950 年，並於 1959 年發表在《聯合報》副刊，近幾年被選入國立編譯館主編國中國文第二冊第十四課，是一篇自傳性很濃的短篇小說。

生命的長短，與創作的成就原本未必爲正比，短暫的旅途一樣可以耀眼星空，在世人心中印下深深的烙痕。但每讀早逝作家的作品時，內心仍不免爲之惋惜長歎。文學生命猝然畫下的驚愕句號，帶給讀者的通常也是驚慌、深沉的慨嘆。臺灣早期的作家如楊華、翁鬧、呂赫若等人都只度過半生，不，確切的說，有時連半生也談不上。鍾理和雖活了四十五歲，但十餘年光陰卻需與病魔苦鬥，與貧窮掙扎，最後倒在血泊中筆耕，這份不改其志，執著於文學創作的精神，成爲他個人形象最爲傳神、不朽的寫照。

理和一生大約留下七十萬字作品，這些作品又絕大部分完成於他生命中最顛躓困阨的最後十年間，他以文學迎接生命中重重的災難和打擊，他把生命中所有的不幸和挫折都轉化爲文學的滋養，在極端惡劣的天候、貧瘠的土壤上，綻放出一株株襲人的花朵，迄今仍令人懷念。他爲臺灣作家做了動人心魂的詮釋。因此我們讀理和先生的作品時，會有一種沉甸甸的感覺，生命是如此的辛酸、無奈，生活又是如此的悲哀、現實，但我們又同時感受到他並不悲觀、不灰頹，在苦痛中仍執著於所愛（妻子、文學），不向命運之神屈服。在〈故鄉〉之四 ──〈親家與山歌〉裡，他一撥陰霾、沉悶的雲霧，藉著涂玉祥樂觀開朗的個性，及繞繚山頭的客家山歌，將故鄉帶入陽光燦爛的天地裡。〈草坡上〉最後也同樣流露出對生命的尊重與期待，從傷痛裡發現力量，在人與大自然的互動裡充分感受到和諧恬淡之美。在談及鍾理和作品的藝術性時，〈故鄉〉、〈蒼蠅〉、〈草坡上〉這幾篇素爲評論者贊許，唯前二篇較爲評述者青睞，〈草坡上〉則未有專篇論及，僅寥寥數行綜括之。緣此，個人願意就此一值得細加品味的名篇，試予推介。

賞　讀

〈草坡上〉一文完成於一九五〇年，作者三十六歲時，該年五月理和接受胸腔整型手術，病情始稍穩定，十月出院，返抵離開三年的家。經過九年，至一九五九年這篇作品才在《聯合報》副刊發表，該文或謂之散文，或歸之小說，在文類的區分上，有時散文、小說很難絕對區隔！或以中間文類視之。理和過世後，張良澤先生編纂《鍾理和全集》，該文收入於全集第四冊《做田》裡，後來前衛版《臺灣作家全集》中的《鍾理和集》亦收入。〈草坡上〉全文雖僅二千多字，卻極精緻。葉石濤先生曾說：「鍾理和真正的成就還在於那些具有高度藝術價值的作品上，短短幾千字的作品中，只要幾筆就能將自然景色以及人物的心理狀態非常恰當地描繪下來，他對掌握人物、環境、感覺的敏銳，手法的細膩，臺灣作家中尙無人能出其右。……〈草坡上〉也是同一型態的作品，他著墨不多，卻能透過風景的描述把人物的心理狀態都暗示出來，的確特別。」（葉石濤一張良澤對談，彭瑞金錄）可見當時葉老對他有甚高的評價。作家鄭清文寫〈讀鍾理和短篇小說集〉時，有一小段話同樣說得極貼切：「鍾理和的作品，大都以自己的生活爲中心，靠近中心越近，寫得愈親切動人，成就也越大。」（收入《做田》，頁十三）讀〈草坡上〉的確可以體味這種特質。

〈草坡上〉人物、情節都極簡單，但敘事結構完整，人物有敘述者一我及妻子、鐵兒，由於理和喜歡以自己的身世、生活爲題材，時以第一人稱自知觀點來描述，所以令人讀來頗爲親切。

本文從母雞的患病被宰，寫到小雞逐漸茁壯成長。由於全家人對母雞的被殺，內心有很深的愧疚，因此對小雞特別關照，作者也由照顧小雞的過程中，獲得生命的啓示和觸發。

文章大致以母雞被宰爲全篇的轉折點，前一分部分寫母雞生了病，周遭人以及小雞都無能爲力。相對於母雞的病痛，小雞的生活則呈現出勃發的生命力。牠們在草坡上的各色花草樹木之間嬉戲，朝陽露珠把小草樹葉點綴得新鮮妍麗，小雞們則與昆蟲、白蛾相互追逐。

小雞活潑的生命力，在那爭相追逐的遊戲進行之際，作者以一句「母雞孤另另地依舊蹲在那裡」與之形成強烈的對比。生機最盎然的一面與最黯淡的一面同時呈現在這樣的時空裡，雖然本文對母雞的病弱墨無多，但經由描寫小雞的生命情狀來反襯，力道自然強勁有力。

後來女主人注意到母雞的情形，因唯恐過兩天母雞餓瘦了，遂向主人公提出趁早宰了好的想法。後一部分即就母雞被宰之後，這一家人如何以實際的行動來表達內心的悔恨。看見小雞找不到母雞，乃至被其他大雞欺負的景象，男主人更感覺到宰了母雞是一種錯誤。「那隻被犧牲了的母雞頭在一隻大碗裡浮出湯面，眼睛半閉，好像在諦聽牠的兒女們是否都無恙，睡得安好。」由此可看出男主人設身處地站在母雞的立場，以同理心去揣測死去的母雞的心境，充滿了哀慟及憐憫，表達了爲人父母對子女的關愛，是至死不休的。此一不著痕跡的手法，不僅爲後文埋下了伏筆，也與篇末的心情遙相呼應。此篇小說寫的雖是小雞，但很多地方卻流露出人的感情，也隱約可見到母雞即作者化身的影子。當我們看到母雞生病，無法帶領小雞時，作者描述道：「小雞們都張大了眼睛，驚惶四顧，在母親前後左右團團轉著，六張小口一齊鳴叫著，好像在尋問爲什麼母親不再像往日一樣領牠們玩去了？」母雞被宰殺後，小雞們回到灶門口卻找不到母雞，「母親哪裡去了？牠們在早晨離開前母雞蹲伏著的地方走來走去，伸長脖子叫，聲音悽愴而尖厲。牠們失去依靠的孤兒生涯，便這樣用傷心與悲泣來開始了。」「牠們似乎也明白自己的身世，兄弟姊妹間相親相愛，同行同宿，從不分開。」這些片斷的呈現，似乎說明了孱弱多病的鍾理和，留下妻兒們孤單過活。一個瀕臨生死邊緣的人，對生命的凝視冥想，多少總與常人有異，在不知不覺中他流露了內心的驚慌，令人痛心的是這亦成了作者的自讖。

我們再回到小說本身。因對母雞的被宰，在無窮悔恨之餘，女主人把鐵兒拉進懷裡，讀者讀到這裡，不難想見那種愛兒心切的感情。由母雞的死亡，讓一家人情感更濃密，更加緊緊相繫，深怕會被從中分開。由於哀傷及愧疚，致使那碗雞肉始終沒有人去動過。此後，小雞成爲一家人的生活重心，「每個人都好像對牠們負有某種責任」。在欲補償的心情下，小雞得到了更妥適的照顧，日漸茁壯、成長。

時移序換，這一家人終於走出了宰殺母雞，致使小雞失去依怙的陰影，他們的日子與心情是「溫馨、寧靜而和平」的，他們對生命更有如斯體會：「藍天掛著幾朵白雲，它們徐靜地移動者，舒展著、變幻者、美麗而多姿，彷彿是賦有知覺和生命的生物，像雞一樣。」「在牠們那光潔豐美的羽毛之下，那已經成熟的生命在搏動，它具有了打開重重阻礙的力量和意志。」藍天白雲各顯姿態，似乎所有的生命與小雞的生命一般，欣然有託，曾經有過的阻礙，於今看來，都成了意志與力量的考驗關卡而已。

結尾處，夫妻倆相視而笑，笑什麼呢？原來不知不覺中，自家的兩個孩子又已長大許多。在記錄小雞生命行程的同時，這一家人早把感情、生活毫不保留地融入其中了。在這一篇文章中，人與自然融為一體，以鮮明的色彩描繪出農家生活的景緻，以幽深的筆觸刻畫出人物心理的轉折。在景物的背後充滿了微妙的感情，人與家禽之間的相處情形，值得讀者再三玩味體會。

在小說裡，對小雞和生病被宰的母雞的遭遇有如下的描寫：「於是母子臉偎著臉，眼睛看著眼睛，無助地相望著。」「牠們似乎也明白自己的身世，兄弟姊妹間相親相愛，同行同宿，從不分開。」充分顯示了作者處於貧困中，對家庭生活樂融融的追求與想望。貧病中的相互關懷，可以使人活得有希望而尊嚴，在人與人的互動關係裡，家人本該如此相互依持、相親相愛的。本文這一感人的故事，使人想起作者一家人就如母雞與小雞的相互依偎，如汪中〈先母鄒孺人靈表〉的描述：「每冬夜號寒，母子相擁，不自意全濟，比見晨光，則欣然有生望焉。」閱讀本文，處處讓我們想到作者的處境。

最後需特別說明的是，女主人為什麼要宰殺母雞？是不是她無動於衷、缺乏同情心？事實不然。女主人臺妹女士，是一位刻苦耐勞、勤儉持家，具有客家傳統美德的女性。現實生活中的作者因肺病的關係，幾乎耗盡家產，沉重的經濟負擔可說完全由其妻一肩挑起。當時臺灣農子幾乎每戶都飼養雞、鴨、豬等，以改善家境，貼補家用，作者的妻兒也不例外。因平常物質生活的貧困，作者一家人吃得並不好，眼著飼養的母雞生了病，若不及早宰了吃，藉此時為家人稍補充些營養，恐怕母雞早晚將病瘦甚而病死，基於這樣的考慮，作者的妻不得不趁早宰殺了母雞。

其次要說明的是〈草坡上〉的寫作時間殆為一九四七年，其時立兒兩歲。據鍾理和給陳火泉的書信：「登在聯副的〈蒼蠅〉及

〈做田〉謬蒙過獎，令人汗顏。五月一日尚有〈草坡上〉一篇，這些東西都是數年前舊作。」草坡上一文是舊作，作者刪修之後，在一九五九年五月一日刊出，因立兒生於一九四六年，文中復提到立兒兩歲，故推測應是一九四七年所作。本文爲小說，固有虛構成份，但作者寫作，向來自傳味道濃厚，加上文中又以「我」的立場、觀點來敘述抒發所見所感，因此本文大都被視者記實之自況。又，立兒不幸於一九五四年夭折，年僅九歲，因長子鐵兒先天虛弱多病，而立兒結實聰慧。因此立兒的出生爲理和一家帶來很大的歡樂，因此立兒夭折，曾一度使理和感受到天地無情、人生無望。在痛心之餘，他寫了〈野茫茫〉、〈小岡〉二篇作品追思之。

自一九四六年，鍾理和返臺後，幾乎貧病即糾纏著他，爲了療病，祖產一零一碎切開地賣，家庭一年一年的破落。農家人平時除靠薄田生活，以養雞、養豬貼補家用，更是必需，何況作者家中如此貧困？在作者其他的作品裡，如〈錢的故事〉、〈豬的故事〉大致都如實反映出農家生活的困難。

一九六〇年八月作者肺疾復發，慨然辭世，距〈草坡上〉一作已有十年，他終究未能戰勝病魔，患風濕病的母雞被宰殺了，而這位「倒在血泊裡的筆耕者」，亦被貧窮、疾病所宰殺，讀者不免也要問：「作者哪裡去了？」他到底到哪裡去了呢？

六、鍾理和〈蒼蠅〉

本文

臨走時，她回首送了他一個魅人的眼波，這裡面表示著什麼，他充分明白。她是以她的整個靈魂，以她最寶貴的東西，化作這回首一瞥送給他的。這裡包藏著她所能獻給他的一切：熱戀、恩愛，以及那觸到人心深處的處女的芳心。他感到一陣快樂，便以一個會心的微笑，回答了她。

她輕輕地走了。那豐滿的肩頭，優美的腳踝；那娉婷的背影，清藍的衫裾帶起一陣似夢似幻不可捉摸的香風。

她由門邊消逝了——

他目送著她的身影走出屋門，而後目光停留在那無邊深幽的門邊。他聽見她走在水泥地上的腳步聲——那是謹慎忌憚，但又為熾熱的某種心事撩得有些慌亂的腳步聲。這聲音已越過水泥的前庭，走出兩旁有豬欄和柴草房的沙質土場了。

他屏聲靜氣，把每條神經化作無數耳朵，向四面豎起。聽吧！那小心翼翼地印在沙質土上又輕又細的足音！接著，那果樹園的竹門咿呀——輕輕地開了，然後是悉悉索索的聲音。那是用更輕微的手勢和更顫動的心在分開芭蕉葉和果樹枝。更遠了，更遠了……

——她是在那裡等他！

在蕉陰深處！

她的回首一瞥，那水汪汪溫軟軟的眸子，和下一刻便可以把她抱在懷中的思想，這一切在他心上燃起一把火。他的臉頰和耳朵全是熱的；瞳孔冒著煙霧；皮膚像有人拿了毛刷在輕輕地刷，使他感到一陣陣奇癢，又一陣陣麻酥。

他抬頭看壁上的鐘。長短針正指著一點又十分。然後他的視線又自壁鐘移向櫃上那昏昏欲睡的男子 —— 她的哥哥。他一邊看著，一邊計畫如何脫身走開。這位稍顯肥胖的哥哥，額頭和鼻孔滲著細粒的汗珠，不住張嘴哈氣。本來就有點笨鈍的人，這時更顯出一條牛樣的滿足感，好像他在世間只有一個願望：讓他好好睡場午覺。

午長人靜。火辣辣的夏日在外面扯起閃爍的火焰；暑氣逼人。那撞在玻璃窗上的蒼蠅嚶嚶鳴聲，更在人們慵懶和睏倦之上加足了催眠的力量。

他旋轉身子。他決心在這時候走。

忽然哥哥在那邊說話：

「呵。沒有一絲風！」

他一驚，急忙轉過身子。

哥哥閉攏眼睛，又哈出一口氣。他的兩道眉擠在一處，下巴拉得長長，看上去又醜陋、又愚蠢。有兩顆污濁的，比油脂還濃的眼淚，在眼眶裡轉著。

「好像風是死了！」

哥哥又咒罵起來，然後在櫃抬上伏了下去……。

他連一秒鐘也不敢浪費，轉身走出屋子。

在門口，他留心觀察四處，半個人影也不見，大概都像老鼠一般躲進洞裡去了；只聽見廚房那邊有幾個女人的說話聲。

他擺出清閑人的態度大模大樣的搖過前庭和土場。搖到有竹籬的園門前，又向兩邊觀察。很好！沒有一個人注意到他的行動。他半提半推的打開園門，又隨手把它帶上。這以後，已無須多費心思了，就放開步子逕向那——她是否已等得不耐煩了？——十分熟識的地方走去。芎蕉樹、芋、絲瓜架、楊桃樹……

——到了！

啊，她！她就在楊桃樹下那隻大水窖邊背向這邊立著。他想：她一定明白他正在向她走來，可是她卻佯裝不知。看！這不恨煞人嗎？就是她這種淘氣使他愛，又使他恨，覺得有些牙癢癢。他一陣興奮，於是一頭餓虎似的一躍上前，自後邊把她抱住，把她向自己這邊翻轉身。她如一株枯樹倒在他懷裡。於是兩個人的嘴唇就合在一起……。

他們感到窒息，感到暈眩和脹熱，好像掉在烈焰中，火氣由四面八方把他們包圍起來。又好像他們周身一切都變成柔軟的水，一點一點的向四面氾濫，洋洋灑灑，世界和他們兩個便都漂浮在那上面，漂過一個世紀：不，永恆——。

然而他們不知道！

吻後——那已不能以時間來計量了！——他們便坐在水窖的邊沿上，緊緊地偎依著。她的兩隻手被他握著。他們眼睛朦朧而恍惚，像醉酒的人半閉著；興奮後的疲勞淡淡地刻在他們那微紅的臉孔上。那大量的，如雨傾注的愛的慰撫，麻醉和壓倒了他們年輕純淨的靈魂。他們還沒有完全清醒過來。

沉默了一會兒之後，他們便開始了每次相同的問答。

「妳等好久了？」他說，一邊輕輕地撫摸著她的手背。

她閉了一會眼睛。「不！」

四圍很靜。深邃的芎蕉和果樹，把現實生活的瑣碎與煩擾統統給擋在外邊了。就是頭上的太陽透過繁茂的樹葉落下來，也是軟軟的、陰涼的。偶爾有陣微風從什麼地方蕩過，於是整個果樹園便充滿幽幽的神秘的低語；竹枝像老爺爺的手一樣顫動著。

「有沒有人看見你來？」她問他，抬頭看他的眼睛。

「沒有！」他說。

「我哥哥沒有看見你？」

「沒！」

四隻眼睛相對，兩顆心融會在一起了。微笑由兩人的口角漾開。

他揮開胳臂又把她抱在懷裡。

兩人的嘴唇又緊緊地合在一起，——。

猛的，他們好像聽見園門那邊有聲音嘩啦嘩啦地響了起來。哦，有人來了！哥哥來了！兩人都驚恐了，來不及細察聲音的來源，站起來便慌慌張張分頭走開。

他急急忙忙越過後邊的籬笆，繞了個大圈走出去。好一會兒，他才懷著不安的疑惑但又大方地走進那間屋子。

果如他所料，她的哥哥還維持著剛才的姿勢伏在櫃抬上睡覺。屋裡一切照舊——一切都跌進昏沉的午夢中，蒼蠅的鳴聲——那幽幽的低唱，仍在無氣力的午夢的和平邊緣上歌唱著，彷彿嘲笑著人們的虛偽和做作。

他本能地看看壁鐘。一時三十分。才只二十分鐘？他感到一陣懊悔。這時櫃抬上的男人動了動，然而沒有醒。他的頭側在一邊；他的臉壓歪了，像魚兒一般扭著嘴，涎水由嘴裡牽著一條線，沿著墊在下邊的手流在櫃抬上。那下邊已經有一大灘了。那手和臉孔、頸脖全冒著汗水。一隻蒼蠅放平了翼子在他臉上闊步著。它用兩隻前肢扛著尖喙這裡那裡刺著，那暗色的眼睛和翼子發出遲鈍的光閃。它在他眼角邊停下來，蹺起屁股，用兩隻後肢搓著，搓得神氣而有致。

他從門口向廚房和迴廊看了看。廚房裡依舊還是那幾個女人在說話；她和她的嫂嫂則在迴廊上聊天。兩個女人都漠然地看了他一眼，在她那陌生人似的冷淡做作的眼睛裡，似乎在告訴他：親愛的，明天見；今天就這樣完了！

櫃抬上的哥哥又動了動，從睡夢中舉起手往頭上邊拂了拂，然後，終於坐了起來。他的下巴印著一塊紅痕；一條灰色的涎水像蛛絲般的掛在下唇，看來像一個大白癡！他困難地睜開眼睛，一邊咒罵著：「熱死了！」他瞇細著眼睛，向屋裡抬了抬臉，於是詫異地說：

「怎麼，你還在這裡哪？」

他向她哥哥看了一眼，心裡感著些微憎惡，於是一句話沒說，默默地走出那間屋子。

賞讀

〈蒼蠅〉是鍾理和短篇小說中的精緻小品，也是其集子中難得一見的題材。全文約三千字，但筆致搖曳生姿，令人愛不釋手。這篇作品也讓人聯想起鍾理和的「同姓之戀」，那偷偷戀愛的少男少女幽會情懷。充滿憧憬而又無奈的開端。

小說描寫農村一個悶熱無風，令人慵懶無力的午後，一對男女謹慎小心地避開眾人耳目到果園幽會，正濃情蜜意時，卻被突來的聲響所驚恐，慌慌張張分頭走開。最後又若無其事地回到他人面前，假裝彼此毫無關聯。從事件的開始到結束，時間僅僅經歷了二十分鐘，但傳達了在風氣保守的農村裡少男少女偷情熱戀的緊張、盼望、焦急、慌亂心情，透過幽會前哥哥午睡的夢囈、咒罵聲音及園門嘩啦嘩啦的聲響效果，將緊張、懸疑氣氛充分渲染，這些細節描寫顯得相當細膩而深刻。此外，作者隱藏批判之思，藉蒼蠅的鳴聲表達他那充滿熱情又被壓抑的無奈，及對封建保守、虛僞做作的不滿。

〈蒼蠅〉的題材、內容，雖然不同於以往鍾理和的作品風格，但仍保有他作品一貫的鄉土色彩：葉石濤曾評：「短篇〈蒼蠅〉閃靈異彩，緊緊地扣住人們心靈，使你透不出氣來。……那緊張的情緒、情慾的燃燒、蒼蠅笨拙的動作、可憎的哥哥面目，皆逼真得以巨大的力量壓倒你，使你讀完後彷彿能聽到情人們的心悸。」〈鍾理和評介〉，《鍾理和集》，台北前衛出版社，頁二五六)。

〈蒼蠅〉或許也可以是鍾理和對自我追求的肯定與期許。在傳統社會裡長兄如父，代表的是絕對的父權，即使哥哥是癡胖、愚昧的，在昏睡中的他還是能讓幽會中的男女膽顫心驚。幽會結束之後，哥哥對於妹妹的幽會渾然不覺，仍繼續睡著，這是舊社會的蒙蔽無知，毫無生氣；男子「懷著不安的疑惑但又大方的走進那間屋子」；女子表現「冷淡做作的眼睛」，臣服於舊社會道德的人們的虛僞和做作，卻都在蒼蠅眼中看穿，任由它繼續愚弄與嘲笑。「蒼蠅」的命題及經營，可謂是神來之筆，一個醜陋、嗤鄙、似乎無關宏旨的場景，卻恰恰構成小說美學之所在，小說佳妙之處亦全在這裡，可說是鍾氏具有高度藝術價值的成功之作。

七、童年・父親・花兒
—— 林海音〈爸爸的花兒落了〉

本文是篇自傳體的小說，透過小女孩英子童年生活故事的描述，傳達了作者對童年的緬懷及對父親敬愛的情思。文章細膩委婉而感人。

本　文

新建的大禮堂裡，坐滿了人；我們畢業生坐在前八排，我又是坐在最前一排的中間位子上。我的襟上有一朵粉紅色的夾竹桃，是臨來時媽媽從院子裡摘下來給我別上的，她說：

「夾竹桃是你爸爸種的，戴著它，就像爸爸看見你上台時一樣！」

爸爸病倒了，他住在醫院裡不能來。

昨天我去看爸爸，他的喉嚨腫脹著，聲音是低啞的。我告訴爸，行畢業典禮的時候，我代表全體同學領畢業證書，並且致謝詞。我問爸，能不能起來，參加我的畢業典禮？六年前他參加了我們學校的那次歡送畢業同學同樂會時，曾經要我好好用功，六年後也代表同學領畢業證書和致謝詞。今天，「六年後」到了，我真的被選做這件事。

爸爸啞著嗓子，拉起我的手笑笑說：

「我怎麼能夠去？」

但是的說：

「爸爸，你不去，我很害怕，你在台底下，我上台說話就不發慌了。」

爸爸說：「英子，不要怕，無論甚麼困難的事，只要硬著頭皮去做，就闖過去了。」

「那麼爸不也可以硬著頭皮從牀上起來到我們學校去嗎？」

爸爸看著我，搖搖頭，不說話了。他把臉轉向牆那邊，舉起他的手，看那面的上指甲。然後，他又轉過臉來叮囑我：

「明天要早起，收拾好就到學校去，這是你在小學的最後一天了，可不能遲到！」

「我知道，爸爸。」

「沒有爸爸，你更要自己管自己，並且管弟弟和妹妹，你已經大了，是不是？」

「是。」我雖然這麼答應了，但是覺我爸爸講的話很使我不舒服，自從六年前的那一次，我何曾再遲到過？

當我在一年級的時候，就有早晨賴在牀上不起牀的毛病。每天早晨醒來，看到陽光照到玻璃窗上了，我的心裡就是一陣愁：已經這麼晚了，等起來，洗臉，紮辮子，換制服，再到學校去，準又是進一教室被罰站在門邊，同學們的眼光，會一個個向你投過來，我雖然很懶惰，卻也知道害羞呀！所以又愁又怕，每天都是懷著恐懼的心情，奔向學校去。最糟的是爸爸不許小孩子上學乘車的，他不管你晚不晚。

有一天，下大雨，我醒來就知道不早了，因為爸爸已經在吃早點。我聽著，望著大雨，心裡愁得了不得。我上學不但要晚了，而且要被媽媽打扮得穿上肥大的夾襖（是在夏天！），和趿拖著不合腳的油鞋，舉著一把大油紙傘，走向學校去！想到這麼不舒服的上學，我竟有勇氣賴在床上不起來了。

等一下，媽媽進來了。她看我還沒有起牀，嚇了一跳，催促著我，但是我皺緊了眉頭，低聲向媽哀求說：

「媽，今天晚了，我就不去上學了吧？」

媽媽就是做不了爸爸的主意，當她轉身出去，爸爸就進來了。他瘦瘦高高的，站在牀前來，瞪著我：

「怎麼還不起來，快起！快起！」

「晚了！爸！」我硬著頭皮說。

「晚了也得去，怎麼可以逃學！起！」

一個字的命令最可怕，但是我怎麼啦！居然有勇氣不挪窩。

爸氣極了，一把把我從牀上拖起來，我的眼淚流出來了。爸左看右看，結果從桌上抄起雞毛撣子倒轉來拿，籐鞭子在空中一掄，就發出咻咻的聲音，我挨打了！

爸把我從牀頭打到牀角，從牀上打到牀下，外面的雨聲混合著我的哭聲。我哭號，躲避，最後還是冒著大雨上學去了。我是一隻狼狽的小狗，被宋媽抱上了洋車 —— 第一次花五大枚坐車去上學。

我坐在放下雨篷的洋車裡，一邊抽抽答答的哭著，一邊撩著褲腳來檢查我的傷痕。那一條條鼓起的鞭痕，是紅的，而且發著熱。我把褲腳向下拉了拉，遮蓋住最下面的一條傷痕，我最怕被同學恥笑。

雖然遲到了，但是老師並沒有罰我站，這是因為下雨天可以原諒的緣故。

老師教我們先靜默再讀書。坐直身子，手背在身後，閉上眼睛，靜靜的想五分鐘。老師說：「想想看，你是不是聽爸媽和老師的話？昨天的功課有沒有做好？今天的功課全帶來了嗎？早晨跟爸媽有禮貌的告別了嗎？……我聽到這兒，鼻子抽達了一大下，幸好我的眼睛是閉著的，淚水不至於流出來。

正在靜默的當中，我的肩頭被拍了一下，急忙的睜開了眼，原來是老師站在我的位子邊。他用眼勢告訴我，教我向教室的窗外看去，我猛一轉頭看，是爸爸那瘦高的影子！

我剛安靜下來的心又害怕起來了！爸為甚麼追到學校來？爸爸點頭示意招我出去。我看著老師，徵求他的同意，老師也微笑的點點頭，表示答應我出去。

我走出了教室，站在爸面前。爸沒說甚麼，打開了手中的包袱，拿出來的是我的花夾襖。他遞給我，看看我穿上，又拿出兩個銅板來給我。

後來怎麼樣了，我已經不記得，因為那是六年以前的事了。只記得，從那以後，到今天，每天早晨我都是等待著校工開大鐵柵校門的學生之一冬天的清晨站在校門前，戴著露出五個手指頭的那種手套，舉了一塊熱乎乎的烤白薯在吃著。夏天的早晨站在校門前，手裡舉起從花池裡摘下的玉簪花，送給親愛的韓老師，她教我跳舞。啊！這樣的早晨，一年年都過去了，今天是我最後一天在這學校裡啦！

噹噹噹，鐘響了，畢業典禮就要開始。看外面的天，有點陰，我忽然想，爸爸會不會忽然從床上起來，給我送來花夾襖？我又想，爸爸的病幾時才能好？媽媽今早的眼睛為甚麼紅腫著？院裡大盆的石榴和夾竹桃今年爸爸都沒有給上麻渣，他為了叔叔給日本人害死，急得吐血了，到了五月節，石榴在我們的院子裡，廊簷下，客廳的花架上嗎？

爸是多麼喜歡花。

每天他下班回家，我們在門口等他，他把草帽推到頭後面抱起弟弟，經過自來水龍頭，拿起灌滿了水的噴水壺，唱著歌兒走到後院來。他回家來的第一件事就是澆花。那時太陽快要下去了，院子裡吹著涼爽的風，爸爸摘下一朵茉莉插到瘦雞妹妹的頭髮上。陳家的伯伯對爸爸說：「老林，你這樣喜花，所以你太太生了一堆女兒！」我有四個妹妹，只有兩個弟弟。我才十二歲。……

我為甚麼總核到這些呢？韓主任已經上台了，他很正經的說：「各位同學都畢業了，當你們回到小學來看老師的時候，我一定高興看你們都長高了，長大了……」

於是我唱了五年的驪歌，現在輪到同學們唱給我們送別：「長亭外，古道邊，芳草碧連天。問君此去幾時來，來時莫徘徊！天之涯，地之角，知交半零落，人生難得是歡聚，惟有別離多……」

我哭了，我們畢業生都哭了。我們是多麼喜歡長高了變成大人，我們又是多麼怕呢！當我們回到小學來時候，無論長得多麼高，多麼大，老師！你們要永遠拿我當個孩子呀！

做大人，常常有人要我做大人。

宋媽臨回她的老家的時候說：「英子，你大了，可不能跟弟弟再吵嘴！他還小。」

蘭姨娘跟著那個四眼狗上馬車的時候說：「英子，你大了，可不能招你媽媽生氣了！」

蹲在草地裡的那個人說：「等到你小學畢業了，長大了，我們看海去。」

雖然，這些人都隨著我的長大沒有了影子了。是跟著我失去的童年一起失去了嗎？

爸爸也不拿我當孩子了，他說：「英子，去把這些錢寄給在日本的陳叔叔。」

「爸爸！——」

「不要怕，英子，你要學做許多事，將來好幫著你媽媽。你最大。」

於是他數了錢，告訴我怎樣到東交民巷的正金銀行去寄這筆錢——到最裡面的檯子上去要一張寄款單，填上「金柒拾圓也」，寫上日本橫濱的地址，交給櫃台裡的小日本兒！

我雖然很害怕，但是也得硬著頭皮去。——這是爸爸說的，無論甚麼困難的事，祇要硬著頭皮去做，就闖過去了。

「闖練，闖練，英子。」我臨去時爸爸還這樣叮囑我。

我心情緊張的手裡揑緊一卷鈔票到銀行去。等到從最高台階的正金銀行出來，看著東交民巷街道中的花圃種滿了蒲公英，我高興的想：闖過來了，快回家去，告訴爸爸，並且要他明天在花池裡也種滿了蒲公英。

快回家去！快回家去！拿著剛發下來的小學畢業文憑——紅絲帶子繫著的白紙筒，催著自己，我好像怕趕不上甚麼事情似的，為甚麼呀？

進了家門來，靜悄悄的，四個妹妹和兩個弟弟都坐在院子裡的小板凳上，他們在玩沙土，旁邊的夾竹桃不知甚麼時候垂下好幾枝子，散散落落的很不像樣，是因為爸爸今年沒有收拾它們——修剪、捆紮和施肥。

石榴樹大盆底下也有幾粒沒有長成的小石榴；我很生氣，問妹妹們：

「是誰把爸爸的石榴摘下來的？我要告訴爸爸去！」

妹妹們驚奇的睜大了眼，她們搖搖頭說：「是它們自己掉下來的。」

我撿起小青石榴。缺了一根手指頭的廚子老高從外面進來了，他說：

「大小姐，別說甚麼告訴你爸爸了，你媽媽剛從醫院來了電話，叫你趕快去，你爸爸已經……」

他為甚麼不說下去了？我忽然覺得著急起來，大聲喊著說：

「你說甚麼？老高。」

「大小姐，到了醫院，好好兒勸勸你媽，這裡就數你大了！就數你大了！」

瘦雞妹妹還在搶燕燕的小玩意兒，弟弟把沙土灌進玻璃瓶裡。是的，這裡就數我大了，我是小小的大人。我對老高說：「老高，我知道是甚麼事了，我就去醫院。」我從來沒有過這樣的鎮定，這樣的安靜。

我把小學畢業文憑，放到書桌的抽屜裡，再出來，老高已經替我雇好了到醫院的車子。走過院子，看那垂落的竹桃。我默念著：

爸爸的花兒落了，我也不再是小孩子。

題解

本文選自純文學出版社印行的《城南舊事》。《城南舊事》是一本自傳性質的小說集，共收集了五篇有連貫性的短篇故事——〈惠安館傳奇〉、〈我們看海去〉、〈蘭姨娘〉、〈驢打滾兒〉、〈爸爸的花兒落了〉，是作者爲緬懷童年生活而寫的。全書以民國二十年代的北平爲背景，通過小女孩英子（作者的小名）的自述，寫出了知識分子、城市平民、農民等不同階層的人物形象和他們的種種生活，側面反映了那個動蕩時代的實況。

本文是抒情文，寫英子小學畢業時，爸爸因病重不能來參加她的畢業典禮，從而憶述了爸爸平時對她的教導和期望，抒發自己對爸爸無限的懷念和敬愛之情。爸爸生平愛花，用他手植的花兒落了來象徵他的逝世，可說相當貼切。

作者在《城南舊事》代序中說：「親愛的爸爸也去了，我的童年結束了。那時我十三歲，開始負起了不是小孩子所該負的責任，如果說一個人一生要分幾個段落的話，父親的死，是我生命中一個重要的段落。」作者在題爲〈冬陽・童年・駱駝隊〉一文中也寫道：「我是多麼想念童年住在北京城南的那些景色和人物啊！我對自己說，把它寫下來吧，讓實際的童年過去，心靈的童年永存下來。就這樣，我寫了一本《城南舊事》。」本文列於此小說集最後一篇，結尾說「爸爸的花兒落了，我也不再是小孩子。」可看出作者勇敢揮別童年，已有面對困難向前闖的決心。

作者

林海音，原名林含英，臺灣苗栗縣人。民國七年生於日本，五歲時，隨父母自日本返臺，不久即赴大陸，定居北平。畢業於北平世界新聞專科學校，曾任北平《世界日報》記者、編輯，爲北平第一位從事採訪工作的女記者。民國三十七年返臺，任《國語日報》編輯，同時從事文學創作。民國四十二年至民國五十二年，主編《聯合報》副刊，對臺灣現代文學的推展極有貢獻，並因致力發掘優秀青年寫作人才，爲臺灣文壇所樂道及尊重。

民國五十三年，林海音受聘於臺灣省教育廳兒童讀物編輯小組，創辦我國與聯合國教育科學文化組織相對基金下編印的兒童書籍。民國五十六年創辦《純文學月刊》，次年創辦純文學出版社。

純文學月刊維持了五年多的時間，從創刊到結束，林海音把許多好作家、好文章介紹給讀者，在當時對年輕一代頗有影響；而純文學出版社更以維護作家的版權爲人所讚揚，許多成名作家以在純文學出書爲榮。臺灣實施九年國民義務教育，林海音即受聘擔任國立編譯館國民小學國語科教科用書編審委員會委員並從事撰寫課文的工作。

在著述方面，從民國四十四年出版第一本散文集《冬青樹》迄今，她已有二十餘本著作。其中《冬青樹》、《曉雲》、《城南舊事》、《燭芯》、《婚姻的故事》，都是流傳甚廣的名著。她同時也是兒童文學作家，《蔡家老屋》、《不怕冷的企鵝》，都是小朋友愛讀的書。創作之外，她也編了許多深受讀者喜愛的好書，如《中國豆腐》、《中國竹》、《中國近代作家與作品》、《純文學好小說》、《純文學散文集》等。

她的作品充滿對北平真摯的懷念，特別是那個時代婦女的愛情與婚姻。文筆清新靈活、觀察深刻而細膩，故事又生動有趣，因此《城南舊事》還曾被拍成電影，頗受觀眾喜愛。

賞　讀

爸爸的花兒落了是一篇自傳體的小說。作者因她的爸爸向來愛花，回家第一件事就是澆花，所以用爸爸手植的花兒落了來象徵他的過世，可說既形象鮮明又含蓄感人。

本文藉由童年生活中的幾件事，憶述了爸爸對「我」的關懷、教導和期望，從而抒發了自己對爸爸緬懷及敬愛之情。全文可分四部分來看：

第一部分從「新建的大禮堂裡」到「今天是最後一天在這學

校裡啦！」這一部分寫「我」參加小學畢業典禮的事。第二部分從「噹噹噹，鐘響了」到「我才十二歲」，這一部分主要寫畢業典禮即將開始。第三部分從「韓主任已經上臺了」到「並且要他明天在花池裡也種滿了蒲公英」。這一部分回應前文，寫畢業典禮正式開始，韓主任致詞，同學唱驪歌「給我們送別」。第四部分從「快回家去」到結尾「我也不再是小孩子」。這一部分寫作者拿著小學畢業文憑趕回家。全文即以畢業典禮一事來貫串，但畢業典禮的過程，顯然非文章重心所在，因此有關「我」代表全體同學領畢業證書及致謝詞的情形都省略了，而以插敘自己對往事的回憶為小說之重點。

這四部分除了最後一部分歸結到目前來寫作，其他三部分都插敘了過往的事。

第一部分插敘了「我」昨天去醫院看望病重的爸爸，爸爸表示不能來學校參加我的畢業典禮，並對「我」諄諄教導。「我」憶起一年級時有早晨不願起床的毛病，在某個雨天「我」想逃學，被爸爸打了一頓後，第一次花錢坐車去學校，結果遲到。稍後，爸爸冒雨送來花夾襖，並給我兩個銅板。這頓打，使「我」從此以後天天提早到校，直到最後的今天，我從未再遲到過。這裡雖然寫出爸爸狠狠打了她一頓，但其實是寫爸爸對她的教導和關懷。

第二部分畢業典禮就要開始。「看外面的天，有點陰，我忽然想，爸爸會不會忽然從床上起來，給我送來花夾襖？」深刻寫出作者內心很希望爸爸能夠參加她今天的畢業典禮。這一部分插敘了爸爸很喜歡花，所以被陳伯伯笑說因此生了一堆女兒。

第三部分寫唱驪歌時，我哭了，「常常有人要我做大人！」因此很自然帶出宋媽、蘭姨娘、爸爸都要「我」做大人的事。爸爸更叫我到銀行寄錢給在日本的陳叔叔。要我「闖鍊，闖鍊」。

第四部分是小說的結尾，「我」拿著剛發下來的畢業文憑回家，只見夾竹桃垂下，石榴掉落。媽媽從醫院來電說爸爸已經逝世，廚子替「我」雇車前往醫院去。最後一句說「爸爸的花兒落了，我也不再是小孩子。」寫出了爸爸的逝世，我雖然才小學畢業，但因自己在兄弟姊妹中最大，所以自覺要幫媽媽做事。這裡既呼應了前面爸爸要她學做許多事，將來好幫著媽媽的期望，也說明了自己暗下決心要迎向困難，闖鍊自己。

文中有幾處特別對夾竹桃加以描寫，如英子坐在大禮堂裡：我的襟上有一朵粉紅的夾竹桃，是臨來時媽媽從院子裡摘下來給我別上的，她說：「夾竹桃是你爸爸種的，戴著它，就像爸爸看見你上臺一樣！」又如：英子回到家裡時，旁邊的夾竹桃不知什麼時候垂下了好幾枝，散散落落的很不像樣，是因爲爸爸今年沒有收拾它們 —— 修剪、捆紮和施肥。英子走過院子，看那垂落的夾竹桃等。可說有意將爸爸與花綰合來寫，寫花也就是寫爸爸，因此最後作者不直接說「爸爸過世了，我比較懂事了」，而說「爸爸的花兒落了，我也不再是小孩子」，讀來意在言外，婉曲含蓄，悵惘哀傷之情，浮現其間。

本文結構分明，描寫細膩，使得作者所抒發之情顯得自然而強烈，極爲感人，值得細加咀嚼。

八、賽夏族矮靈祭的傳說
—— 李喬〈巴斯達矮考〉

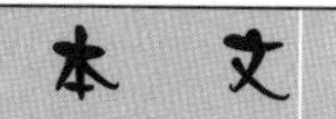

略。

題 解

李喬的〈巴斯達矮考〉是篇有關賽夏族矮靈祭傳說之作品，作者透過文學的營造，將賽夏族的傳說、祭儀予以新的詮釋，具有悲壯蒼涼的史詩風格。在吳錦發所編選的《悲情的山林 —— 臺灣山地小說選》一書中，本篇所呈現的張力，尤令人震撼，值得推介。

小說的背景是作者自幼即熟稔的苗栗偏僻貧瘠的山地一角，據悉賽夏族人約於西元四世紀時，從馬來半島漂流到臺灣，落腳於竹南、苗栗一帶，後來逐漸遷徙集中到屬於山區的五峰鄉和南庄鄉。幼年的李喬（本名李能棋）是在苗栗山區中度過的，據《李喬自選集》可知其父「三十歲以後，因參與反日活動，被捕繫獄多年，出獄後限居蕃仔林山區，接受主七佃三的苛酷條件，造林種薯，安頓家小。」因爲抗日志士的家族，一家被迫生活於杉林圍繞的貧瘠山地，掘著堅硬如石的土地以討生活。而李喬所居之處，也正是賽夏族居住的山區一帶，他有不少的小說作品，其背景都是以蕃仔林爲主的，之所以稱『蕃』仔林，即地屬蕃人之區（當然，今日我們已不再以蕃稱之）。李喬能寫出如此精湛的作品 — 巴斯達矮考，與地緣之熟悉有相當關係，因此能對他們的生活語言、習俗、性情、祭典、歌謠有一定程度的接觸、了解。

作　者

李喬（1934～），本名李能棋，另有筆名壹闡提，出生於苗栗大湖鄉境的蕃仔林。童年和少年時代都生活在此與原住民泰雅族居地接壤的偏僻山村。新竹師範學校畢業，高考及格。歷任中學、高職教師，1983 年退休。曾任《臺灣文藝》主編，1996 年擔任臺灣師範大學駐校作家。曾任台灣第一個台灣文學系淡水工商管理學院（改制真理大學）兼任副教授，臺灣筆會會長。主持大愛電視台「客家週刊」節目，推展客家文化。2000 年策劃主持公共電視台「文學過家」節目，推動客語台灣文學。現任總統府國策顧問。曾獲臺灣文學獎、吳三連文藝獎、吳濁流文學獎。

寫作文類以小說爲主，散文、評論次之，已出版短篇小說集《恍惚的世界》、《告密者》等，長篇《寒夜三部曲》、《情天無恨》、《藍彩霞的春天》等，及多本文化論著，有一定的影響力。其文學從個我生命探索、追尋到救贖與解脫，以「大河小說」作爲自我期許的使命。他曾自述作品的傾向「大多偏重在社會大眾生活面的描繪，爲無告的小民作微弱的代言」，題材多觸及生命的痛楚和無奈。自認平生最重要的一部小說是「寒夜三部曲」，包括《孤燈》、《寒夜》、《荒村》，是記述臺灣開發及歷史事件的小說，以日治時代爲背景，深刻的凸顯了民族的苦難和人性的尊嚴，頗具史詩氣魄、母愛的光輝和人對土地的依戀。

賞　讀

(一)、數百年前的恩恩怨怨 — 關於小說內容

〈巴斯達矮考〉敘述夏賽族青年拔力和未婚妻阿寶娃原定在秋天「收穫祖靈祭」時成親，卻在故事開始時的春天播種祭後舉行「祖靈祭」時，阿寶娃被對岸的矮黑人強暴，拔力憤而復仇，計陷矮黑人，使之落橋而亡，最後存餘矮人興師問罪後，移居他處，但賽夏族需每二年舉行祭矮人之靈。

本篇小說大抵分五個段落處理，敘述方式主要依事件先後爲序，中間加入回憶、插敘。在第一大段落裡，作者藉祖靈祭事情，很自然帶出男主角拔力、女主角阿寶娃的出場，並進一步讓我們看到男主角的英武與磊落，同時交待賽夏族的婚姻制度與精神，矮黑人的強悍及與賽夏族人的關係，這段敘述關聯整個故事（悲劇）的發展。在第一段落裡。最令人驚心動魄的是拔力親自探尋阿寶娃未參加祖靈祭的原因，結果揭開了阿寶娃受辱的不幸。作者以三個層次來呈現，首先是「喜息路」(卜卦鳥)示意阿寶娃所在地，拔力聽到了哭聲及比金滿臉淚痕、痛苦失措的表情，比金要拔力不要再找阿寶娃，聰明的拔力馬上警覺到：「一幕曾經想過的景象，驀然閃現腦際。 — 那是賽夏人可怕的夢魘，千古的屈辱，凡是族人從小就聽多了的……那不僅是傳說，而是悲慘的現實；他長大後，不例外地被這種屈辱的夢魘籠罩著。」作者很有技巧地寫出傳說中矮人常強暴賽夏族婦女的事情，這裡的描述又

與後來出現的歌謠相呼應，明示了矮人好女色、戲我妻女的不義。這樣的事，本來就是拔力深惡痛絕的，不幸的是卻又降臨在他摯愛的未婚妻身上，爲此，他失去了一生的幸福。聽到阿寶娃淒厲的哭叫聲，看到阿寶娃受辱後的慘狀，他瘋狂朝桂竹林深處奔去，戲劇的張力達到極點。

第二段落寫拔力自我隔離、消極頹唐地過日子，但另方面內心卻交戰著復仇與否的矛盾、辯解。第三段落進入另一高潮，拔力開始展開復仇行動，看著矮人一個個墜入深谷，他覺得「賽夏人不再羞恥」、「阿寶娃可以嫁人了！」他自己執行自己的死刑，高舉佩刀對準咽喉，比金適時撲過來，刀尖插進他的肩窩裡，免於一死。第四段落寫矮人老柯前來興師問罪，最後提出兩個條件：一是今後每兩年，賽夏族人在稻穀收穫祭之後或同時的月圓之夜，舉行盛大的歌舞，祭矮人之靈；二是把阿寶娃帶走。第五段落時間跳躍到二十幾年後，賽夏族舉行「矮靈祭」的歌舞儀式，祭司由現時已五十一歲的比金尤穆主持，作者讓我們知道拔力始終未娶，「自有巴斯達矮二十幾年來，他從未實際加入，但每次都靜坐在那裡傾聽著。……他隱隱體味出些許滿足，那是抗拒的滿足，抗拒中清醒地感到自己是頑強地活著。」

小說化了的傳說與生活中口耳相傳的故事，容後有許差異，但大抵表現了這兩個族群的恩恩怨怨；矮人離去、賽夏族人定時舉行矮靈祭則不離事實，其中雖有想像，但又何妨？甚而其想像之情節幾以寫實手法出之，一股悲壯的史詩性質，令人更加動容。

（二）、無奈的宿命觀

作者在小說一開頭時即舉兩件大事介紹拔力，一是他得過賽夏族青年最高榮譽 ── 獵鹿冠軍；一是在角力上，曾打敗過力大無窮的矮黑人，但後者卻是「族裡的長老們也十分憤怒，並且還有人主張治他『不敬矮人』之罪。」因為賽夏人是不能超越矮黑人的。

此一宿命觀籠罩全篇，在阿寶娃受辱，拔力向矮黑人復仇後，因刀傷在家療養，另一方面總人數不過六十人，經過落橋之後僅剩五人的矮黑人，在老祖母柯可帶領下前來興師問罪。在拔力到達朱家之前，比金代他頂罪，說橋是他砍斷的；拔力據此識破柯可的弱點 —— 她並非那麼法力無邊，並且她竟也未能明白拔力為何要置矮人於死地的要因。雖然拔力識見、勇氣都過人，但終究無法扭轉矮人超越族人的傳統命運。拔力曾對命運發出反抗的吶喊:「認命？我為什麼要認命？命運是什麼！真的有命運這種可惡的東西嗎？命運就決定我的一生嗎？我的禍福就交由他來決定嗎？我真的就不能改變命運嗎？」「祖先啊！偉大可敬的祖先！你為什麼這樣糊塗！也許，遠古荒涼的年代，你們不懂得怎樣生活下去，為了活命，你們欠人家太多恩情，也太畏懼他們，所以替自己，也替子孫們定下這些禁忌，讓我們受盡無窮的罪。唉！為什麼人間這樣複雜？生命會這樣無可奈何？」雖然他奮力抵抗宗族傳統的禁忌，祖先的律令，但個人終究難敵族群的大力量，最後亦只能被動式接受安排，令他孤獨過完下半生。

女主角阿寶娃更是族群成規下的犧牲者。她被矮人施暴之後，便完全心灰意冷，知道已被蹂躪的身體不再屬於自己，她告訴拔力：「這不是你我兩人的事，是我們兩姓的事……」「我只希望快快死掉，生病，掉進坑谷都好！」「這個齷齪身體，阿寶娃到死也不會再……」「阿寶娃最後好像也說過認命的話」，在柯老提出談和條件之一是把阿寶娃帶走時，她並非非去不可的。當她的父兄還在與老柯可討價還價，堅持留住阿寶娃時，她主動出現了：

「我阿寶娃去，不要降禍我族人」「阿寶娃是妖女，讓我把災禍帶走吧！」她出現時頭插避邪用的芒草；她之出現，是爲了延續自己的族群生命，避免矮人以洪水、風災、大火、惡疾等巫術消滅賽夏人，她在潛意識裡是深信這些禁忌與巫術的。阿寶娃，可憐又可敬的賽夏族之花，最後坦然接受這些不合理的安排（柯老是託矮 — 女矮人，其他四個達矮（男矮人），柯老帶走她應是爲了延續矮人的香火，不然，矮人就真要滅亡了。）事實上也是她認命了，「這是命，一種看不到的神所安排的！」由此可知，篇中的宿命觀來自賽夏族人本身觀念的桎梏與祖先留下來的禁忌，阿寶娃不曾有過反抗律令、禁忌的意念，其他族人，包括長老們尤爲律令之守護者，一種原住民圖騰式的命運觀，始終籠罩在大部分賽夏人的內心深處。矮人的威靈、祖先的律令，就如兩道扣得緊緊的金箍，難以輕易破繭而出。

（三）、貫串全篇的象徵 — 鹿

鹿是一種美麗、溫馴，惹人憐愛的動物，在原住民的生活中，更有實際的實用價值，作者在重要的情節處理上，有不少地方以鹿來譬喻、象徵，顯得貼切而意象鮮明。「大東河旱稻大豐收，各族族長決定舉行十五氏族聯合大狩獵；那時未婚男子要來一場獵鹿比賽。拔力得到獵鹿冠軍。這是賽夏族青年最高榮譽。」「拔力，像一頭健壯的牡鹿，在草叢林木間奔跑；只見一點褐紅影子飛馳著。」鹿，是男主角的化身，作者刻意安排「鹿」來象徵男主角，鹿是溫馴的、健壯的，絕不主動攻擊別的動物，而拔力正是這樣一個善良、和藹的人。但是當屈辱加諸他身上，而自己又無法復仇時，「他，像跌入陷阱裡的稚鹿，一身鮮血，還是闖撞不已。」這個意象襯托出一個熱戀中的青年深受命運擺弄，奮力掙脫、滿身傷痕仍不肯放棄的執著。潛意識裡一股復仇的念頭升上來，再也壓抑不下去，「不，月亮融化了，融化成野鹿的奶汁，向他頭臉胸膛澆淋下來，好暖和，好舒服⋯⋯。他深深睡著了。沉睡中，眼前晃動著銀灰色的戰刀，紅艷艷的鹿血，不，是人血，

好多人血；野杜鵑、山茶花、山黃麻、桂竹林，全是斑斑血跡；大東河流著全是鮮血！」鹿奶是滋養生命的，鹿血是戰場殺戮的代表，鮮血染遍了大地、大東河，心中的怨恨是如何深沉的啊！非血債血還是無法平息那股怨恨的。在復仇的那個中秋之夜，族人歌舞慶祝，喝糯米酒烤鹿肉，「他想起奔馳在原野的鹿群：鹿是美麗的，健壯的；當大公鹿被射倒，全身浴血，快嚥氣的時候，最美了，那種悲壯的美，使人油然起敬⋯⋯。」拔力一心想著復仇之事，對將採取的自殺死亡也超越爲悲壯之美。當阿寶娃隨著柯可逐水流遠去時，看在拔力眼裡，「她是山的女孩，是美麗的小母鹿啊！」在夢中「他化成一隻強壯的大公鹿；當然，身邊還有一隻美麗可愛的小母鹿。他，領著她，旋起一團風，向青青草原深處，奔馳而去⋯⋯。」

（四）、悲劇英雄的拔力

悲劇的主角是英雄，其結局是挫敗的，在他 — 拔力成爲獵鹿冠軍，又爲賽夏族在角力場上勝了黑矮人，此一英雄形象塑造完成之後，也註定了他的悲劇。原本天造地設的一對戀人，在傳統禁忌、律令下遭到無可如何的捉弄、擺布，最後拔力採取了復仇的行動，爲了不連累族人，不讓祖先生氣，他請求離開，只因他要活得光明正大；不過終究他忘不了，離不開故鄉。他的一舉一動是如此贏得讀者的敬重與同情。拔力對鄉土的愛戀，使他不得不以復仇後自殺爲抉擇。「拔力不做不和土地連在一起的人！這

裡是故鄉，拔力不會離開的；死，也要在這塊土地上！」由拔力的復仇看來，並非一洩私恨而已，除了一雪未婚妻受辱之仇外，更有洗刷族人百年來受凌辱之恥的精神。莎士比亞說：「真正的悲劇是沒有一方是錯的。」錯的是種種人為的規範與禁忌，對拔力、阿寶娃來說，不就如此嗎？

欣賞悲劇需要感性地投入，得到驚恐與讚歎，並從中獲得生之勇氣。閱讀〈巴斯達矮考〉，深入賽夏人的心靈世界，我們該有的是一份悲憫的情懷，壓迫者、被壓迫者均須有一種認知，各族群不必記著恩、記著仇，應去尋求相互間的尊重與瞭解，文化沒有優劣，高下之分，只有差異之別，每個族群都該保有自己的尊嚴與特色，才能創造和諧、具有前瞻性的多元文化，不應有「互相競爭是生存的法則。競爭結果，高一等的生命靠低層次的生命維持生存。」之迷思。

（五）、踩著鄉土、關懷現實的李喬

葉石濤先生曾說：「事實上，使得李喬的小說不至於流於空洞浮華，就是李喬的眼睛和心靈始終固定在一個重心的緣故。那麼，李喬到底抓住了什麼重心，他紮根在那裡？李喬的小說裡漫著的泥土芳香足以說明他重心的所在。我以為李喬的雙腳一直堅定地踩踏鄉土的。」我們從〈巴斯達矮考〉一作中，見到人物與大自然極為融洽的一面，原住民，原就是屬於大自然的民族，小說中的賽夏

族人活動的地點，大抵在苗栗南庄大東河的山坡地，那片山坡地，春天時滿山遍野開滿山茶花、野杜鵑、山茱萸。從拔力家到阿寶娃家，需經過一片寬廣的桂竹林，竹林邊有菅草叢、野芋荷、蝦公莢草。與大自然的貼近，使得原住民的語言多藉自然景

物來表達，呈現生動活潑的內容，作者頗能掌握這種特色來鋪陳人物間的對白或動作舉止。此篇作於一九七七年，七〇年代正是臺灣處於動盪不安的時期，臺灣退出聯合國、中美斷交、日本與中共建交、鄉土文學論戰等，在在衝激著臺灣，面臨這些變化，臺灣也開始回顧、檢視自己未來的方向，李喬此篇作品算是很早就對原住民及其歷史文化關注，於今視之，更見意義所在。臺灣社會中，各族群間的衝突、矛盾；強勢文化漠視、壓榨弱勢族群的現象比比皆是，做爲一位亦屬弱勢的客籍作家，想必更有深刻的體驗及設身處地的憐憫、關注之情。

或許李喬也有意藉賽夏與矮人之間的恩怨情仇，傳遞一個警訊；沒有任何一族群甘於永遠被欺壓凌虐，當他們有機可乘，或被壓制到忍無可忍時，他們會奮力反擊的，不計任何代價，縱然下場是悲慘的。

當月亮冉冉升起時，祭矮靈的歌聲將蒼蒼莽莽迴盪在山涯水邊，千年之後，或仍將幽幽咽咽地傳唱下去，訴說著恩恩怨怨的情仇糾葛，只是矮人蹤跡何在？處於劣勢的原住民，文化的傳承是否能延續不斷呢？是否有朝一日我們也要發出這一切安在哉的感喟？這的確是令人憂之思之，值得我們努力的課題。

九、散　戲

洪　醒　夫

處於社會變遷的巨大洪流中，汰換淘洗過程的迅速，常讓人無意間錯失或遺忘了許許多多彌足珍藏的瑰寶，一旦驚惶察覺，卻再也呼喚不回早先的那分光采。在今天的商業文明裡，物質享樂之風瀰漫，媒體資訊所提供的娛樂新穎而多元，傳統技藝實面臨強大的競爭危機。如何延續美好的傳統並賦予新生命，擘畫其發展前景，以抵抗惡質的商業文明，正考驗著我們這一代人的智慧與良知

略。

題　解

本文選自爾雅出版社出版的《黑面慶仔》一書，散戲（散，音ㄙㄢˋ）爲其中一篇，本課節選小說的最末部分。該文曾獲得民國六十七年第三屆聯合報小說獎第二獎，並入選爾雅出版社該年度的短篇小說選，爲洪醒夫重要的作品。本文旨趣是描述歌仔戲沒落之後演員的遭遇及其心情，並反映了舊文化爲現實社會所

吞噬而日趨式微的過程。

題目「散戲」，是戲結束、散場的意思。這裡不僅表示「秦香蓮」這齣戲的結束，也代表了「玉山歌劇團」的解散，及象徵了某些傳統價值的一去不返。作者透過秀潔的敘述觀點，以兩條主線－戲裡戲外的交互鋪展、現在過去的參差錯綜來呈現劇情，企圖讓讀者清楚看到舊文化爲新文明所侵襲，以致野臺歌仔戲面臨日薄西山的命運。

本篇小說設定的時間約在民國六〇年代中期，當時臺灣出口貿易增加，社會有所變遷，農村風貌也不復從前。新興娛樂紛紛湧現，電影、電視、金光布袋戲、歌舞秀等等，花樣繁多，聲勢奪人，往日農村生活中風光一時的野臺歌仔戲遂日漸不敵，而趨於式微。小說的故事背景即由此切入。

本文雖然內容不免有蕭條意味，歌仔戲也或許光輝不再，但讀者仍可感受到這些小人物堅強誠懇的生命信念與生活態度，在感傷之中呈顯了動人的力量以及悠遠的沉思。

作　者

洪醒夫，原名洪媽從，筆名馬叢、洛堤、司徒門，臺灣彰化二林人。民國三十八年生，民國七十一年七月因車禍過逝，年三十四。

家境清苦，憑個人努力，民國五十五年考入省立臺中師範專科學校（已改制臺中師院）受教育，翌年處女作短篇小說逆流刊於臺灣日報副刊，開始寫作生涯。畢業後，曾任教於臺中縣大南國小、社口國小。

洪氏作品以小說爲主，旁及散文、新詩及文學評論，小說創作曾獲國內多種文學獎。民國五十八年，於「復興文藝營」以渴獲小說創作第一名；六十年以〈跛腳天助和他的牛〉獲臺灣文藝「第四屆吳濁流文學獎佳作獎」；六十四年以〈扛〉獲第四屆吳濁流文學獎佳作；六十六年以〈黑面慶仔〉獲第二屆聯合報小說佳作獎；六十七年以散戲獲第二屆聯合報小說獎第二獎；〈吾土〉獲第一屆中國時報文學獎優等獎。

其小說中的人物大都是家鄉二林鎮的農民，他對農村小人物的卑微、愚昧、窮困和迷信，表現出高度的關懷與同情。所描繪的人物即使在黯然的歲月裡，仍然具有誠懇、勇敢、強韌的生命信念，所以他的小說讀來溫馨感人。他善於安排故事，小說情節引人入勝，對人性刻畫深入，並且適當運用鄉土語言，巧妙地把一些臺灣俗諺和特殊語彙用在對話裡，比如「三不五時還會頻頻顫，大粒汗小粒汗拼命流」、「七月半鴨仔，不知死活」、「十七兩翹翹」、「人講吃老剁無土豆，找我這個老廢仔做啥？」、「乞食身也想要皇帝命，一點艱苦就大驚小叫」等，寫來精準而親切。

除了從事文學創作外，他積極參與各式各樣的文學活動，編輯多種文學刊物，是位對文學相當投注的文學工作者。著有《散戲》、《黑面慶仔》、《市井傳奇》、《田莊人》、《懷念那聲鑼》等書。

賞　讀

本文節選自小說散戲的一部分，處理眾演員之間如何面對「散戲」之後難堪的場面，呈現了作者對野臺歌仔戲演員誠摯的關懷，同時寫出了野臺歌仔戲在社會變遷轉型下沒落的過程。它不僅是一齣戲的結束或散場，更是歌仔戲團的解體散伙及某些傳統價值的日漸崩潰。

本文據以論述者，從秀潔（飾陳世美）對阿旺嫂（飾陳香蓮）賴掉最重要的一段戲，深表不滿開始。在此之前，小說情節的發展是這樣的：「玉山歌劇團」正搬演秦香蓮這齣戲碼，劇中陳世美高中狀元，又被招爲駙馬，他不但不認妻子兒女，甚且欲置之於死地。秦香蓮擊鼓喊冤，包拯（金發伯飾）受理此案，展開調查，請來陳世美與秦香蓮對質。戲演至此，卻因後臺傳來阿吉（阿旺嫂的兒子）尖銳的哭聲，阿旺嫂（飾秦香蓮）竟然打斷包拯的臺詞，請求「民婦先行告退」，金發伯乾脆連兩個孩子一起趕下去，使得劇情無法正常演出，幸好飾演國太的翠鳳機智，戲得以勉強演出，但觀眾卻毫無反應。至此金發伯被迫刪掉了其與秦香蓮最精彩的一段戲，草草鍘了陳世美，然而觀眾仍然沒有反應，繼續談天。

歌仔戲的沒落，淒涼，透過觀眾的反應，強烈又反諷突顯出來，正因這樣無奈的情境，伏下秀潔與阿旺嫂對「脫戲」一事的爭吵。本文所論述的即是鍘美案此戲散了後的情形。一齣名爲秦香蓮的大戲竟然沒有秦香蓮，這戲焉有不「散」的道理，能不怪罪阿旺嫂嗎？而阿旺嫂卻喜孜孜毫無歉疚之色，致令秀潔懷疑她是「早有預謀，早已退妝，故意賴掉那段戲」，二人之爭吵，隨之爆發了！

這一段爭執，作者之描寫甚細膩，重點全在於「知道」、「不知道」與「怎麼不知道」一再地反覆。秀潔自十三歲學戲，到了廿八歲仍未婚，一心「只知道」演戲；阿旺嫂已育四個子女，因後臺傳來兒子的哭聲而脫戲，二人的對話裡，正隱約傳來理想與現實的爭執衝突。

小說接著寫吵架的與勸架的，紛紛表明自己對歌仔戲正確忠實的態度作者用「一向溫順乖巧的秀潔也會跟人吵架」，映襯她對歌仔戲的執著。寫金發伯的反應，他是唯一置身這場吵架之外的人。沒有人比他更了解歌仔戲（及其命運），然而他「木然地」、「不發一語」，與前段的「人聲鼎沸」形成強烈的對比，他「蒼老憂鬱而頹喪的神情」與昔日教戲給秀潔時的「威嚴自信的臉色」又成另一強烈的對比。曾意氣風發過的金發伯，如今卻佝僂而單薄，猶如歌仔戲雖擁有一段黃金歲月，而今卻搖搖欲墜。這看在秀潔眼裡，實令人因之悸動、禁聲了。

緊接著寫阿旺嫂等人基於現實、收入考量的態度，秀潔則認爲「不管有沒有觀眾，戲都應該好好演」，至於自己雖曾「在戲臺上唱過流行歌」，做過「蜘蛛美人」的表演，但那是以「劇團生存」爲考量，而不是爲個人的收入，所以是「完全不同的兩回事」。

然後描述秀潔幾經考量，正欲辭職；金發伯卻宣佈晚上好好演出招牌戲之後，劇團解散的消息。最後二人以玩笑之語收場，等待今晚「精忠岳飛」之演出。

小說最後以秀潔看著「猶未燃燈的單薄戲臺」在幕色中逐漸模糊起來而結束，在淒涼寂廖之中透露出動人的溫暖與希望，縱使夜幕低垂，只要執著理想，燈光一亮，戲仍將演下去。

散戲的結構是複雜的：戲裡、戲外兩主線交互鋪展，現在、過去的時序參差錯綜呈現。藉歌仔戲小生秀潔的視點，憶述了過去的種種情節。小說的現實世界的時距，可能只是飾演鍘美案最後一段的時間，頂多是一個小時而已，卻透過小說人物（秀潔）的回憶，賅涵整個戲班子的興衰始末。

戲中人物與現實人物重疊，甚至沿用戲中人名以指現實人物，別具風味。而最令人注意的是：戲中角色和現實人生中的人物性格，恰好是顛倒錯置的，猶如理想與現實的衝突。如飾演包公的金發伯，曾對歌仔戲有分熱愛，曾威嚴而自信，但在現實衝擊下，只剩下佝僂單薄，宛如老舊的「戲機器」，毫無知覺的播著古老的臺詞，偶而還會出現「跳針」的現象，在臺上罵起不盡責的演員。他無法保有包拯的風骨，主持正義，不向惡勢力低頭。儘管他對流行歌曲大肆批評，但在面對劇團的失敗時，他叫秀潔唱起了流行歌曲。

飾演秦香蓮的阿旺嫂，戲中是舊文化傳統美德的實踐者，而戲外的她在對戲劇感到無力之後，萌生放棄的心態，向現實妥協，放棄了理想。她退了場、退了妝，離開缺少掌聲與喝采的舞台。這樣的行爲和處矛盾中的秀潔：是要堅持歌仔戲或放棄它回家種田嫁人，正好形成強烈的對比。

秀潔在小說中扮演的兩個角色分別是忘恩負義的陳世美，以及精忠報國的岳飛，就節操而言，兩人是極端的對比。可是就兩人最後的下場而言，同樣是失敗者，一個被虎頭鍘鍘了，一個被十二道金牌召回下獄而死。而飾演者秀潔在現實世界裡也不斷被擊退，理想如泡沫一一消逝，被迫打零工、扮蜘蛛女、接喪事工作，身著岳飛的戲服唱流行歌，甚至在群眾的叫喊聲中，不由自主地搖擺起身體，慘遭挫折。儘管小說末了秀潔表現出一名當家小生的威風，但那終究只是虛幻、只是迴光返照時一個淒美的手勢。

時代在變遷著，而在時代變遷中的小人物只能被這股大漩渦帶著走進自己無法想像的大世界。面臨這樣的變動，我們該抱持怎樣的態度去回應呢？是逃避？是退縮？還是勇敢地面對它、挑戰它？未來表演藝術又將走到那樣的田地？在科技不斷進步、物質生活愈見便利的末世紀，人的「心」是將昇華或是墮落呢？洪醒夫的作品所描寫的年代雖已遙遠，但小說所反映出來的問題卻也適合現在這個時候。

十、啓蒙之旅

——鄭清文〈紙青蛙〉

略。

作　者

鄭清文（一九三二－），筆名莊園、谷嵐，出生於桃園李姓農家，自幼即過繼給台北新莊開木器店的舅父。七歲入小學，受日本教育，戰後在台北讀初中時才開始學習中文。台大商學系畢業，服務於銀行。一九五八年在林海音主編的「聯合報副刊」發表處女作「寂寞的心」。以後，陸續發表許多新作。一九六二年，「文星雜誌」舉辦創刊五週年紀念徵文，鄭清文以短篇〈我的傑作〉獲獎，從此奠定寫作信念。他以故鄉舊鎮、現代工商社會爲背景，刻畫出台灣人民的悲歡和尊嚴。此外，他相當關心兒童和少年，爲他們創作了不少童心童趣及深富啓蒙作用的作品。除了小說、童話之創作，他在文學評論以及文學作品翻譯方面也有豐碩的成果。作品集如：《簸箕谷》、《故事》、《校園裡的椰子樹》、《現代英雄》、《最後的紳士》以及《峽地》童話集《燕心果》、《天燈·

母親》、《採桃記》等，一九九八年由麥田出版短篇小說全集。

其小說無論就主題、人物刻化、場景的掌握、氣氛的釀造、觀點應用、或意象的統一性而言，都可謂達到藝術上登峰造極的成就，其特有的含蓄清淡風格，及對人性的深層探索，尤備受眾人推崇。摯友李喬曾很精當指出鄭清文小說主題有四：一、著重悲劇過程的探討；二、描寫得救的過程，得救在於自覺奮鬥，不斷成長；三、從深層面看社會問題；四、人生難免在取捨中備嘗痛苦，但因之呈現生之意義。他生平服膺作家契訶夫、海明威，稱許契訶夫「文學只做見證，不做裁判」的說法及其對人類的憐憫之心；推崇海明威的「冰山理論」，，認爲「因爲簡單，所以它可以含蓄得更多」。因此其文字含蓄而簡明清朗，內涵思想卻豐富。在虛無、華麗、詭魅的文風中，鄭清文質樸自然的小說，不啻是一道清流。

他的小說多次入選年度、國內外選集，曾獲臺灣文藝第四屆臺灣文學獎、第十屆吳三連文藝獎、第十六屆時報文學獎短篇小說推薦獎、金鼎獎。之後更以《三腳馬》（*Three-Legged Horse*）英譯本一書，獲得享譽美國的「桐山環太平洋書卷獎」（Kiriyama Pacific Rim Book Prize）（一九九九年度小說獎），此爲台灣作家首次得到這項重要的國際文學獎。二○○五年獲國家文藝獎。

賞　讀

如果閱讀文學作品是一種愉快的人生經驗與豐富的生命啓示，那麼台灣的兒童、少年文學，顯然更值得我們去重視。

孩童的成長，雖然來自多種面向、借助多種力量，但透過適合其年齡層的文學作品之閱讀，可以激發其想像力、拓展其生活經驗，使之產生心靈相通的貼切感。這樣的作品，不僅是他們傾訴、表達、質疑、宣洩情感的管道，同時也是開發自我潛能、了解自我，學習尊重他人與自然萬物和諧共處的途徑。在孩童成長的過程中缺少了這類文學讀物，不免是椿令人惋惜的事。

台灣過去由於傳統的父權文化、威權的政治體制與僵化的灌輸教育，雖然我們每個人都經歷過成長，但大部分的人始終未正面注視過成長，對孩童的內心世界、情緒表達多予漠視。「發現兒童」、「發現少年」的喜悅，需至自由民主多元化社會的到來，才遲遲捎來訊息。然而在面對漫畫和電子遊戲產品的同時，文學作品如何創新，引發其閱讀興趣，實爲目前重要的問題。

作家鄭清文先生四十多年來持續創作，不曾間斷，小說體裁豐富，作品見證了戰後台灣三十多年來社會變遷、轉型下，台灣人的生活方式、歷史經驗、人生體悟、文化內涵等。更爲特殊的是，他相當關心兒童和少年，他以寫小說的深層功力來寫童話、少年小說。一九八五年出版過一本創作童話《燕心果》（共十九篇），後來又撰寫了一些短篇的少年小說，如〈紙青蛙〉。這些都是爲孩子而寫的作品。本文所介紹的〈紙青蛙〉，可歸爲少年小說（當然，視爲一般小說亦無不可，它也適合成人閱讀）富有人生啓蒙，小說所敘述的故事可稱爲「啓蒙故事」（initiation story），其意旨是一個人在挫折裡如何克服種種困難、認識真實世界，認識自我、肯定自我，在酸楚中蛻變成長的過程，這同時也是「成長」的文學。青少年時期，身心各方面都面臨成長中的急遽變化，自我意識的覺醒、人際關係的追求與發展，在在需要父母、師長、同儕的關心和指引。

〈紙青蛙〉原刊一九九一年四月號的《幼獅少年》的雜誌，故事主要是敘述國中生陳明祥如何克服畏懼青蛙的經過。每一個人對自己所害怕的人事物，常會設法逃避，這樣的恐懼長期貼附著我們，形成心理莫大的障礙，使我們沒有勇氣來正視問題的所在，甚至還有意地壓抑它，試圖把它忘掉。但是這樣的夢魘卻日益壯大，盤踞了我們的內心。如果我們找更多的藉口來推諉，不敢親自去面對、去解決，畢竟是無濟於事的。

成長小說，離不開引導讀者「認識自我」的心理過程，作者採取了很特殊的方式來處理。過去作者有不少作品採第一人稱敘事觀點，本篇則採第三人稱的主角觀點來寫，主角內心刻劃精細，呈現了國中生陳明祥所見、所為、所思、所感。這樣的觀點，可讓讀者詳細了解發生在陳明祥身上的事，隨著主角內心的思維以及外在實際的舉止行為，我們很清楚地感受到他有所感懼，然後他在磨練中獲得啓示、領悟，最後認識自我，確定了方向。如果採取第一人稱自知觀點，效果必然打折扣。同時，如果受限於兒童的「幼稚觀點」，作品易流於童騃式的描寫，無法觀察到更大的時空。本文讓敘述者回到國中，再回來觀察他小學三年級時的生活，就較可解決幼稚觀點的限制。觀點的選擇與運用，表現了作者對本文主題的思索。

小說可以分三部分來談：

第一部分先介紹小說主角及場景。陳明祥冒雨外出，來到了環山路上，山路上有很多青蛙，他並不喜歡牠們，可是他卻偏偏特地跑來這裡看青蛙，為什麼呢？作者有意在這裡交代陳明祥為了不辜負老師的期望，努力克服怕青蛙的心理障礙。

第二部分開始為讀者解疑。這一部分又賅涵兩段回憶，心理分析較多，近意識流插敘之處亦不少，頗似今昔參差錯綜法。第一段回憶是陳明祥想起上禮拜他在生物質實驗解剖課看見青蛙而昏倒的事，生物老師還為此特地摺一隻紙青蛙送他。然後他由一心保護紙開始，漸漸地敢去觸碰紙青蛙，甚至為它畫上眼睛，他知道紙青蛙是假的，沒什麼好怕的。

第二段回憶，倒敘到更遠的時空，說明陳明祥恐懼青蛙的緣由。原來陳明祥以前並不怕青蛙的，他還釣過青蛙呢！當他小學三年級的時候，頑皮的阿地吹脹了阿火姆要放生的大青蛙，他害怕而說了出來，害阿地被處罰。從此以後，他就成了玩伴口中不歡迎的「報馬仔」。有一次在同學預謀性的報復計畫中：阿地一群人知道明祥一定會跟他們出去，於是就引他到草寮，要他閉上眼睛，說要送他一隻大青蛙。雖然明祥疑心有詐，但是想要重拾夥伴對他的信任就得先信任別人不可。所以他閉起眼，接下放在他手中的東西，但睜眼一看卻是駭人的青竹絲。此後他便經常因青蛙變蛇的夢魘而嚇得直冒冷汗，他並不是怕表蛙，而是被同學惡作劇的經驗，使他只要看見青綠色又軟軟黏黏的青蛙，很自然地就想到了蛇，所以連青蛙也怕了起來。倒敘完了恐懼的緣由之後，故事回到起點。

第三部分即敘述陳明祥如何親手協助蛙群避開水溝危險的地方，克服了心理障礙。陳明祥在山路上發現了一件奇怪的事：許多大大小小的青蛙橫過馬路從草叢正朝著水溝的方向前進。他原本以為青蛙們會警覺到水流的湍急而止步不再向前，但是顯然青蛙們並未察覺危險的存在，仍然持續前進。他曾設法警告青蛙的盲目舉止，他用力踩著腳想趕牠們回去；他大聲命令青蛙們「回去」；他折竹枝撥弄著牠們。卻止不住青蛙繼續前進。他知道用手抓是最好的方法。但是，這是真青蛙而不是假的，他怕，他不敢去碰牠。明祥知道他一定得快點做下決定：是要見死不救讓恐懼繼續糾纏著他？或者他可以袪除恐懼並拯救青蛙？於是他選擇了面對青蛙。青蛙的眼睛像蛇，他遲疑了一下，青蛙卻一直送命，他對自己肯定「那是青蛙，不是蛇」。他終於敢碰真的青蛙了，濕濕軟軟的，不是假的。但是青蛙仍然跳往水溝，絲毫不受影響。他立刻迅速地再伸手抓了一隻青蛙，丟得又遠又重，大概還有些害怕的緣故吧！反而讓青蛙受了重傷不能動彈。

最後明祥真正明白了一些道理，他知道下定決心做任何事，就不應該三心二意，而喪失了許多機會，甚至造成無法挽回可怕後果。既然事情已經進行了就不能半途而廢，因爲「一旦放手，就要從頭再來了」。一次轉變的契機放過了，誰能保證它會再來呢？即使再來，誰又能保證事情一定能完成呢？把握住現下最佳時機，確信自己可以從容完成目標，那麼便可以避免重蹈失敗了。最後，明祥真的做到了，他挽救了青蛙，也幫助了自己。陳明祥終於克服恐懼心理，最根本的關鍵在於欲救青蛙的不忍人之心，這是對生命的尊重與同情，不忍見青蛙不停的送死，這才真正激發了他勇敢克服恐懼青蛙的心理。

本篇小說在時間處理上，有特別之處，屬於倒敘型的敘事結構。故事發生之次序，應是：第二部分的國小三年級→國中生物實驗解剖課→第一部分陳明祥來到山上面對青蛙→第三部分陳明祥幫助了青蛙，克服了自己的心理障礙。其中重點的拿捏，先後次序的調配，正可以看出小說的藝術技巧。爲了吸引讀者，小說家必定會將故事情節予以適當的安排呈現出來，以增加小說本身的魅力。〈紙青蛙〉之開場是相當精彩的，王禎和曾提到故事開場在一篇小說中特別重要，有如抓貓時要抓其頸項，如果抓其耳朵、腳、尾巴，抓者勢必身受五爪之傷。〈紙青蛙〉考慮以倒敘的手法，在情節的中間關鍵處落筆確爲明智之筆 — 陳明祥穿上雨衣來到山路上，扣住讀者的好奇心 — 陳明祥下雨天來到山路上做什麼？上生物課爲何看到青蛙就昏倒？然後作者開始倒敘前半情節，等回到故事起點時，再以「現在進行」敘述完後半部分。當然真實生活中的時空是不會這樣子任意倒置的；但是小說家擁有的想像魔力卻可以構造出不同的世界，就如同我們的內心一樣，在那裡，時間沒有長短；空間沒有大小；過去、現在、未來沒有界限。小說家知道這個祕密之後，就可以剪貼拼湊整個故事，讓故事變得新奇而有趣，說起來動聽又深刻。

〈紙青蛙〉另一值得玩味之處，即是小說主角克服心中障礙的動機，也就是主角明祥與生物老師之間一種說不出的感情。小說對主角害怕青蛙的情結由來、心理動機、心理障礙都描寫得清楚合理，這是值得欣賞、注意的地方。明祥之所以能克服害怕青蛙的癥結，生物老師的關懷與愛心是善加導引的關鍵。如果當初老師以尖刻的語言斥責明祥，以顯示自己的權威，恐怕只會徒增學生的反感。作者藉本文巧妙傳達了青少年的心理及對老師的期待 —— 親切和藹；也提供爲人師者一些思考的空間。此外，在小說裡安排解剖青蛙的情節，除了生物課出現青蛙是順理成章的事，可能也帶有剖析事理，證驗主角害怕青蛙的原因之暗示作用。恐懼心的克服，往往是青少年成長階段必經的歷程，作者在小說裡藉此一題材，更深刻指向他素來關懷的重點：對生命的尊重。生活在這地球上，人與人、人與物之間，都必然需擁有的同情關懷之心。

基本上，鄭清文的小說都有相當深刻的內涵，馳譽文壇的李喬曾說：「（鄭清文）是這一代最誠摯的作家，他擁有最純粹的文學作品。」對其人格、文學有絕佳的讚譽。讀者閱讀一篇小說除了在情節故事上得滿足、在作者謀篇構思上加以學習之外，最重要的莫過於從中獲得啓示。鄭清文先生說：「好的小說可以使你的人生變得寬闊，也可以使你在生活的變動中得到一些重要的啓發。」從〈紙青蛙〉我們也可以得到啓發：尋找問題的癥結，探索自己的能力，面對它而不逃避，我們才得以清楚地認識自己，更有自信地掌握自己的人生。

十一、發人深思的故事
——莫泊桑〈項鍊〉

本文寫一位美麗的少婦因一時的愛慕虛榮，而付出巨大的代價。雖然故事寫的是某個時代、某個人物的事，但作者所描繪的這種虛榮心態，事實上是每個時代中不少人所共有的毛病，值得讀者深思。

本　文

就像是命運女神出了差錯似的，收入入微薄的家庭經常會養出美麗而又可愛的女兒來，她也是其中的一個。她既沒有陪嫁的財產，也沒有希望獲得財產，同時沒有機會去接近有錢人，讓對方理解她、愛她，向她求婚。結果最後她嫁給了教育部的一個小職員。

即使她想要打扮也沒有衣裳，所以她全身上下真是樸素極了，但是心中一直有如淪落的女人一般，覺得自己非常不幸。這是因為她認為女人並沒有階級和血統的區別，美貌、風情或魅力就可以取代出身和家世。只有天生所具有的高貴氣質，以及優雅的心和敏捷圓滑的才氣，才是決定階級的因素，所以只要具有了這些，即使是平民的姑娘，也是可以和貴婦人比肩並立的。

她認為自己生下來就是為了過精緻而奢侈的生活的，所以總是感到痛苦。一想到自己住在窮困的房子裡，牆壁是髒汙的，椅子是破損的，地毯非常難看，她就變得痛苦不堪。別的相同階級的女人的話，或許並不會在意的事情，卻使她氣憤難忍，焦躁傷心。看到自己家裡所以使喚的布爾塔紐出生的小女僕在打掃寒酸的家具時，她就懊惱得流出了眼眹，也引發了她那漫無邊際的胡思亂想。

她幻想著在安靜的接待室裡，貼著東方式的壁布，高大的青銅燭臺，把室內照得通亮，兩個身材高大，體態矯健，穿著短褲的僕人，在溫暖的壁爐旁，坐在很大的扶手椅上打瞌睡。大沙龍裡貼著古代的絲綢，典雅的家具上擺滿了昂貴的古董。飄溢著濃郁香氣的小沙龍裡，到了下午五點的喝茶時間，最親密的男朋友，以及任何女人都渴望把對方的眼光吸引到自己身上來的著名時代寵兒，就會來訪，在那裡聊天……。

吃晚餐時，她在鋪著已經三大沒有換的桌布的圓桌前面，看到對面的丈夫掀起湯鍋的蓋子，很高興地說：「好湯！再也沒有比這更美味的佳肴了！」這時候，她忍不住又幻想起豪華的晚宴來了。

銀器閃閃發亮，四周牆壁上的壁布，繪著仙女的森林，以及太古時代的人物和珍奇的鳥類。華麗的盤子裡，山珍海味堆積如山。然後一邊吃著紅鱒魚粉紅色的肉，以及肥嫩的母雞翅膀上的肉，一邊掛著謎一般的微笑，談著高雅的話題……。

她沒有一件出門穿的像樣衣服，也沒有一顆可以配戴的寶石，但是她偏偏只喜歡這些東西，覺得自己是為這些東西而生的。她是那樣的想讓人喜歡她，讓人羨慕她，讓人沮喪，一連好幾天都以淚洗臉。

一天傍晚，她的丈夫手裡揮著一個大信封，興匆匆地回來了。

「妳看，我得到了一個好東西呢！」

她急忙撕開信封，從裡面拉出一張印刷品，上面這樣寫著——

「教育大臣喬爾朱，蘭波諾夫妻懇請洛瓦塞爾夫妻務必排萬難，參加一月十八日星期一晚上，在大臣官邸舉行的晚宴。」

跟丈夫的期待完全相反，她不但沒有欣喜雀躍，反而恨恨地把那份請帖摔在桌子上，喃喃說道：

「這有什麼用？」

「可是，我原來以為妳會很高興的，妳很少到人群裡去，這是個好機會，最好的機會！我費盡了苦心，才獲得邀請。大家都爭先搶著要，因為小職員沒有幾個人能去。出席的話，可以遇到有頭有臉的大人物呢！」

她用焦躁的眼神看著丈夫，最後終於忍不住了，大聲說道：

「那麼，你叫我穿什麼去？」

丈夫根本沒有想到這一點，結結巴巴地說：

「不過……去看戲時穿的……不就可以了嗎？……我覺得那……非常好。」

看到妻子哭了起來，他大吃一驚，慌得趕緊住了口。兩顆大滴的淚珠從她的眼睛溢出來，慢慢流到嘴唇的兩邊。他支支吾吾地說：

「妳……妳怎麼呢？到……到底怎麼了呀？」

她好不容易才抑制住悲傷，擦著濡溼的臉頰，用很鎮靜的聲音說：

「沒什麼，只不過你也知道我沒有出門的衣服吧？所以雖然你好不容易才得到邀請，但我還是不能去。把請帖送給誰吧！送給你的朋友中，妻子有很多衣裳的人吧！」

丈夫感到很沮喪，隨後說：

「瑪蒂爾朵，你說要多少錢才夠呢？反正買好一點的衣服，別的時候也可以穿的。」

她在心中盤算了一下，考量要說多少，才不會讓這個吝嗇的小公務員大吃大驚，當場一口拒絕。

最後，她終於猶猶豫豫地說：

「嗯，我也不太清楚，不過，要是有四百法郎的話，我想應該夠了。」

他的臉色變得有些蒼白了，事實上，他正好存了這樣一筆錢，打算買一枝獵槍，這個夏天跟兩、三個朋友到南第爾野原去打獵。他的朋友每個星期天都到那裡去打雲雀。

不過，他還是下定決心說：

「那麼我就給妳四百法郎，但是妳一定要做一件非常漂亮的哦！」

晚宴的日子愈來愈接近了，不過洛瓦塞爾夫人看起來還是愁眉不展，好像在擔憂什麼似的，可是她的漂亮衣服已經做好了呀！於是一天晚上，丈夫就問她：

「到底怎麼了？這兩、三天妳有些不對勁呢！」

她回答說：

「我連一件首飾，一顆寶石也沒有。可以配戴在身上的東西，什麼都沒有。我看起來一定很寒酸的，倒不如不去算了。」

他馬上接口說：

「插幾朵花怎麼樣？在現在的季節裡，這樣反而會更加出色。只要花十法郎，就可以買到兩、三朵非常美麗的玫瑰花的。」

她一點也不相信。

「不要……夾在打扮得花枝招展的人群當中，只有自己一副窮相，再也沒有比這個更叫人抬不起頭來的了。」

但是丈夫卻大聲吼叫起來了。

「笨死了！到佛勒斯第耶夫人那裡去，向她借幾件寶石不就行了嗎？妳們那麼要好，這點小事是可以請她幫忙的。」

她高興得歡呼起來。

「是呀！我竟然沒有想到。」

第二天，她到朋友家裡去，訴說自己的窘境。

佛勒斯第耶夫人馬上走到鑲著鏡子的衣櫃那邊去，拿出一個大盒子，然後打開盒蓋，對洛瓦塞爾夫人說：

「你喜歡那個就拿去吧！」

她首先看幾只手鐲，然後是珍珠項鍊，接著拿起鑲金嵌玉，手工精細的威尼斯式十字架。隨後站在鏡子前面，一件一件配戴看看。她實在捨不得取下來再放回去。她又問道：

「還有別的嗎？」

「當然有，妳自己找吧！我不知道妳喜歡什麼？」

忽然間，她看到一個黑緞盒子裡，有一串非常美麗的鑽石項鍊，她立刻就中意了，一顆心怦怦亂跳，伸手去拿的時候，手一直抖個不停。她把項鍊穿過衣服的領子掛在胸前，忍不住望著鏡中的自己出神了。

隨後她忐忑不安地畏畏縮縮問道：

「這個可以借給我嗎？只要這個就夠了。」

「請拿去吧！不用客氣。」

她飛撲過去，抱住朋友的脖子，猛烈地吻了又吻，然後抱著那盒項鍊跑了。

晚宴這天，洛瓦塞爾夫人獲得了非常大的成功。她比任何人都要美麗。她高雅、優美、和氣、快樂、活潑。所有的男人都在注意她，問她的名字，想和她認識。每個教育部的高官顯貴，都想跟她跳華爾滋。就連大臣也被她吸引了。

她沉迷在快樂中，欣喜雀躍，瘋狂地跳著舞。她自身的美麗所獲得的勝利，成功所帶來的光榮讓她陶醉了。一切的尊敬、讚嘆、覺醒過來的欲望，以及對女人的心來說，再也沒有比完全的勝利更令人感到舒適的滋味所釀造出來的一種幸福的雲，把她整個包圍住了，她什麼都不想了。

凌晨四點左右，她才離開會場。丈夫到了十二點，就跟三個同事在沒有一個人影的小沙龍裡睡著了。事實上那些夫人太太們，在那個時候也還是玩得非常快樂。

丈夫把帶來準備回去時穿的外套披在妻子肩上。這是平常在家裡穿的樸素衣服，那種寒酸氣，根本不能跟時髦的晚禮服搭配。她自己也感覺到，怕被裹著豪華毛皮的夫人們看到會很難為情，於是拔腿就跑。

洛瓦塞爾急忙阻止她：

「等一等，妳穿這樣就出去，會感冒的，我立刻就叫馬車來。」

但是丈夫所說的話她一點也聽不進去，她飛快奔下階梯，兩個人來到街上，可是一輛馬車也看不到。於是他們到處找馬車，遠遠的看到了馬車的影子，他們就大聲呼叫，不過馬車伕並沒有聽到。

他們不知道如何是好，冷得牙齒上下打顫，全身哆嗦，下到塞納河畔，終於在岸邊看到一輛箱型馬車。像是白天露出寒酸的樣子會感到很不好意思似的，這是只有夜晚才會在巴黎現身的那種夜晚專用的破馬車。

兩個人就坐著那輛破馬車，回到馬第爾街的家裡。隨後心情黯然地進入房間，妻子覺得快樂到這裡就全部結束了，滿臉沮喪，丈夫則想著明天十點又要到辦公室去了。

她脫下披在肩上的外套，想要再一次看看自己動人的模樣，就走到鏡子前面去。在那一瞬間，她忍不住大聲驚叫起來，項鍊不知道什麼時候不見了！

丈夫早已經脫下衣服，聽她叫得那麼大聲，吃了一驚，問她說：

「怎麼了？」

她彷彿瘋了似的，轉身向丈夫說：

「不見了……不見了……佛勒斯第耶夫人的項鍊……」

丈夫也嚇壞了，一下子站了起來。

「什麼！……不見了？……這怎麼可能！……」

於是兩個人找了起來，晚禮服的褶縫，外套的褶縫，然後是口袋，所有的地方都遍了，還是連影子也沒有。

丈夫問：

「從舞會會場出來時，確實還在吧？」

「是呀！在官邸大門口，我還用手摸了一下。」

「不過，要是掉在街上的話，應該是會聽到聲響的，一定是掉落在馬車裡了。」

「或許是那樣也說不定，你記住車號了嗎？」

「沒有，妳呢？沒有看到嗎？」

「沒有。」

兩個人失望地面面相覷，最後洛瓦塞爾又穿上衣服。

「總之，我到人行道上再找找看。」

說著，他出門了。妻子沒有心情躺到床上去，依然穿著晚禮服，神情委靡地坐椅子上。在寒冷黑暗的房間裡，只是茫然發呆而已。

丈夫在七點左右回來了，但是並沒有找到項鍊。

隨後他去向警察報案，到報社去登懸賞廣告，也到馬車公司去打聽。只要是有一點希望的地方，他就不放棄。

妻子在這樣可怕的災難面前，依然只是茫然發呆，足足等了一整天。

傍晚，洛瓦塞爾兩頰塌陷，蒼白著臉回來了。一點線索也沒有。

「妳對夫人說項鍊搭扣壞了，送去修理了。在這段期間，我們再找找看。」他說。

妻子依照丈夫所說的寫了信。

一個星期過去了，已經沒有任何希望。

洛瓦塞爾彷彿突然間老了五年似的，說道：

「既然這樣，只有想辦法找一條替代的了。」

於是兩個人第二天拿著裝項鍊的盒子，到盒蓋裡所寫的寶石店那裡去。寶石店老闆翻了翻帳簿說：

「夫人，我們沒有賣出那條項鍊，我們只做了這盒子而已。」

隨後他們到每一家寶石店去，憑靠記憶，尋找跟丟掉的那串相同的項鍊。兩個人都因為心痛和不安，幾乎要病倒了。

在王室廣場的一家寶石店裡，他們看到了似乎和正在尋找的那串鑽石項鍊一模一樣的首飾。定價四萬法郎，但是可以出價到三萬六千法郎。

他們請求老闆三天之內不要賣出去，並且另外說好了條件，要是二月底那串項鍊失而復得，老闆同意以三萬四千法郎買回去。

洛瓦塞爾手邊有從父親那裡得到的一萬八千法郎遺產，剩下的就只有去借了。

他向甲借來一千法郎，向乙借來五百法郎。這裡借一百法郎，那裡借六十法郎。從高利貸到一切種類的金融業者，他都去交涉，開出支票，訂下非常危險的契約。他把餘生的全部都斷送了，也不知道究竟能不能履行那些契約，他就簽了名。並且一想起往後的辛勞，以及即將面對的悲慘黯淡的生活，同時還預想到一切物質上的匱乏和精神上的痛苦，那種恐怖的心情就揪緊了他的心，但他還是去買了項鍊，在櫃臺上放下三萬六千法郎。

洛瓦塞爾夫人把項鍊送給佛勒斯第耶夫人時，佛勒斯第耶夫人一臉不高興地說：

「妳應該早一點還我的，因為我也要用。」

佛勒斯第耶夫人並沒有打開首飾盒來看，事實上洛瓦塞爾最怕的就是這個。要是發現項鍊不是原來的那一串，對方會怎麼想呢？自己又要怎麼說呢？一想起自己或許會被當成手腳不乾淨的女人，她就擔憂得不知如何是好。

洛瓦塞爾夫人現在才深切體會到貧家生活的痛苦。不過她立刻就堅強地立下了決心，這一筆驚人的龐大債務非償清不可。她在心中發誓，一定要償還。他們辭退了女僕，住處也改變了，租了閣樓的一個小房間住。

她體驗了家事上的煩瑣雜務，以及廚房裡讓人厭惡的工作。她自己洗碗碟，油膩膩的陶瓷器和煎鍋的底，把她那玫瑰色的指甲磨損了。她洗髒汙的內衣、襯衫和抹布，掛在繩子上晾乾。每天早上，她把垃圾拿到街上去，然後從樓下提上來，每走一樓就必須停下來休息喘一口氣。她打扮得像住在大雜院的婦人那樣，挎著籃子，到青菜店、雜貨店和肉店去，並且即使被嘲笑得很難為情，她也盡可能討價還價，一分錢一分錢地去保護她那乾扁的錢包。

每個月他們付清一些支票，另外再開出新的支票去延緩日期。

丈夫也在傍晚下班後，到一家商店去整理帳簿。做完後回到家裡，還經常得抄寫一頁可以得五蘇的文書。

這樣的生活持續了十年。

到了第十年，他們終於把高利貸的錢，以及加上去的利息，全都償清了。

洛瓦塞爾夫人現在簡直像極了老太婆。貧窮的生活滲進了體內，她的手腕關節非常粗大，強健有力，變成頑固的婦人。頭髮很少梳整齊，裙子歪了也不在乎，雙手通紅，大聲說話，嘩啦嘩啦地潑著水洗地板。不過，當丈夫到辦公室去上班後，有時候她也會坐在窗邊，想起從前的那次晚宴，自己是那樣的美麗，在舞會上，每個人都爭相逢迎她。

要是那個時候沒有把項鍊弄丟了，她會變得怎麼樣呢？誰也不會知道。人生真是多麼奇妙而變化多端的呀！一點小小的事情，就可以決定人的浮沉！

一個星期天，連續勞動了一個星期，為了休息一下筋骨，她到香榭麗舍大道去散步，忽然間，眼光落在一個帶著孩子的女人身上，那是佛勒斯第耶夫人。她依然年輕、美麗、富有魅力。

洛瓦塞爾夫人一陣感慨。要不要向她打招呼呢？是呀！又有什麼關係呢？反正債務已經全部償清了，一切都透露出來也好，根本不會有麻煩的。

她向夫人走過去。

「珍娜！妳好。」

對方看不出來她是誰，被一個平凡的家庭主婦這樣親熱地打招呼，不禁嚇了一跳，結結巴巴地說：

「可是……這位太太……很對不起……妳沒有認錯人嗎？」

「怎麼會呢？是我呀！瑪蒂爾朵．洛瓦塞爾呀！」

這麼一說，對方忍不住驚叫起來。

「老天！瑪蒂爾朵，真是太可憐了，妳全完變了呀！……」

「是呀！自從我們上次見了面之後，艱難的日子就接連不斷，窮到了極點……事實上，說起來，這都是妳造成的。」

「我造成的？為什麼？」

「妳還記得嗎？因為要去參加官邸的晚宴，妳借了我一串鑽石項鍊。」

「是的，我記得。那又怎麼了呢？」

「我把項鍊丟了。」

「可是，妳不是還了我嗎？」

「我還妳的是一另外一串相同的。花了十年的時間，我們才償還了債務。對像我們這樣沒有財產的人來說，這可不是一件容易的事情。不過，終於都還清了，再也沒有比這更令人高興的了。」

佛勒斯第耶夫人停住了腳步。

「這麼說，妳是買了一串新的鑽石項鍊還給我的了？」

「是呀！那麼，果然妳是沒有察覺的了？這也難怪，因為那兩串是完全相同的。」

說著，她很得意地，臉上浮現出充滿孩子氣的快樂微笑。

佛勒斯第耶夫人完全驚呆了，握住她的雙手說：

「啊！瑪蒂爾朵！妳真是太可憐了，我那串是假的，頂多只值五百法郎而已！……」

（一八八四年二月十七日）

題 解

本文選自志文出版社印行的《莫泊桑短篇全集》。這一套書共分五冊，收一百六十六個短篇。題目〈項鍊〉，此譯名是由英譯本轉譯過來的。法文原題應爲〈首飾〉，因「項鍊」一名沿用已久，這裡仍舊用它。

本文寫小職員洛瓦塞爾的妻子瑪蒂爾朵愛慕虛榮，爲出席教育部長的晚宴，向女友佛勒斯第耶夫人借了一串鑽石項鍊，但宴會結束，卻不幸遺失了項鍊，不得已借債買了項鍊歸還。爲了還清債務，夫妻倆歷盡了十年的艱苦。她親自操勞家務，將自己折磨成一個庸俗又衰老的女人。當她還清債務，某天在街上遇見佛勒斯第耶夫人時，後者幾乎認不出她來了。經過一番交談之後，她才知道當年自己所丟失的竟是一串假項鍊。

小說結尾出乎讀者意料之外，充分顯現出作者獨特精巧的藝術構思，取材雖平凡簡單，但令人回味、深思，不禁對瑪蒂爾朵因求一時的虛榮，付出如此大的代價，興起同情與喟嘆。

作 者

莫泊桑（Guy de maupassant），法國小說家。一八五〇年八月五日出生於法國北部諾曼第（Normandie）。她的母親和舅舅阿爾佛雷，少年時與福祿貝爾（Gustave Flaudert 1821－1880，法國寫實主義大師）爲友，相處莫逆，曾在一起研讀莎士比亞和雨果的作品。莫泊桑深受母氏影響，自幼酷愛文學。

母親在他出世不久，就和丈夫分居，親自撫養兒子。母親的好友福祿貝爾成了他的教父、老師，對莫泊桑關愛提攜，不遺餘力，彌補了他自幼不得父愛的缺憾。

他的文學生涯，開始於服完兵役供職於海軍部之時，自福祿貝爾的教導中學習到使用客觀的敘寫手法以及流利簡潔的筆觸，最初的志願與福祿貝爾的期許相同，想要做一位詩人。一八八○年在福祿貝爾的協助之下出版詩集《韻文集》(DesVers)，因當時政府認為詩集思想頹廢而欲禁止發行，反而引起了文壇對這位新銳作家的注意。

因福祿貝爾的介紹，莫泊桑與當代文壇負有盛名的左拉、都德、屠格涅夫交往，就在詩集出版的同年，應左拉之邀，在左拉主編的短篇小說集《梅丹之夜》(Les Soiriees de Medan)中發表中篇《脂肪球》(Boule de Suif)，震驚文壇，使他一舉成名。

此後他即致力於小說創作，成就日盛。創作豐富，除了詩作之外，有《脂肪球》、《菲菲小姐》(Mademoiselle Fifi)、《回顧》(Looking Back)等二百多篇短篇小說。以及《她的一生》(UneVie)、《漂亮朋友》(Bel-Ami)、《二兄弟》(Pierre et Jean)、《人心》(Notre Coeur)等六部長篇小說。另外還有三本旅遊隨筆和四部戲劇。

莫泊桑在四十歲時，精神開始失常，最後三年在瘋人院中度過，一八九三年七月六日病逝，年僅四十四。

雖然他師事寫實主義大師福祿貝爾，但作品風貌卻與乃師迥異，以鮮明強烈的意象予讀者深刻的震撼，並帶有很濃的厭世悲觀色彩，可說是已脫出寫實線路，而傾向於自然主義的表現。(筆者按：因譯音關係，福祿貝爾或譯福樓貝、福樓拜。)(參考楊昌年《超人行 — 域外小說析評》，幼獅文化事業股份有限公司)

譯者

蕭逢年，筆名齊霞飛，臺灣省花蓮縣人。民國四十六年生。中國文化大學中文系畢業，後留學日本，獲岡山大學文學碩士學位。專事翻譯，譯作有《莫泊桑全集》、《貝洛民間故事集》、《反烏托邦與自由》、《家有貓狗趣事多》等書。

賞讀

〈項鍊〉是莫泊桑短篇小說的精品。全文以瑪蒂爾朵・洛瓦塞爾借項鍊、失項鍊、賠項鍊、還債務、發現項鍊是假的 —— 這一線索發展情節。

第一部分是「借項鍊」，從小說開頭到「然後抱著那盒項鍊跑了」。這部分描寫瑪蒂爾朵生得美麗，但出生於地位低賤的家庭，不得不嫁給一個小職員。有天晚上，她丈夫興致匆匆地交給她一份教育部長及其夫人爲舉辦晚宴贈送的請柬。她卻因爲沒有一件像樣的衣服可穿上赴宴，而傷心難過。丈夫遂將原擬要買獵槍的錢爲她做了一套漂亮衣服，但她又缺少昂貴漂亮的首飾而悶悶不樂。後經丈夫提醒，她從朋友佛勒斯第耶夫人那裡借來一串鑽石項鍊，才轉憂爲喜，欣然赴宴。

第二部分是「失項鍊」，從「晚宴這天」到「妻子按照丈夫所說的寫了信」。描寫她參加晚宴的情景，「所有的男人都在注意她，問她的名字，想和她認識。每個教育部的高官顯貴，都想跟她跳華爾茲。就連大臣也被她吸引了。」她在晚宴上獲得了許多的光采。然而樂極生悲，在歸途中她竟丟失了借來的項鍊。這一部分前後情境有強烈的對比，當她沉迷於晚宴時，她是多麼心喜雀躍，盡情而忘懷，可是發現項鍊遺失，她忍不住大聲驚叫，繼而茫然發呆。

第三部分是「賠項鍊」，從「一個星期過去了」到「她就擔憂得不知如何是好」。這裡寫夫妻倆到每家寶石店，尋找跟丟掉的那串款式相同的項鍊。後來他們尋找到幾乎一模一樣的項鍊。昂貴的售價，逼使洛瓦塞爾夫妻倆不得不到處籌款，甚至借高利貸，終於買下了這串項鍊送還佛勒斯第耶夫人。

第四部份是「還債務」，從「洛瓦塞爾夫人現在才深切體會到貧家生活的痛苦」到「就可以決定人的沉浮」。為了還債，他辭退了女僕，搬了家，租個小房住。他們拼命賺錢，過著非常艱苦貧困的生活，經過十年才將債務還清。而她不復當年美貌，現在像極了老太婆。

第五部分是「發現項鍊是假的」，從「一個星期天」到小說結尾。這部分是全篇高潮所在，劇情急轉直下。原來當初遺失的項鍊是假的，僅値五百法郎，而她卻花了三萬六千法郎另購真的項鍊歸還其友人。

本篇構思十分精巧。項鍊是假的，直到最後才通過佛勒斯第耶夫人道破，不僅使瑪蒂爾朵大吃一驚，讀者也感到意外。有人認為，作者在結尾的安排，其實是故意耍花招，以表現其構思巧妙，甚至有人覺得結尾是多餘的蛇足。其實仔細想想，看似意料之外的事情，卻是合情理的。因為作者在文中曾做多處必要的鋪墊和巧妙的暗示。一處是借項鍊時，她的女友佛勒斯第耶夫人表現得相當大方，要她自己檢選，且毫不遲疑地出借；二是當她惴惴不安去還項鍊時，佛勒斯第耶夫人竟沒有打開盒子看，這已暗示項鍊不是什麼貴重東西。三是當她去買項鍊時，珠寶店老闆查看了許多帳簿後，說「我們沒有賣出那條項鍊，我們只做了這盒子而已。」這也暗示了項鍊可能是假的。這些可說是作者故佈的伏筆，旨在於其後的真相豁明作一呼應。

同時，小說對白雋永，人物心理描寫生動、深刻。如小說一開頭便寫瑪蒂爾朵如夢式的幻想，表現了她想擺脫寒酸、黯淡、平庸生活，置身上流社會，受人奉承的想望。尤其作者對她爲了教育部長邀請他們夫婦參加宴會的整個心理過程，有很細膩的刻劃。這些都值得細加體會，總而言之，本篇故事波瀾起伏，引人入勝，極有啓發意義，呈現出作者獨特精巧的藝術構思。

十二、愛的教育
—— 亞米契斯〈少年筆耕〉

「教育上的水是什麼？就是情，就是愛。教育沒有了情愛，成了無水的池，……，總逃不了一個空虛。」在愛的教育的譯者序言中，夏丏尊先生留下了這段警語，鏗鏘而有力地提醒我們思考情感教育的重要。的確，沒有什麼比情感在教化人心上來得更有力量了。少年筆耕就是這樣的一篇故事，介紹父子間的真愛，令人不由得感觸更深。

本文

敍利亞（Giulio）是小學五年生，年十二，是個黑髮白色的小孩。他父親在鐵路局作雇員，在敍利亞以下，還有著許多兒女，一家營著清苦的生計，還是拮据不堪。父親不以兒女為累贅，一味愛著他們，對於敍利亞百事依從，唯有對於他的校課，卻毫不放鬆地督促他用功。這是因為想他快些畢業，得著較好的位置，來幫助一家生計的緣故。

父親年已大了，並且因為一向辛苦，面容更老。一家生計全負在他肩上。他於日間鐵路工作以外，又從別處接了書件來抄寫，每夜執筆伏案到很遲了才睡。近來，某雜誌社託他寫寄雜誌給定戶的封條，用了大大的正楷字寫，每五百條寫費六角。這工作好像很辛苦，老人每於食桌上向自己家裡的人叫苦：

「我眼睛似乎壞起來了。那個夜工，要把我的壽命縮短呢！」

有一天，敘利亞向他父親說：「父親！我來替你寫罷。我也能寫得和你一樣地好呢。」

但是，父親終不許可：「不要，你應該用你的功。功課，在你是大事，就是一小時，我也不願奪了你的時間的。你雖有這樣的好意，但我決不願累你。以後不要再說這話了。」

敘利亞素知道父親的性情，也不強請，只獨自在心裡想法。一天晚上，敘利亞等父親去睡了以後，起來悄悄地著好衣裳，躡著腳步走進父親寫字的房子裡，把洋燈點著。案上擺著空白的條紙和雜誌定戶的名冊，敘利亞就執了筆，仿著父親的筆跡寫起來，心裡既歡喜又有些恐懼。寫了一會，條子漸漸積多，放下了筆，把手搓了搓，提起精神再寫。一面動著筆微笑，一面又側了耳聽著動靜，怕被父親起來看見。寫到一百六十張，算起來值兩角錢了，方才停止，把筆放在原處，熄了燈，躡手躡腳地回到床上去睡。

第二天午餐時，父親很是高興，拍著敘利亞的肩說：

「喂！敘利亞！你父親還著實未老哩！昨晚三小時裡面，工作要比平常多做三分之一。我的手還很自由，眼睛也還沒有花。」

敘利亞雖不說什麼，心裡卻快活。他想：「父親不知道我在替他寫，卻自己以為還未老呢。好！以後就這樣做去罷。」

那夜到了十二時，敘利亞仍起來工作。這樣經過了好幾天，父親依然不曾知道。只有一次，父親在食晚餐時說：「真是奇怪！近來燈油費突然多了。」敘利亞聽了暗笑，幸而父親不再說別的。此後他就每夜起來抄寫。

敘利亞因為每夜起來，不覺漸漸睡眠不足，朝起覺著疲勞，晚間複習要打瞌睡。有一夜，敘利亞伏在案上睡熟了，那是他生後第一次的打盹。

「喂！用心！用心做你的功課！」父親拍手叫說。敘利亞張開了眼，再去用功複習。可是第二夜，第三夜，又同樣打盹，愈弄愈不好，總是伏在書上睡熟，或早晨晏起，複習功課的時候，總是帶著倦容，好像對於功課很厭倦似的。父親見這情形，屢次注意他，結果至於動氣，雖然他是一向不責罵小孩的。有一天早晨，父親對他說：

「敘利亞！你真對不起我！你和從前，不是變了樣子了嗎？當心！一家的希望都在你身上呢，你知道嗎？」

敘利亞出世以來，第一次受著叱罵，很是難受。心裡想：「是的，那樣的事是不能長久做下去的，非停止不可。」

可是，這天晚餐的時候，父親很高興地說：「大家聽啊！這月比前月多賺六元四角錢呢。」又從食桌抽屜裡取出一袋果子來，說是買來慶祝的。小孩們都拍手歡樂，敘利亞也因此把心重新振作起來，元氣也恢復許多，心裡自語道：「咿呀！還是再接續做罷。日間多用點功，夜裡依舊工作罷。」父親又接著說：「六元四角哩！這雖很好！只有這孩子——」說著，指了敘利亞：「我實在覺得可厭！」敘利亞默然受著責備，忍住了要迸出來的眼淚，但心裡卻覺得歡喜。

這樣過了兩個月。父親仍是叱罵他，對他的臉色，更漸漸可怕起來。有一天，父親到學校去訪先生，和先生商量敘利亞的事。先生說：「是的，成績好是還好，因為他資質原是聰明的。但是不及以前熱心了，每日總是打著呵欠，似乎想要睡去，心不能集注在功課上。叫他作文，他只是短短地寫了點就算，字也草率了。

他原是可以更好的。」

那夜，父親喚敘利亞到他旁邊，用了比平常更嚴厲的態度對敘利亞說：「敘利亞！你知道我為了養活一家，怎樣地勞力著？你不知道嗎？我為了你們是在把命拚著呢！你竟什麼都不想想，也不管你父母兄弟怎樣！」

「啊！並不！請不要這樣說！父親！」敘利亞噙淚叫著說，正想把經過一切聲明，父親又來攔住了他的話頭了：

「你應該知道家裡的境況。一家人要刻苦努力，才可支持得住，這是你應該早已知道了的。我不是那樣努力地做著加倍的工作嗎？本月我原以為可以從鐵路局得到二十元的獎金的，已預先派入用途，不料到了今天，才知道那筆錢是無望的了。」

敘利亞聽了，把口頭要說的話重新抑住，自己心裡反覆著說：

「咿呀！不要說，還是始終隱瞞了，仍替父親幫忙罷。對父親不起的地方，從別一方來補報罷。校課原是非用功及格不可，但最要緊的，就是要幫助父親養活一家，略微減去父親的疲勞。是的，是的。」

又過了兩個月。敘利亞仍繼續著夜工作，父親依然見了他動怒。敘利亞見這光景，心痛的了不得。他自己也知道非停止作夜工不可，每次就睡的時候，常自己對自己說：「從今夜起，真是不再夜半起來了。」可是，一到了十二點鐘，以前的決心，不覺忽然寬懶，好像如果睡著不起，就是避免了自己的義務，把家裡的錢偷用了兩角的樣子。於是熬不住了，仍舊起來。

有一天，晚餐的時候，母親覺得敘利亞的臉色比平常更不好了，她說：「敘利亞！你不是不舒服罷？」說著，又向著丈夫：「敘利亞不知怎麼了，你看看他的臉色青——敘利亞！你怎麼了嗎？」說時現著很憂愁的樣子。

父親把眼向敘利亞一瞥：「即使有病，也是他自作自受。以前用功的時候，並不如此的。」

「但是，你！這不是因為他有病的緣故嗎？」母親說了，父親就這樣說：

「我早已不管他了！」

敘利亞聽了心如刀割。父親竟不管他了！那個他偶一咳嗽就憂慮得了不得的父親！父親確實已不愛他，眼中已沒有他的人了「啊！父親！我沒有你的愛是不能生活的！——無論如何，請你不要如此說，我一一說了出來罷，不再欺瞞你了。只要你再愛我，無論怎樣，我一定像從前一樣地用功的。啊！這次真下決心了。」

敘利亞的決心仍是徒然。那夜因了習慣的力又自己起來。進去點著了燈，見到桌上的空白紙條，覺得從此不寫，有些難過，就情不自禁地執了筆又開始寫了。忽然手動時，把一冊書碰落到地，嚇得敘利亞震慄不安。他側著耳朵，抑了呼吸靜聽，覺得並無什麼響聲，一家都睡得靜靜的，這才放了心，重新工作。

其實這時，父親早已站在他的背後了。他那白髮的頭，就俯在敘利亞小黑頭的上面，看著那鋼筆頭的運動。從前一切的事就都恍然了，胸中充滿了無限的懊悔和慈愛，只是釘住樣地立在那裡不動。

敘利亞忽然覺得有人用了震抖著的兩腕抱他的頭，不覺突然「呀！」地叫了起來。及聽出了他父親的啜泣聲，叫著說：「父親！原恕我！原恕我！」

父親噙了淚，吻著他的兒子的臉：

「倒是你要原恕我！明白了！一切都明白了！我真對不起你了！快來！」說著抱了他兒子到母親床前，將他兒子交到母親腕上：

「快吻這愛子！可憐！他四個月來竟睡也不睡，為一家人勞動！我還只管那樣地責罵他！」

母親抱住了愛子，幾乎說不出話來：

「寶寶，快去睡！」又向著父親：「請你陪了他去！」

父親從母親懷裡抱起敘利亞，領他到他的臥室裡，把他睡倒了，替他整好枕頭，蓋上棉被。

敘利亞說了好幾次：

「父親，謝謝你！你快去睡！我已經很好了。請快去睡罷！」

可是，父親仍伏在床旁，等他兒子睡熟，攜了兒子的手說：

「睡熟！睡熟！寶寶！」

敘利亞因為疲勞已極，就睡去了。數月以來，到今才得安眠，夢魂為之一快。醒來朝日已高，忽然發現床沿旁近自己胸部的地方，橫著父親白髮的頭。原來父親那夜就是這樣過了的，他將額貼近了兒子的胸，還是在那裡熟睡哩。

題　解

本篇選自《愛的教育》。採用開明書店夏丏尊先生的翻譯。今坊間另有他譯，但多爲節譯或改寫本。雖然早期譯文若干語句稍嫌生硬，不合今宜，但爲尊重原著精神，編者不作修改潤飾。愛的教育，原名 *Coure*，*Coure* 的義大利語意爲「心」，是一部日記形式的短篇小說集。其內容以敘述親子之愛、師生之情、朋友之誼和對國家社會之感爲主；透過主角安利柯的描繪，我們看到了情感的美好世界；而故事不僅生動感人，更極富教育意義，多國有譯本，是十分受喜愛的勵志少年讀物。

這本書雖以日記形式寫成，但這九篇每月例話，是可以被個別獨立出來的短篇故事，和其他部分並沒有直接的聯貫關係。這些故事以情操高尙的少年爲主角，用意即在誘發見賢思齊之心，使得我們可以具體掌握學習的方向，知道愛的真諦。

〈少年筆耕〉是書中九篇每月例話之一，故事描寫父子間的真愛。一個貧苦家庭中的少年，爲了幫助家庭收入，趁夜裡接下父親的筆墨工作，一方面要隱瞞事實，另一方面又必須承擔許多誤解和責難。故事題材十分動人，讓人不禁對少年的懂事體貼感到欽服與憐惜。

作　者

亞米契斯（Edmonde de Amicis），一八四六年生於義大利里格利亞州（Ligurla）的奧內利亞（Oneglia），卒於一九〇八年，年六十三。父親是鹽和煙草國營倉庫的管理員，亞米契斯從小即被父親教導培養誠摯的愛國心，以及對窮人和弱者的關懷。亞米契斯出生當時，義大利尙非一個完整統一的國家，十三歲時，他讀了愛國詩人朱塞培．朱斯迪的作品，深受感動，想要參加義大利獨立運動，因年齡太小，未被獲准。

十九歲進入 Moderna 的陸軍士官學校，後參加義大利統一戰爭，嗣因感染霍亂，回到佛羅倫薩，奉命擔任義大利陸軍報的編輯，在軍旅生活中開始發表了不少短篇創作，初期作品傾向感時憂國的愛國主義。一八六八年亞米契斯將之結集出版，題名爲軍隊的故事。一八七〇年義大利獨立，亞米契斯離開軍隊，專心從事寫作。他曾遊歷各國，又擅長景物描寫，所以寫了不少遊記。作品有《荷蘭》、《倫敦的回憶》、《摩洛哥》、《君士坦丁堡》等書，而以《愛的教育》最膾炙人口，世界各國多有譯本刊行。

譯者夏丏尊，名鑄，初字勉旃（音ㄓㄢ），後改字丏尊，浙江省上虞縣人。生於清德宗光緒十二年（西元一八八六年），卒於民國三十五年，年六十一。

夏氏十六歲中秀才，不久，清廷廢八股，改以策論取士。次年夏氏赴上海入中西書院就讀。中西書院是東吳大學前身，當時是教會書院。監院（即校長）是美國人潘慎文，甚注重英文。夏氏讀了一學期，因學費無著，又入紹興學堂，爲徐錫麟烈士的學生。十九歲，赴日本留學，至二十一歲，又因學費困難而回國。然這些經歷，使他不僅古文根柢紮實，也精通英、日文。

夏氏回國後，教學之餘，寫作不輟。曾任杭州第一師範、上虞春暉中等學校、上海立達學園等校教員，暨南大學中國文學系教授、主任，上海開明書店編輯所長，並主編中學生雜誌。夏氏散文多爲隨筆、雜感式的議論文字，他的學識博、見聞廣、關懷深，因此所議論的範圍無所不到，他又能於細處觀物，正有「一粒砂中見世界」之妙。他的散文用辭平淡樸素，構思嚴謹，層次分明，主題集中，在曲折的敘述中蘊含著濃郁的情懷。他同時也是一位對於國文教學極有研究的教育家。著有《平屋雜文》、《文心》、《文藝ＡＢＣ》、《文章作法》、《文章講話》等書，譯有《棉被》、《愛的教育》、《續愛的教育》等書。《續愛的教育》並非亞米契斯所著，而是其好友孟德格查所著；其性質與《愛的教育》不同，它談的是意志上的砥礪，而《愛的教育》則重情感上的陶冶。

賞讀

社會型態變動不居，人與人之間如缺乏體貼與關懷，便會彼此疏離，乃至冷漠、隔閡。肇自心底的團團迷惑，讓別人既無從理解，自己對人也只是一味的臆度。然而這並非不可逾越的楚河漢界；相反地，它象徵著須要救援的警訊。當誤會或磨擦產生時，我們應該深入瞭解其原因，以互諒而包容的態度重新思考。

〈少年筆耕〉講的是父子間深摯的真愛。主角敘利亞是家中的長子，是一個十二歲大的小學五年級學生；父親日間在鐵路局擔任雇員，夜間又抄寫文件來貼補家用，敘利亞希望能分擔父親的抄寫工作，但父親則希望孩子全心全意用功讀書。

父親的愛對敘利亞而言是生活的支柱，敘利亞向來也在課業上用心，給予父親相對的回報；但是，敘利亞更清楚家庭的重擔等不及他畢業再挑起，父親太辛勞了，也該是他承擔一部分責任的時候了。然而，父親是決不應許敘利亞在學業之外分心的，那麼，只好瞞著父親悄悄進行了。故事的推衍便是在父親毫不知情的誤解和痛心之下慢慢展開的。

本篇小說可分開端、發展、高潮、結尾四部分來談。

第一部分是「開端」，敘述敘利亞的家庭狀況、父親工作的辛苦，以及提出替父親抄寫文件的要求遭到拒絕的經過。

第二部分是「發展」，描寫敘利亞偷偷替父親抄寫文件，默默承受父親的誤解，以及他內心的衝突掙扎等。這一部分又可分三個階段來說明。第一個階段描述敘利亞深夜起來，模仿父親筆跡抄寫文件，久之因精神不振，影響功課，遭父親責罵，他首次想停止抄寫。但見到父親因收入增加高興不已時，便打消停止抄寫的念頭，寧願受責。第二個階段，描述兩個月後，父親到學校了解敘利亞的學習情形，知道他成績退步，十分失望，而嚴加斥責，敘利亞第二次想停止抄寫。但聽到父親無法得到獎金，恐家中陷入困境，又打消停止抄寫的念頭。第三個階段，又過兩個月，敘利亞繼續作夜工，疲勞不堪，飽受責罵，他第三次想停止抄寫。

可是抄寫已成了習慣，不抄便感到像偷用了家中的錢，所以又打消停止抄寫的念頭。母親見敘利亞臉色差，很關懷他，父親對他仍冷淡，他第四次想停止抄寫。

第三部分是「高潮」，敘利亞由於習慣趨使，夜裡又繼續抄寫，不小心碰跌一本書，把父親驚醒，父親終於發現真相。

第四部分是「結局」，父子倆的誤會消除，父母深受感動，敘利亞在父親的擁抱下酣睡。高潮是真相的恍然大白：敘利亞卸下了全部的誤解，這時候父子之間深摯的愛令人感動，也更體會出相互信賴的真愛是無價的。

〈少年筆耕〉強調的雖是父子間的真情，但是，給了我們很多反思家庭問題的空間，我們也注意到了一些很值得去深究領會的部分：例如觀念的溝通、父母期望與子女壓力、愛與關懷的適切以及表達的藝術，還有現代人最常談到的代溝等，這些問題沒有唯一的標準答案，甚至教人不得其解，但是每個人都必須擁有解題的耐心，因爲試卷長達一生。

十三、黃春明〈魚〉

黃春明是位說故事的好手，小說作品具有獨特的鄉土風格，令人閱讀之後，一再玩味尋思，本文即其例也。如何使學生體會親人間之深情及彼此溝通之道，是閱讀本篇之後應省思的問題。

略。

題解

本文選自皇冠文學出版有限公司印行的《青番公的故事》。這篇小說，藉著一條鰹魚來描寫祖孫之間的親情，根據情節的發展來看，這條魚可以是鰹魚，也可以是其他的魚，所以題目只題爲〈魚〉，不必特別標爲「鰹魚」。

故事描寫少年阿蒼爲了維持家計，下山當木匠學徒。下山之前，祖父答應阿蒼養隻母羊，繁殖之後賣了小羊，買套木匠工具給阿蒼。祖父追憶以往買魚上當的往事，叮嚀阿蒼下次由山腳返家時，帶條魚回家。一年後，阿蒼果真帶著一條魚，掛在二十八吋的大腳踏車車把上回家，指是一路搖搖晃晃，不小心掉落了魚，魚又被卡車輾成糊狀。

回到家後，阿蒼面對祖父期待的臉，心中覺得十分失望與懊喪。阿蒼怕祖父懷疑他忘了買魚，於是一再說著：「我真的帶魚回來了！」祖父知道阿蒼心中的難過，也表示諒解的態度。但阿蒼始終覺得祖父不信任他，因此引發了祖孫之間的衝突。雖然最後祖父拎起了木棒追打阿蒼，但我們仍可深刻感受到祖孫之間的親情。

小說的時間背景約爲民國五十年代，當時台灣經濟不似今日繁榮，社會上仍有像阿蒼這樣的貧寒家庭，尤其山上窮人家要吃魚更不容易，本文之描述，讓我們深刻體會到今日經濟的繁榮，生活的安定，實大家胼首胝足奮鬥得來，應該珍惜這得來不易的成果。

作者

黃春明（1939～），生於宜蘭縣羅東鎮。生性叛逆，年輕時血氣方剛，但有著豐富的憐憫情懷，有主見也有創造力。屏東師專畢業，曾任小學教員、記者、廣告企劃，並編劇製作兒童電視及「芬芳寶島」紀錄片，開啓臺灣紀錄片及報紙副刊報導文學紀元。小說《兒子的大玩偶》、《看海的日子》、《兩個油漆匠》等曾被改編拍成電影，1985 年由他自編自導的《莎喲娜啦．再見》尤引人矚目。曾獲「吳三連文教基金會文藝獎」以及「國家文化藝術基金會文藝獎」。

寫作以小說爲主，他是個說故事的好手，除了能將故事轉化成生動的文字外，筆下大都是卑微、委屈、愚昧的小人物，我們可以看到妓女的淚水與苦笑，也可以看到窮鄉僻壤間的純樸與血汗。他以寬廣的胸懷和敏銳的觸覺，傳達出這些小人物爲弱的心聲，肯定他們的生命與價值，同時反映了蛻變中的台灣社會種種的問題與現象。其毫不矯飾的人性表露，嘻笑怒罵、率直樸實的原始味，形成一種獨特的鄉土風格。他的小說中常出現令人印象深刻的老人形象，或是老人與小孩令人動容的祖孫情感，這緣於他從小跟著祖父母生活，深諳老人的脾性，他仔細觀察體會老人的心情，因此寫起來也就格外生動。黃春明仍然秉持一貫的悲憫筆調，以說故事的方式，對台灣變遷迅速政經環境下，孤苦老人的遭遇與問題加以記錄，並探討其內在的複雜性，尤其是農村老人對子女的犧牲與期盼、與孫兒間倫理親情的疏離，老人不但和環境明爭，也和時間暗搏，而其生活的無聊與被遺棄的無奈，更能引發我們笑中帶淚的深層悲嘆。作品除了前述小說集，還有《放生》等。另有散文集《等待一朵花的名字》及文學漫畫《王善壽與牛進》等。

賞讀

這篇小說的人物上場的只有兩位：一個是阿蒼，一個是阿蒼的祖父。他們倆個都是平凡得近乎「卑微」的人物。故事也很平凡：因爲祖父希望吃魚，所以阿蒼帶了一條鰹魚回來。不幸的是魚在路上掉了，因此祖孫之間，引起了一場誤會；經過這場誤會，更反襯出他們之間的親情。故事雖平凡，但深深觸動人心，具有感動讀者的力量。

全文共分爲三部分。第一部分，寫阿蒼帶魚回家在途中的欣喜之情。第二部分，寫上次回家，祖父送阿蒼下山時途中二人的對話，爲第一部分的情節做了一些補敘。第三部分，寫阿蒼快回到家裡時，才發現魚掉落地上，已被卡車壓糊，回家後因此和祖父發生一場言語衝突。

按照故事發展的順序，第一部分發生的時間是在第二部分之後，作者卻有意顛倒次序來寫，以造成小說懸宕的氣氛和曲折的情節。而第三部分的描寫也都具有精彩之處。

小說一開始，我們便看到阿蒼騎著大腳踏車，禁不住滿懷歡喜，這一部分的描寫，很容易使人產生好奇心，欲明究竟：阿蒼爲什麼帶條魚回家就那麼高興？這是因爲上次回家時，祖父再三囑咐阿蒼下次回家最好能帶條魚回來，所以阿蒼現在能達到祖父的願望，帶了一條鰹魚回家，當然是「禁不住滿懷的歡喜」的。這種歡喜的心情，作者在這一段中藉兩件事物把它表現出來：一是鰹魚，一是腳踏車。鰹魚並不是什麼名貴的魚，而阿蒼帶了一條鰹魚回家，竟然那麼高興，竟然「沿路，什麼都不在阿蒼的腦裡，連破車子各部分所發出來的交響也一樣。」而且還「自言自語地叫起來」:「阿公，你叫我回來時帶一條魚，我帶回來了，是一條鰹仔魚哪！」這些描寫馬上就能給予我們深切的感受，感受到阿蒼的喜悅之情，同時它一開始也就在讀者心目中造成了懸宕的氣氛。魚是頂普通的食物，阿蒼的祖父爲什麼把牠看得那樣貴重？阿蒼爲什麼帶條魚回家就顯得如此高興？爲什麼要特別強調是鰹魚呢？相信大多數的讀者看了第一大段，一定會聯想到這些問題。當然，這些問題都可以從第二大段中找到答案，但不可否認的，在第一大段中，它使作者對阿蒼滿懷欣喜的描寫，顯得非常凸出，而且它所造成的懸宕氣氛，會讓讀者急著想看下文，以明究竟。

至於腳踏車，是阿蒼爲了「省下十二塊的車錢」，苦苦地向木匠借來的，破舊不說，這「二十八吋的大車子，本來就不是像阿蒼這樣的小孩子騎的。」因此，「阿蒼騎在大車上，屁股不得不左右滑上滑下。」明顯地道出了車大人小的事實。就由於車大人小，所以「包在野芋葉裡的熟鰹仔，掛在車把上，跟著車身搖晃得相當厲害。」這成了下文魚掉在路上的一個伏筆，同時作者另有其用意。小說寫道：「開始時，他曾想把右腿跨過三腳架來騎。但是，他總覺得他不應該再這樣騎車子。他想他已經不小了。」「阿蒼知道，這條鰹仔魚帶回山上，祖父和弟弟妹妹將是多麼高興。同時他們知道他學會了騎車子，也一定驚奇。」顯而易見的，作者有意讓讀者明白：阿蒼是希望自己已長大成人的。騎大人騎的二十八吋大車子及帶魚回家得到祖父的歡心，都是表示自己已經長大成人了。因爲有這份生命成長的喜悅，所以有「禁不住滿懷的歡喜」。而作者在描述這段一時，字裡行間也就充滿著喜悅的情調。

第二部分，描寫祖父送孫子下山，一直到孫子上了車，沿途祖孫兩人的對話，在在表現了祖父對孫子的關切和疼愛，以及孫子對祖父的孝心和體貼。至於談到過去買魚的一段痛苦經驗，雖似煩瑣，事實上是作者有意強調魚在老人心目中的地位，能夠體會老人的心情，我們才能夠了解第一部分阿蒼的欣喜之情，以及爲何他要強調是鰹魚的緣故，也才能夠明白後來祖孫之間爲什麼會發生誤會。這一大段，故事的推展，幾乎都是用對話來表現的。這些對話雖然說得近乎淺俗，卻句句正是口頭上的話語，非常貼切文中「卑微」人物的口氣。

第三部分的第一小段，「阿公，我沒忘記。我帶條魚回來了。是一條鰹仔魚哪！」一起筆便和前文銜接起來。而且，透過不同的描寫，它給我們的感覺也就不一樣。第一大段中是這樣描寫的：「沿路，什麼都不在阿倉的腦裡，連破車子各部分所發出來的交響也一樣。」但到了本段，卻變成：「一路上，他想像到弟弟和妹妹見了鰹仔魚時的大眼睛，還想像到老人伸手夾魚的筷子尖的顫抖。」在第二大段中，阿蒼說：「我快做木匠啦！」怎麼個快法，不得而知；到了本段裡頭，也有了明確的答覆：「再過兩個月我就是木匠啦！」顯然地本段落中的描寫，氣氛較前加強，色彩較前濃厚。阿蒼欣喜欲狂的心情，透過這樣的描寫，真可謂是呼之欲出了。

這部分仍和第二部分一樣，用了不少對話烘托祖孫之間的親情。不同的是前部分是從正面來敘寫，而這一部分，卻是經由言語衝突反襯出來的。魚掉落路上，阿蒼心裡自然難過，既對不起祖父，也對自己失望。不過他仍希望祖父能理解他的一片孝心，但祖父對他所說的話，總抱著懷疑的態度。直到發現孫子哭了，祖父才趕緊安慰說：「阿公完全相信你的話。」這一部分運用對話寫出祖孫二人的心思與衝突，烘染技巧甚爲成功。尤其結尾安排，以山谷回音收束，處理得宜。當老人實在煩不過，一時發了無名火，棒打孫子時，阿蒼「跳到回家來的山路上」，嘶著嗓子大喊：「我真的買魚回來了。」此時山谷回音說：「── 真的買魚回來了。」似乎意味了祖孫二人在大自然中和解。假使讓衝突繼續發展，則祖孫之間似無親情存在；假使讓孫子求饒或離家出家，也不合本文情節的發展。這樣的回音正解決了難題，既沖淡了緊張的氣氛，也傳達祖孫二人共同的心聲。

本文運用一連串事件加深我們的印象，同時對話精彩，充分烘染了人物的心理狀態，這都是閱讀、欣賞時應注意的地方。

十四、品種改良的迷思
—— 劉大任〈鶴頂紅〉

劉大任的袖珍小說，常以詩般的濃縮語言來經營，在短短一、二千字內，即深刻表達出小說的內涵。本文以非常簡潔明淨的文字處理了一位現代中國留學生因娶洋媳婦，遭致父親的不諒解，最後終於他的孝心，使父親的態度有所轉變。藉由本文的閱讀，可省思自己與父母之間的互動，認真面對問題，並多加溝通，以獲致和諧。

本　文

「這是第三代了。」父親說：「再試上兩、三代，總該有結果的。」

妻兒都上床睡覺了，關上了房門。雖然飛行二十小時，應該夠累的，不關房門恐怕還是不行。這一屋子，凡是空間的地方，都架上了魚缸，大大小小，總有二、三十箱。市聲一靜下來，便聽見馬達打氣的水泡聲，嗡嗡噗噗，彷彿巫婆的敞口大鍋，煑到沸點，滿滿塞了一車間。

這大概就是父親退休十年來每夜入睡前的催眠曲了。

一屋子裡，只有最大的一缸亮著。裡面有二十幾尾印章紅，還在搖頭擺尾。身子粗粗短短，介乎蛋種龍種之間，尾鰭兩開四裂，尖嘴小眼，通體雪白，只頭頂一枚印記，若方若圓，油亮殷紅。

「尾巴還不夠大，得加些重量，才有丹鳳的垂姿。印章修圓最難，這二十四條，是三千多仔魚裡挑出來的，才不過去掉一些稜角。」父親說。

這口水族箱，四呎長，一呎寬，兩呎深，容積是五十五加侖。在「美國魚城」那家寵物店付錢的時候，黑不溜偢的店員說：「記得常換水，保證你養足尺寸。要配種，先得把牠們養肥養大，對不對？」寄這個易碎的巨物，連保險，花掉兩倍價錢。

臥房裡，孩子在發夢魘。妻把他叫醒，又繼續哄著他睡。

「你這個老大，看起來有些天分，為什麼中文不好好教教？」

十五年了，父親對我娶了一名洋婆子，還是沒有諒解。他不叫他長孫的名字，他只說「你這個老大」。十五年了，才第一次見面。事先，我跟妻說：「對長輩，我們不能去握手的，要鞠躬。」在機場出關口，她向父親點了點頭，說了聲：「嗨！」父親輕輕「嗯」了一聲，便立刻轉頭對著長孫。「我是誰？知不知道怎麼叫我？」父親說，彎下腰，手指著自己。「鼻子！」老大好不容易迸出來一句中國話。接機的親友都笑了。回家這一路上，父親多半沉默著。

差不多到六、七年前，算是收到我婚後第一封信的父親來信。信裡對我做了爸爸他升為祖父，始終一字未提，只一味談他的金魚。

「根據文獻記載，」萬金家書這麼說：「我們中國人，早在公元一五九六年便培養出鶴頂紅這個優秀品種。我小時候在北平公園裡見過一缸，絕無僅有的一缸，後來聽說給住在故宮裡的遜清皇帝花錢騙了去了。此後便形同絕跡。現在市場上賣的鶴頂紅，畫頁上印的，其實只是齊鰓紅。雖然也是一個優秀的變種，跟我親眼見過的，怎麼能比！光是那把鳳尾，便有天壤之別，更別說丹頂鶴似的印記……」

從香港託人帶上一打品種珍貴的金魚以後，父親的來信裡，口氣才稍稍有些舒緩。那一批金魚裡，有藍丹鳳，有印章紅。父親的工作，是要把丹鳳的尾鰭配上紅頭，把龍種的魚身，改造成蛋種的肥凸體態，還要保留司平衡作用的背鰭，維持優美的游姿。當然，印章部分如不夠圓，色澤不純，還是難當「鶴頂紅」這三個字的神秘傳奇的。

一年前，父親的魚，受真菌感染，得了白毛病，雖用隔離鹽水治療，也不見效。我打電話說，美國有成藥，可以託朋友帶去，他硬是不信。他不信賴專為外國熱帶魚製造的化學品。結果我還是在圖書館的舊書裡找到了古方，讓他從中藥房裡買孔雀石綠解決了問題。不過，那以後不久，老大終於第一次收到祖父寄來的禮物——墨、硯之外，還有兩枝狼毫毛筆，一疊描紅字帖。

父親住的，是老宿舍改建的新式公寓，施工潦草，板壁很薄。雖然關了房門，妻兒的鼾聲，就算在氣泡聲噗噗不斷的廳堂裡，也依稀可聞。

「每培養一代，至少要兩年時間。」父親伸了伸懶腰。「讓他們休息吧，免得影響生長。」他走過去，把水族箱的光源關掉。「老天爺再讓我活上個十年、八年，」父親說：「這稀世珍品，管教它重現人間！」

水族箱的螢光燈一滅，彷彿造成了視覺暫留，我感覺它的反射，只幽幽一剎那，在父親稀疏的銀髮上，迷離閃爍。

我躺在魚缸前面的沙發上。黑暗中，閉上眼。奇怪的是，居然聽不到任何噪聲，卻分明看見一群丹頂素衣的鶴頂紅，優游嬉戲，翻沙弄藻，擺尾而去。耳朵裡，正響起一片清脆樂音，好像交互撚攏挑抹的纖纖十指，在金黃色的豎琴上飛舞著一般。

題 解

本文選自皇冠文學出版有限公司出版《劉大任袖珍小說選》。原收入《秋陽似酒》(洪範書店有限公司)，後來出版劉大任作品集時，復收入《劉大任袖珍小說選》。小說描寫熱衷於金魚品種改良的父親，卻始終難以接受兒子娶洋媳婦的事實，遲遲不肯接納孫子和媳婦。這一堅持的態度，由於兒子的孝順體貼，才慢慢有了轉圜的餘地。

本文近二千字，可以「極短篇」稱之。作者在劉大任袖珍小說選一書後記裡特別說道：「所以選用『袖珍小說』這四個字，是當年應明報月刊總編董橋先生之約每月撰寫一篇自定題目的文章。這個題裁，臺灣慣用『極短篇』，大陸叫做『小小說』，我還是喜歡自撰的『袖珍』二字，它反映的不是編輯人的要求，而是創作者的歡喜。」作者這些「袖珍」小說，寫來頗精緻完美，禁得起仔細推敲。詩人楊牧說劉大任的散文詩「從來不缺乏一個事件，某種情節；每當我們調整角度觀看的時候，都會發覺那散文詩其實駸駸然有短篇小說的意思。」由於他早年在詩、小說的磨練，使得其極短篇有濃郁的詩味，篇幅雖短，但魅力十足。

作 者

劉大任，江西省永新縣人。民國二十八年生於湘贛邊界的山區，九歲隨父母來臺。國立臺灣大學哲學系畢業。就讀大學期間，喜鑽研蘇俄及日本文學，並偷偷閱讀三、四十年代大陸作家作品，自嘲是看違禁品長大的。當時結識不少現代詩社、創世紀詩社、東方畫會、五月畫會等詩人、畫家，開始小說、新詩的創作。

民國四十九年發表第一篇小說〈逃亡〉於《筆匯》；民國五十一年自軍中退役，旋任美國夏威夷大學東西文化中心科學研究員。民國五十四年與邱剛健、王禎和、陳映真、方莘等人合辦劇場雜誌，並與邱剛健合譯劇本等待果陀，且在耕莘文教院演出，在五十年代的文化圈造成轟動。次年赴美國加州大學柏克萊分校深造，專攻現代中國革命史，留學期間繼續爲文學季刊撰稿。兩年後，取得政治學碩士學位，並繼續攻讀博士。民國六十九年小說集紅土印象出版，但因參與保釣運動遭禁。後來由於熱心保釣運動，放棄博士學位，不久考入聯合國祕書處，謀得譯員職位，生活得以安定，且在是年有大陸之行，這趟旅行的時間雖然不長，但對他有極大影響，開始沉思兩岸中國人的問題。由於「理想」（想像中的祖國）在某種程度上幻滅了，因此當聯合國在非洲成立環境規畫署時，他爲了給予自己一個思考空間，爭取機會自願到非洲三年。這才慢慢恢復了創作活力，於是開始構思描寫五十年代臺灣社會知識份子的掙扎歷程，以一年時間寫成長篇小說《浮游群落》，自此創作不輟。後又出版小說集《杜鵑啼血》、《秋陽似酒》、《晚風習習》、《劉大任作品集》等書。

其創作文類頗多，除了小說外，他也寫詩、散文、評論，另有散文集《薩伐旅》、《走過蛻變的中國》；評論集《走出神話國》、《神話的破滅》，他又積極提倡以運動爲題材的運動文學，有《強悍而美麗一書》。

在劉大任作品集有一篇總序自敘其創作與學習經驗，他說：

「創作對我來說，基本上是生命歷程的反射。讀者的選擇與投入，反映讀者生命歷程中的需要。這種互動關係，我認爲，是文學生存下去的重要條件。……在我的啓蒙期，除了魯迅、屠格涅夫、海明威、谷崎潤一郎這些作家，除了巴哈、貝多芬、布拉姆斯這些藝術家，除了我父親一生不斷的鞭策，師友當中，有幾個人曾給過我關鍵時刻的幫助。王民強老師教我用浪漫情懷淨化本能衝動。熊公哲先生點示了中國文字的邏輯和義理。從我的大學同窗史作檉那裡，我窺見形上思考的救濟力。詩人秀陶給我打開一面窗子，讓我明白體驗了美的感動。同老友郭松棻的多年交談裡，我感受到文學的莊嚴。因爲有了他們，今後，面對自己時，也許不那麼心慈手軟。當然，歷史、社會、大自然和我最親密的幾個人，是永恆的靈感泉源。」

他的小說意識強烈，主題撼人，而文章風格卻始終維持著散文詩的密度，「濃郁處有一種鄉愁的醇味，輕淡時獨見淺淺的懊悔。」（楊牧語）當他歷經保釣運動、「回歸」中國，然後在失望中遠走非洲，他已是中年之齡，這時他毫不猶豫地重新又回到文學的路子上，他也自覺地追求用一種新的方式來表達短篇小說的意念。首先他將字數縮短，把許多想說的話濃縮在一段短短的文字間，接著是將小說原來的故事性減弱，在一個不怎麼具有特殊故事性的時空裡，透過人的想像、追憶以及象徵的運用，把一件應該很悲愴、醜惡、憤怒、無奈的事輕描淡寫，反而留給讀者無窮的省思。楊牧說：「當年劉大任的詩勾畫著小說的情節，如今他的小說爲我們兌現了詩的承諾，雋永綿密，有餘不盡。」（《劉大任袖珍小說選》序）可謂知言。讀他的這些作品，的確是需要有讀詩般的準確與敏銳，才能掌握那最簡潔的意象與情節所要傳達的思想與感情。

（有關作者的生平及文學，請另參岡崎郁子〈劉大任 — 求新天地於美國的知識分子作家〉,《臺灣文學 — 異端的系譜》，前衛出版社）

賞讀

本文藉由敘述者「我」的回憶，鋪敘了熱衷於改良金魚品種的父親，卻遲遲難以接受兒子娶洋媳婦的事實，作者極深刻的處理了上一代對下一代異國通婚的一些問題。

全文共分爲三部分：

第一部分「我」回國後的第一天晚上，父親對我談到金魚改良的情形。

第二部分緊接著以眼前的水族箱爲線索，倒敘插入過往（十五年前、七年前、一年前）的一些事情，及翁媳、祖孫第一次在機場會面的實況。此部分敘述「我」在美國爲父親購買水族箱；從香港託人帶上一打品種珍貴的金魚給父親；爲父親在圖書館的舊書裡找到了中藥古方,解決了金魚受真菌感染的問題。由於「我」竭盡心力協助父親克服各種困難，終於使父親固執的態度有所改變。

作者此部分敘述含蓄，手法圓熟，而義涵頗爲豐富。通過敘述者「我」對父親的動作、語言的描述，讀者自可以體會這位父親強烈的中國傳統本位，比如他在兒子結婚十五年後，第一次見到媳婦、孫子時，對著孫子指著自己說:「我是誰？知不知道怎麼叫我？」(我們猜他是迫切希望聽到一聲「爺爺！」）又如：他不叫長孫的名字,(也許是個洋名吧！）他要求兒子要好好教孫子中文，並送文房四寶給孫子，他不信西藥可以治魚的白毛病，只肯用中藥，這些都呈現了他在國族本位上的執著，及堅持傳統的態度。而他每一次態度的轉趨溫和，都是在兒子以實際行動協助他解決問題之後。

第三部分又回到現在的時間，再次透過父親的話，說明了父親對改良金魚品種的熱衷。最後以「丹頂素衣的鶴頂紅」的優游嬉戲，以及耳聽豎琴清脆的樂音爲結，使全文在沉緩的思緒中翻騰出一絲喜悅。

文中做父親的熱衷於金魚品種的改良，期盼稀世珍品的鶴頂紅能重現人間，但對洋媳婦、混血孫子的接納，卻整整延宕了十五年。對魚與人的態度何以有此天壤之別？作者在主題意識的處理上相當具有震撼性，足以引發讀者反覆思考。同時文中敘述者「我」，始終善盡中國傳統人子之孝，耐心等待父親的諒解，也深深感動了讀者。

長篇小說導讀

一、人性・飢餓・悲憫
── 張愛玲《秧歌》

本　文

長篇小說，本文存目。

題　解

《秧歌》是張愛玲女士由上海到香港後所完成的第一個長篇，它首先是用英文創作，而後再自行譯成中文，並在《今日世界》連載，1954 年由今日世界社出版單行本。後來臺灣皇冠文化出版有限公司印行《張愛玲全集》時，收入《秧歌》一書，本文所根據的，即此一版本。

《秧歌》以淪陷後的大陸農村為背景，描寫在共產黨統治下農民的生活情形。由於農民時常處於貧窮飢餓的狀態中，最後終於與共產黨幹部起衝突，掀起搶劫糧倉的暴動。作者曾在大陸農村住了三、四個月，那時候是冬天，而秧歌的故事，從冬天開始，也從冬天結束。她認真觀察並深刻體驗南方的農村生活，在《秧歌》的跋中，她一再強調故事的可信性，還詳細列出素材來源。她說：「《秧歌》裡面的人物雖然都是虛構的，事情卻都是有根據的。」又說「這些片段的故事，都是使我無法忘記的，放在心裡帶東帶西，已經有好幾年了。現在總算寫了出來，或許可以讓許多人來分擔這沉重的心情。」。由此可見《秧歌》是作者對共黨統治下的農村生活（尤其是農民遭受飢餓的狀況）所作的一次深入而綜合的真實反映。

書名「秧歌」，有相當繁複的象徵意義。秧歌，原是一種流行於北方農村間的踏歌，西元 1946 年以後，隨著共黨部隊的南下，秧歌成爲共黨用來宣傳的工具。小說中秧歌第一次出現便是和飢餓連在一起。文藝幹部顧岡本是下鄉來學習的，但沒料到這兒簡直沒東西可吃：

> 飢餓的滋味他還是第一次嚐到。心裡頭有一種沉悶的空虛，不斷咬嚙著他，鈍刀鈍鋸磨著他。那種痛苦是介於牙痛與傷心之間，使他眼睛裡望出去，一切都成為夢境一樣地虛幻 — 陽光靜靜地照在田野上，山坡上有人在那裡砍柴，風裡飄來咚咚的鑼鼓聲……這兩天村子上天天押著秧歌隊在那裡演習。（頁 209）

顧岡爲飢餓所苦，農民更不在話下，但農民還得忍受飢餓演習秧歌，飢餓更形痛苦難耐，而秧歌更顯得荒唐了。另一幕全重在廟前的空地上練習秧歌舞的情形是：

> 年輕人頭上紮著黃巾，把眉毛眼睛高高地吊起來，使他們忽然變了臉，成為兇惡可怕的陌生人。他們開始跳舞，一進一退，搖晃著手臂。……有一個女人給拉了去，彷彿不甘心似的，把月香也從人叢拖了出來，喊著：「你也來一個，金根嫂！」月香吃吃笑著，竭力撐拒著，但是終於被迫站到行列裡去。她從來沒有跳過舞，她的祖先也有一千多年沒有跳過舞了，在南中國。她覺得這種動作非常滑稽可笑。

秧歌原是慶祝豐收的民間歌舞，但是眼前的景象卻是年輕人的面容變得凶惡可怕而且陌生，作一些他們認爲滑稽可笑的動作。這其中自然蘊藏被壓迫的無奈，這個陌生的秧歌舞象徵著陌生的共產制度，是挾著強大的壓力逼迫人民進入它的行列中。而最後一幕的扭秧歌，更是一幕淒涼景象：

> 參加遊行的都排起隊來，秧歌隊排在前面，挑著擔子送年禮的排在後面。敲鑼打鼓，扭秧歌的開始扭了起來。男女站成兩排，不分男女都是臉上濃濃抹著一臉胭脂。在那寒冷的灰色的晨光裡，那紅豔的面頰紅得刺眼。……那些老頭子老太婆隨即無可奈何地微笑著，大家推推搡搡，挨挨蹭蹭地也都到秧歌隊裡去。譚老大與譚大娘也在內。他們衰老的臉龐整個地皺了起來，帶著他們習慣的那種半皺眉半微笑的神情，也來嘗試著扭秧歌，把前臂前後甩動，骨節格格地響著。……大鑼小鑼繼續大聲敲著，但是在那龐大的天空下，那鑼聲就像是用布蒙著似的，聲音發不出來，聽上去異常微弱。（頁 191、92）

秋天歡收的氣氛以全然喪失，這時秧歌隊舞由於年底的搶糧事件，年輕人大爲減少，老頭子老太婆也不得不被逼入舞者的行列中。塗了一臉胭脂刺眼的紅妝，在龐大灰暗的天空下，襯以似不發出聲音的鑼聲，和一群不自然扭動的身軀，宛如一場鬼氣森森的死亡之舞，至此扭秧歌成爲豐足農村的最大諷刺。

通篇的經營，處處匠心獨運，而其巧立篇名的手法，在秧歌這部小說更顯無遺。夏志清在《中國現代小說史》中說：「張愛玲還用秧歌作爲全書的標題，就是要表示：中國文化和中國人的生活，是如何的受到共產黨的歪曲和貶抑。戲本來是假的，可是同時我們又可以說：戲比日常生活更能表示人生的真諦。張愛玲用秧歌這個意象，一方面顯出共產黨所制定的『禮樂』是多麼的虛假和僭妄，同時又著重了「人生如戲」這一點的可怕的真理。」值得讀者細加翫味。

作者

張愛玲，本名張煐，另有一筆名梁京。原籍河北省豐潤縣，民國九年（1920）生於上海，民國八十四年卒於美國洛杉磯，年七十六。

她生長於官宦世家，祖父張佩綸是清末名臣，祖母是李鴻章之女。張、李二人雖都是權傾一時的王公巨卿，但時代和社會變遷，豪門貴族逐漸沒落，世家子弟由於不能能適應新時代、新環境，不免沉溺尋歡作樂中以麻醉自己。張愛玲的父親張廷重便有迷戀物質享受、吸毒（打嗎啡）等情形。母親黃逸梵是南京黃軍門（相當省軍團司令）的女兒，是個崇尚自由，喜好音樂、藝術，想掙脫傳統束縛的女性，夫妻兩人個性差異，終至失和而離婚。因此她的童年生活並不快樂，在繼母挑撥下，父女衝突益烈，竟遭父親痛毆及長達半年的囚禁（後來逃脫到母親那邊）。幸其意志堅強，用心讀書，奠下深厚的文學基礎。

民國二十八年，她考取英國倫敦大學（在上海招生），後因歐戰關係，改入香港大學。讀兩年，又因日本侵佔香港，而中途輟學。她被迫留在砲火中的香港，當過防空團員，又在「大學堂臨時醫院」做過看護。民國三十一年回到上海，與姑姑住在一起。此後，她以寫作維生，曾爲英國《泰晤士報》寫劇評影評，又替德國人所辦的英文雜誌《二十世紀》寫文章。至於第一篇發表的中文作品〈我的天才夢〉，約在民國三十一年。次年五月，她在《紫羅蘭》雜誌上發表第一篇小說《沉香屑 — 第一爐香》，此後三年中，她陸續發表了十多篇小說和三十多篇散文，同時也編話劇和電影劇本。民國三十三年九月，她的小說集《傳奇》出版，五天後再版。民國三十四年散文集《流言》出版。從民國三十二年到三十四年，短短三年間，她的作品大放光芒，是上海最走紅的作家。

大約是民國三十二年的冬天，張愛玲認識了胡蘭成，男女相悅，很快便結了婚。婚後，張愛玲依舊在上海寫作。在抗日戰爭期間，胡、張是名傳一時的才子佳人，但兩人婚姻關係並沒有維持多久。

四〇年代末期，她曾從事電影劇本編寫，拍有「不了情」、「太太萬歲」等。上海淪陷後，張愛玲出席首屆文藝作家代表大會，以筆名梁京在上海發表小說《十八春》、《小艾》。(《十八春》當曾出單行本，七〇年代初作者又加增刪，改名《半生緣》。)

民國四十一年，她以完成學業爲由，避居到香港，在美國新聞處工作，民國四十三年先後出版了長篇小說《秧歌》與《赤地之戀》，次年乘船赴美。一年與作家賴雅（Ferdinand Reyher）結婚，這段婚姻直至賴雅西元一九六七年去世止。西元一九六一年他爲蒐集寫作材料飛臺灣小住數日（住於王禎和花蓮住宅），再轉香港。在台灣曾與白先勇、陳若曦、歐陽子等青年作家見面。一九六九年因陳世驤先生之故，任職於加州柏克萊中國研究中心，從事翻譯、小說考證等工作。西元一九七三年，遷居洛杉磯，過著深居簡出，與世隔絕的生活。

從她最初以《傳奇》這部小說躍入文壇開始，她就像璀璨的彗星，可望而不可及。她在廣大「張迷」眼中始終是帶有傳奇色彩的。她的幾篇自傳性散文道出她早年生活中的不幸與內心的孤獨。他與汪僞政府高官、長他十五歲的胡蘭成結婚，之後到美國復與大三十多歲的賴雅結合，都是一段不尋常的故事。她出身名門，但卻驕傲地宣稱自己是自食其力的小事民。她悲天憫人，時時洞見芸芸眾生的可笑、可憐，但在實際生活中卻顯得冷漠寡情。她曾大紅大紫風光過，但晚年卻選擇極度孤寂，與世隔絕的生活。凡此種種（家世背景、成長經歷、內在感情……），均使張愛玲成爲一個謎一樣的人物，而她的作品也如同傳奇的化身，使讀者爲之目眩神迷。

她的作品早已備受文學界的肯定，她擅長發掘生命中的小故事，描摹複雜的人性與人際關係。她精於營造意象，善用譬喻、象徵、反諷和參差對照的手法，小說主題完整緊密，結構嚴謹，在內容與技巧方面皆有可觀之處，也影響了不少後來的小說家。著有：《張愛玲小說集》、《流言》、《張看》、《半生緣》、《怨女》、《秧歌》、《赤地之戀》等。譯有《愛默森文選》、《老人與海》、《鹿苑長春》；論著有《紅樓夢魘》等。

賞　讀

民國四十一年張愛玲由上海到了香港，在香港的這三年是她創作生涯的第二個高峰。她曾經對宋淇（林以亮）夫婦說到她寫作時的興奮：「寫完一章就開心，恨不得立刻打電話告訴你們，但那時天還沒亮，不便擾人清夢。可惜開心一會兒就過去了，只得逼得自己開始寫新的一章。」（〈張愛玲語錄〉，《明報月刊》一三二期）她通宵達旦寫的書便是《秧歌》和《赤地之戀》。民國四十三年，這兩部長篇在《今日世界》雜誌上連載。

《秧歌》的背景是五〇年代初期中國南方的農村。此時「土改」運動方興未艾，韓戰威脅接踵而至。民間生產秩序的紊亂，恰與官方的吹噓形成強烈對比。政權改變後，升斗小民一直處於飢餓狀態，《秧歌》深刻反映了此一現象。民國四十四年胡適寫給張愛玲的信上，他提到「此書從頭到尾，寫的是『飢餓』——書名大可題作『餓』字——寫得真細緻、忠厚，可以說是寫到了『平淡而近自然』的境界。」（見《秧歌》卷首）夏志清則指出張愛玲對農民的悲憫，以及對共產黨制度邪惡本質的諷刺；龍應台又認爲《秧歌》側寫了人性曲折變貌（可參《龍應台評小說》，爾雅出版社）。

《秧歌》全書約十一萬字，分十七章，情節發展沿著一實一虛主副兩條線索鋪展。主線的發展是這樣的：在上海幫傭的月香「回鄉生產」，赫然發現家裡雖因土改分得田地，丈夫金根當了勞動模範，但家鄉的人還是一樣受苦，不能維持溫飽。女兒阿招老是鬧著肚子餓，鄰里親戚絡繹地來借錢。大家儘管飢餓，卻還得交公糧。年關近了，共幹王霖更巧立名目，要求各家各戶拿出四十斤年糕，半隻豬去慰問軍屬，沒養豬的則出錢。金根由於長久吃不飽，情緒惡劣，不禁爲此動了怒，頂撞王霖幾句，月香見事情鬧大，忙將僅有的一點私蓄拿了出來。金根因而大怒欲狂，痛毆月香。

後來金根和他的長輩親戚譚老大把半隻豬和年糕挑到村公所時，由於王霖說他年糕不夠斤兩，金根久壓的火氣終於發洩出來，周圍的人跟著起鬨，鬧到要求借糧過年，王霖不肯，人群湧向民兵看守米糧的倉庫。王霖眼看局面不可收拾，下令開了槍。在混亂中，阿招慘遭奔逃的人群踏死，金根雖僥倖逃走，但也受了重傷。月香護著丈夫逃到金花（金根妹妹）婆家的那個村子，想在金花那裡躲藏，可是金根被認爲是「反革命」，金花擔心招來禍事，不敢收留他們。當月香頹喪地回到金根藏身的處所，金根已悄悄投水自盡了。月香激憤之下，跑回村裡縱火燒糧倉，大火很快被撲滅，她自己則葬身火窟。經過動亂之後，村民仍舊奉命備齊了「拜年禮」，老老少少扭著秧歌，挨家挨戶去給軍屬拜年。

副線則是上海來的劇作家顧岡下鄉體驗生活，想寫出一個不同凡響的劇本。他雖眼見飢荒與暴動的始末，卻虛構了一個匪夷所思的劇本。起初他想寫一個水壩的故事（當地事實上並無水壩），工程師與老工人怎樣合作，克服技術困難，創造了種種奇蹟，終於建成一座水壩，解決水患。但是最後完成的劇本卻是：水壩依舊保留，國民黨派來的特務與村裡一個心懷不滿的老地主聯絡上，讓他去炸水壩，他又沒能得手，又同姨太太一起放火燒糧倉，準備事後逃走。最後，老地主和姨太太被民兵當場抓住，並從他們身上餿出國民黨給他的陸軍中將委任狀。張愛玲花費不少筆墨來描述顧岡的劇本，並且一再暗示他劇本中翻新出奇之處，其靈感來源自現實世界，只是這個現實是多麼嚴重被扭曲了。在作者眼中，按照意識型態創造出來的作品，都是一種公式化的、虛假的神話，而當時那個時代的氣氛卻是靠這樣的神話維持著。

在五〇年代臺灣文學及反共文學當道的時代，《秧歌》能具有如此表現，委實難得。熱血沸騰的吶喊，痛快淋漓的批判，未必能產生感人的力量，反倒容易流於制度化的八股。《秧歌》超越道德理念和政治立場，冷靜而藝術化的去處理作者想陳述的事件，尤其作者當年腳步並未踏上臺灣，她寫《秧歌》是一種不吐不快，了自己一樁心事而已，然而這卻成就了此作的藝術性。

《秧歌》對於農村裡遍存的飢饉，是嘲諷中帶有無限的同情。她敘說村裡的人如何齊聲讚美收成的豐碩，而實際上卻忍受著飢餓的煎熬。又從他們對食物的態度，暗示著這世界的怪誕變態。她描述喜筵中的譚老大矜持地只吃白飯，新郎的母親強迫他吃冬筍炒肉絲，他氣吼地請大家評理。金根一家爲吃一餐較稠的稀飯，不意爲共幹王霖撞見，夫妻甚至爲此起了口角，「吃」變成了一樁罪惡的事。顧岡偷吃茶葉蛋被月香撞見，吃晚飯時他很窘的解釋，且把剩餘的兩個拿到飯桌上大家一起吃。「反正只要是與食物有關的事，他們已經無法用自然的態度來應付它了。食物簡直變成一樣穢褻的東西，引起他們大家最低卑最野蠻的本能。」（《秧歌》頁 108）其實小說序幕，作者就視覺、味覺來寫茅廁，即可看出端倪，她不先寫食物，卻代之以茅廁，不先寫吃，卻代之以排泄，便格外醜化了這出與食物有密切關聯的悲劇。

《秧歌》的反諷，不時可見。金根的妹妹金花徒步從譚村嫁到周村，擇偶的條件是統一的標準答案一因爲對方能勞動。暗示著人與人之間的情愛溫馨在這個世界裡是全然被漠視、被否定的。喜宴中共幹的參加，洞房中面對牆唱八路軍進行曲來娛樂客人，顯示了連民俗中喜慶熱鬧的婚禮，都蒙上了政治的陰影。而直接對共產黨政全諷刺的如春聯的描寫，新年喜樂中，原該充滿「聚福棲鸞地，堆金積玉門」之類的祝福語，現在則換上「毛主席萬歲，共產黨千秋」的字句，將冷酷生硬的政治教條滲透到日常生活中。

扭秧歌本身是一種嘲諷（見「題解」），金根當選勞動模範也是一種諷刺，拚命工作的結果，糧食都繳入了國庫，政府收購白麻，價格低廉，等級也沒一定標準，全視幹部情緒而定。這樣吃苦耐勞的模範勞工，所得到的待遇是「跟著大家一樣餓肚子。」小說中殺豬一幕，尤其神來之筆，她以死亡的安詳來對比諷刺這個殘暴紛爭的事界，豬隻死亡後快樂的模樣彷彿是對殘暴的活人世界冷酷的嘲笑。作者處理殺豬這一幕時，又夾進了譚老大、譚大娘的回憶。那時日本人還在的時候，遭逢汪精衛的和平軍下鄉，他們挖空心思掩藏豬，但豬隻仍被發現搶走了，兒子也被和平軍抓去充軍。軍人搶了豬，還要她們的媳婦。作者有意營造回憶與現實的類比，其用心不難瞭解。在她看來，農民土改後分得了土地，在豐收的年景裡仍然吃不飽，正是政府一再逼迫他們犧牲的結果，於是她刻畫一個被犧牲的象徵 — 被宰的豬隻，以暗示農民的被宰割。

小說中氣氛的醞釀與場面的經營，亦是閱讀時應注意的。籠罩《秧歌》全書的幾乎是一種悲涼的近乎恐怖的氣氛。雖然小說中出現很多代表喜慶的紅色，但赤色相對的也有危險、流血的警告意味，與令人生氣或焦急的情緒。小說中整個情節的推展不時地被魅豔的光彩所瀰漫，如殺氣騰騰像綠林大盜的老闆娘，對著空街倩笑的五彩明星照片，陰森破敗的關帝廟，揮動紅纓鎗的民兵、漫山遍野的黑瓦白房子……等等，造成了一種鬼域似的人境。

意象的運用也相當成功，又如月香聽到事變，連忙趕去尋找金根和阿招，在充作村公所的關帝大殿，她看見「有一個民兵從東殿裡衝出來，手裡抄著一隻紅纓，那一隻紅纓鎗在風中蓬了開來。」這蓬開來的特寫鏡頭，正預示災禍就要散布開來。又如衝突展開之前，「黑隱隱的一大陣蝗蟲」的描寫，不就暗示了村民的飢餓已到了難以忍受的地步？最後月香扶持金根逃亡，在艱困的危難中，夫妻展露了人世間深摯的情感，相對於此，蒼白河水一再重複的意象，正代表了天地的無情。金根許是自沉河底了，溪水卻依舊蒼白。作者並不直接批判人民在不合理制度下所受到的傷害，她一向主張「讓故事自身去說明」，《秧歌》即作如此的的呈現。

此外，小說中對於農村生活的細節、鄉間景物、勞作情形、日常起居，乃至日用器物，都有細緻生動的描繪。書中人物形象的塑造，也都很鮮明突出。情節先後呼應、小說中的音樂性的節奏感、色彩的運用等等，都表現了作品豐富的藝術內藍，值得細加玩味欣賞。

二、黃色小花的悲歌
── 鍾肇政《魯冰花》

本　文

長篇小說，本文存目。

作　者

鍾肇政，筆名有九龍、鍾政等、路加、路家、趙震等。祖籍廣東客家，1925 年生，台灣省桃園縣龍潭鄉人。日治時代就讀淡江中學、彰化青年師範學校，一九四五年畢業後，被徵爲日本學徒兵。光復後他返鄉任教於龍潭國民小學。民國三十七年進入台大中文系就讀，旋輟學回鄉教書，並自修苦讀國語文。

他曾經擔任多所小學、私立東吳大學教師，民眾日報副刊主編，台灣文藝雜誌社社長兼總編，並任「吳濁流文學獎」主委、台灣文筆會長、台灣客家人公共協會會長等，今專事寫作和校譯編書。熱愛本土，提攜後進，德高望重，是台灣本土文學承先啓後的開拓者。作品樸實情深，受到海明威、 D.H. 勞倫斯、佛洛伊德、卡夫卡等外國作家的影響，學習了他們的書寫技巧，復結合了民族鄉土的情操，能獨樹一格。

著作頗爲豐富，約有說小三十五本、譯作三十九本、編選十四種選集，同時也榮獲多種文藝獎。其中，他最大的成就是長篇小說尤其是大河小說。體裁可分爲二大系列：一是自傳體小說，同時反映社會和時代的脈搏，此以濁流三部曲爲代表；另外一方面是歷史素材小說，揭露日據時代歷史的真相，此以《台灣人三部曲》爲代表，評者譽爲首部爲台灣人尋找歷史定位的作品。其它長篇作品有：《魯冰花》、《大壩》、《大圳》、《江山萬里》、《馬黑坡風雲》、《綠色大地》、《青春行》、《插天山之歌》、《八角塔下》、《望春風》、《姜紹組傳》、《原鄉人》、《馬利科彎英雄》、《高山組曲》等；中短篇有《初戀》、《中元的構圖》《摘茶時節》、《殘照》、《輪迴》等。今有桃園縣文化局出版的《鍾肇政全集》。

賞讀

《魯冰花》是鍾肇政的第一部長篇小說，一九六一年發表於《聯合報》，次年由明志出版社印行單行本。其內容主要是描寫一個貧苦農家的小孩 — 古阿明，具有高度的繪畫天才卻不爲人賞識並被權勢排擠，導致最後因病早夭的故事。本書後來在一九七九年由遠景出版事業公司出版，後來又被拍成同名電影上映，感人肺腑，深受廣大的讀者和觀眾喜愛。

全書的故事大綱：年輕有爲的青年畫家郭雲天本來是美術學院大二學生，因爲養病在家，後來被校長廖大年請到水城國小擔任美術代課老師。校長希望他能訓練幾個學生，好在全縣繪畫比賽中脫穎而出，爲校爭光。郭老師隨後發現貧農兒子 — 古阿明的畫作「天狗食月」，頗有天分，就用心指點，反而忽略了水城首富林議員的獨子（其初戀對象林雪芬老師的弟弟） — 林志鴻的畫，埋下了後來被解聘的命運。

後來阿明進步神速，郭老師也極力推薦阿明代表學校參賽，但一班只能派一位前往參加全縣的繪畫比賽，校長礙於林議員的情面，再加上其他主任的壓力，只得昧著良心否定郭老師的提名，由創造力平庸的林志鴻代表參賽，而這對古阿明卻是一個慘痛無比的經驗，受到打擊的古阿明心灰意冷，在家裡的茶園，跟姊姊捉茶蟲，因郭雲天老師的到訪，鼓勵阿明畫一幅「茶蟲」，寄去美國參加國際

兒童繪畫比賽。接著，林志鴻奪得全縣國小圖畫比賽的亞軍，但冠軍卻有三人之多。後來因主任、教師等的陷害，使得郭老師提早被校長解僱。臨走前他託林雪芬照顧阿明，並向她表露愛慕之情。但是可憐的阿明爲了找尋心愛的貓咪而被大雨淋溼生病，因家中無錢醫治，導致病情垂危，最後離開人間。此時大家卻接到阿明的畫勇奪國際比賽特獎的消息，全鄉爲之轟動。但是對阿明卻已太遲了……。

書名「魯冰花」似乎與故事毫無相關，但事實上這黃色小花的開謝卻象徵了一個天才的生死。魯冰花，就是路邊花。一種很平凡的黃色小花，盛產於桃園、新竹一帶的高地上，閒暇時，農夫們便把魯冰花的種子播撒在稻田或茶樹之間，花開時和茶樹綠黃相間，頗爲鮮麗可喜，但凋謝後便被連根拔起，放在茶叢下或拌在泥土裡，做爲肥料。爲了留種而沒拔掉的就結成豆筴，等到來年花開時，點綴人間。小說結尾說此花不僅能點綴人間，更在一開一謝之間，使得花園得到了養料，並在第二年開得更豔麗。這象徵了天才或善良美好的德行在人間將會永遠傳承下去，即使去世、早夭了。

本篇小說的表現技巧尤值一提。雖然它不似作者後來場面浩

大的大河小說，但小小的鄉村舞臺，卻上演了這一齣令人動容的戲。首先，我們看到各個角色都有非常突出的個性，即使是書中微不足道的角色，作者也一一給予血肉和生命，這是因爲作者能準確的把握角色特徵，利用最關鍵的事件設計其鮮明的形象之因所以作者能成功地營造了形形色色不同的角色。例如郭老師就是全書的關鍵人物，他熱情洋溢、見義勇爲、當仁不讓、不記得失成敗、負責公正、光明磊落。但他入世未深而不諳交際、胸無城府、固執而單純，胸無城府，易遭人陷害，以致被提前解僱。他高尚的人格加上這些特點的烘托，令讀者更加喜愛、更願意同情他、敬佩他。再如阿明，作者把他塑造成善良單純、聰明好學、活潑好動、勤勉奮發的未來之星。他勤思、勤畫、勤做；好動、好學、好勝；更能全心愛家庭、愛師長、愛動物，完全顯現了一個令人疼愛的鄉村小孩。也正因此，他的逝去也更令讀者落淚感傷。作者曾經說過，有好幾次想擱筆不寫，因爲這是一本「悲慘」的書，但另一方面他自覺有責任要把它寫出來，所以就「含著淚水把它寫下去哩」，本書可說是血類交織完成的作品。

其次，本書也極具濃厚的鄉土氣息和地方色彩。作者通過細緻的觀察，實地的參與，深刻真實的反映了大自然的美，如魯冰花的動人形象，獨樹一格的方言俚語等。雖然人際關係緊張複雜，但恬靜平和的村野風貌、田野風味和純樸的鄉土環境、風土人情等卻使全書在一個安詳的自然氛圍中進行，令人流連忘返。

此外是多線結構的靈活運用。多線交接和時空的錯綜安排，使故事更加精彩靈活。故事裡頭以阿明不被賞識爲主線，另外還安插許多的旁枝 —— 例如主任和校長的鉤心鬥角、議員的財大氣粗、男女教師的崎嶇戀情等。雖然情節眾多，但作者卻能以時空跳躍、情節交換呈現的筆法，一一道來，反而更能襯托主題。在空間上，家庭、學校、社會等三個層次的人際關係都能一一照顧到 — 說明家庭生活嚴重影響了學校教育、而學校的行政鬥爭也必牽扯到社會的階級之爭。在時間上，故事雖然只進行了三個月，但牽連眾多，涉及社會的多層面，產生一個完滿的歷史和時代感。這種多層時空的銜接配合最大的優點是避免了情節發展的單調。而它雖縱橫交錯，卻不會使讀者感到突兀。全書層層鋪敘，相互環扣，一氣呵成。

最後是巧妙應用對比手法，形成強烈的對立。作者刻意將人物的高下、善惡等以對比描述，使得故事更具戲劇性。例如阿明和林志鴻就是最明顯的例子：前者貧窮，後者富裕；一活潑好動，一呆板軟弱；一擅創造，一常模倣；一不幸悲慘，一幸運幸福。兩人的家庭背景、性格特徵、命運待遇等，都是尖銳的衝突著，讓讀者在比較之餘，產生更多的感嘆和遺憾。另外如郭雲天和另一位美術老師徐大木也有天淵之別：一發掘天才、一抹煞天分；一正直高尚，一懦弱奸詐；一個爲弱小打抱不平，一個攬權惡毒。於是徐大木的卑鄙無恥和醜陋荒唐就反而更襯托出郭老師的高尙，成爲全書最鮮明耀眼的正面形象。還有如誠實純樸的阿明之父古石松對虛僞小人的林義員；忠厚怕事的廖校長對狡猾狠毒的教導主任李金杉；溫柔賢淑的林雪芬對潑辣妖豔的翁秀子等等。他們每一組都兩兩對照，相互反襯，使讀者留下更深刻的印象。

細看下來，這長篇故事能前後呼應、首尾配合以呈現一完整的正面主題，確實是作者匠心獨運的結晶，難怪後來成爲台灣鄉土文學的先驅代表作。《魯冰花》的全文是這樣開始的：「雲看上去很高，一塊塊的；有些地方很厚，有些地方很薄。好像是看過人家畫畫的小頑童，學著把顏料擠在一塊木板上塗抹而成的『糊圖案』。」似乎預告著人世間有的人富、厚，有的人貧、薄，總之是一堆糊塗案。理想化身的郭雲天，一如其名是「天上之雲」。但他終究也敵不過天空滿佈的烏雲，最後只得黯然離去，一個悲劇遂由此上演。小說中作者藉五張畫，鮮明鏤刻出五段場景，以豐富的意象，暗示阿明內心感受的轉折；讀者也可由之體會作者對現實不義世界的抗議、質疑，對理想燦亮世界的想望。天狗食月、貓抓老鼠、牛、茶蟲這四幅完成的畫以及金黃的天空和地這未完成的畫，與小說情節的推展環環相扣，展現了最複雜的人間萬象。作者此一毫不著痕的呈現、暗示手法，令人由衷感佩。

讀畢全書或由此可感受到以下幾點：

第一、積極面對艱困生活。我們從阿明充滿創造力的圖畫中可以體會這一點。他是貧農古石松之子，古石松當過殺豬的屠夫，現時經營茶園，園地是向三溪水的首富議員林長壽承租的。儘管阿明自家生活貧窮困苦，天真爛漫、美好可愛的生活理想卻使他的畫脫離了悲傷的情調。而郭老師雖然也身處於複雜艱難的人際關係中，他還是積極地指導學生作畫，排除人情壓力和權威的壓迫，堅守原則，負責進取，追求他心目中至高的藝術境界。我們每一個人對自己的出身無能選擇，猶如黃春明〈屋頂上的蕃茄樹〉，種子隨風飄散到哪兒，就在哪兒落腳，要活下去就得想辦法。雖然阿明死了，但藉著這樣的主題，可催逼我們思考一些問題。

第二、表現了老師對教育的熱忱。郭雲天雖然只是個正在病休的大二學生，又僅是學校的代課老師，但他能有教育良知因材施教，多方鼓勵協助學生。甚至不畏強權爲學生據理力爭，正義凜然，完全表現了對教學工作的責任和熱心。他堅信有教無類、誨人不倦，這方面完全可以作爲教育工作者的借鑒。同時作者向大家提出一種新的繪畫教學法，「一張畫的好壞並不在它的『像不像』，一張好畫必須訴之直覺的表現，必須有主張、有自我……」，作者也藉郭雲天之口，傳達其主張「認爲畫必須畫得像、畫得自然，其實這才是不自然。兒童的畫，有他自己的眼光，怎樣感覺，就怎樣畫，這才是真正的自然。……典型傳統作風的畫，沒有個性，沒有創意，沒有自我主張，也沒有一絲毫兒童們應有的幻想成份，……好的畫，並不一定要像，這就是說不一定要人家看得懂。」如果我們看了黃春明〈屋頂上的蕃茄樹〉、葉綠娜〈我心中的山〉這真實的美術課經驗的散文後，會驚訝發現鍾老所述正是一針見血的悲憤之情。

第三、表現了伯樂識千里馬的重要性。郭老師能夠排除階級貴賤的分別、背景身分的差異，正確無誤地判斷阿明的繪畫天賦，確是慧眼識天才、神童。他接著積極指導，更進一步爲小天才阿明力爭參賽權，甚至主動推薦其作品參加國際比賽，以致千里馬一舉成名。這完全是因爲他相信自己的眼光，對阿明的天賦和後天的勤勞刻苦有絕對的信心。

最後一點說出了社會上人際關係的複雜性和富裕權勢人家欺壓窮民的殘酷現實。而林志鴻和古阿明可說是其中可憐的犧牲者。阿明的繪畫天分被埋沒以及生命早逝，而林志鴻卻因長期處於富裕的家庭裡，自動爭取和自主的能力極其缺乏。又如林議員利用權勢使他孩子獲選參賽，學校主任偏心而排擠窮小孩阿明，甚至結尾林議員在阿明的出殯儀式上貓哭號子假慈悲，其實不過是爲了拉攏人心罷了。我們看到不僅社會如此瞧不起貧窮子弟，甚至連學校的教務人員也鄙視貧者、巴結權貴、爭權鬥利 — 這給我們相當大的震憾，焉能不引爲警惕?

總的來說，本書雖然也有一些瑕疵，如巧合的情節令人稍難接受，敘述之處稍多等，以及文末安排阿明爲尋貓兒，以致淋雨得急性肺炎，闔然病亡的情節，雖說貧病常糾葛，但似乎仍轉折太快，說服力還不夠，但作者在本篇作品裡剖析了棘手的教育問題，也反映了其他複雜的社會人際問題。它在寫作手法上仍算是圓熟的，尤其幾個小場面處理得非常動人，像古阿明沒能入選代表時，萬念俱灰，把老師送的臘筆一枝一枝折斷、拼命的捶打姊姊，令人不忍卒讀，又如阿明發現小雞被老鼠咬死的場面，也都寫得很成功。鍾老雖是由日文轉換爲中文的作家，但其語言流暢、精確，時下科班出身的年輕一代亦有所不及。《魯冰花》是鍾氏第一次的長篇經營，能有如此佳績，實令人興奮。

三、憤怒的波濤巨浪
── 鍾肇政的《怒濤》

本　文

長篇小說，本文存目。

作　者

見前。

賞　讀

鍾肇政一生創作不輟，又勇於創新、求變，在戰後第一代作家中，他是最善於寫長篇小說的，從六〇年代的《濁流三部曲》、七〇年代完成的《台灣人三部曲》，到八〇年代的《高山組曲》，他將小說與歷史結合，展現台灣人在各個不同歷史階段中拓荒與被殖民的血淚史，開啓了台灣戰後「大河小說」的典範。《怒濤》則是直視二二八民變的力作，是作者長期積鬱心中，卻不能自已的波濤洶湧之情、憤怒之言，在經歷四十多年之後，作者終於可以百無禁忌再現「那個時代，以及那個時代的台灣人。尤其年輕

的一代。」（怒濤・後記）

《怒濤》全書約二十六萬字，分十六章來寫。除了序章及終章，其中十一章署有小標題，如：大稻埕戀曲、燃燒的火焰、死城的故事、鮮血灑在大地上等，以提示該章重點，並適時經營各主要人物。小說以陸氏一家的發展爲主軸，以作者的原鄉——桃園龍潭爲小說主要空間，旁及山林、台北大稻埕及混亂的殺戮現場。故事首先由從唐山渡海返台的一艘輪船寫起，接著適時交代陸、姜兩家。陸家長房志鈞是滿洲回來的熱血青年，拒絕三腳仔姜匀的招待（餅乾、夜宴），充分呈現其剛質的個性，他後來領軍投入二二八民變，在談判前被射殺，鮮血灑在大地上。住在大稻埕的維林，是陸家（二房）最傑出的一支，維林身爲回春醫院院長，長子志麒是醫學博士，次子志麟是日本帝大醫學院學生。事件發生時，志麒無故被囚四十多天，出獄後性情大變，不太說話。志麟後來與唐山女子韓萍結婚，二人日後的爭執、衝突，凸顯了兩岸的文化、思想差異，後來韓萍棄他而去，以離婚收場，志麟則在二二八事件之後，決定離台赴日，奔走天涯。三房維海之子志駺是農林學校畢業，林務職員，頗崇拜志鈞，後來加入龍潭臨時組成的民軍。四房維禎、維國兄弟自北京返台。維禎和姜匀結伴回台，維禎極可能成爲接收縣長，後來讓給姜匀。維國年僅二十九歲，就當了台北帝大教授。作者雖寫陸家的人事，其實是台灣歷史的縮影。在大時代中陸家各個不同人物的個別命運，各人不同的個性（或充滿理想、熱情、或澹泊明志、自足無憂……），寫來都有血有肉，但他們卻也都不由自主捲進時代的旋風暴雨中，甚者被時代無情的巨浪吞噬，歷史的殘忍冷酷，由斯可見；而本書動人的力量，亦由此可感。

本書序章頗有楔子之意味，開端極好，象徵意涵豐富。一艘戰後爲中國接收的老舊貨輪，載滿形形色色的旅客，甲板上有軍夫、志願兵、看護婦、通譯……，船艙則有接收大員小員，做生意、跑單幫之類的上海人，在船隻登陸台灣以前，台灣海峽的颶風依舊呼嘯、吹颳著。這艘歷盡戰火兵燹的老舊貨輪，就猶如台灣島嶼，擠滿各色不同階層的人群，說著各種不同的語言，有壓抑的亢奮、熱切的期待，也有憤怒的不平。志鈞的心聲「那個傢伙……是不折不扣的支那人啊！」「跟那樣的傢伙，還能談什麼明天？」他憤然將療飢的餅乾擲向海中，不也預示了其生命結局？而小說終章亦以基隆碼頭的話別爲線索，志麟搭船赴日，就彷彿原自足無爭的台灣人，不得不黯然出走。志駿覺得「留在這裡的人呢？他們的明天的路又在哪裡？」小說首尾結構頗完整，也說明了那時代台灣人的茫然失措，尋找不到一線生機。

從小說人物所使用的語言來看，眾聲喧嘩的日語、台灣國語、北京話、鶴佬話、客家話，既保持原音再現的時代風貌、語言現象，也呈現台灣被殖民的歷史真相。小說裡大量的新生詞彙，如降伏、阿山、剝狗皮、落袋、歪哥等，使情節描寫更爲生動，主題更爲切合。如「光復」用日語音讀爲「降伏」，有人寫成「降服」，預示了台灣日後的命運；「同舟共濟，患難與共」、「一視同仁，台灣同胞」這些詞彙等同於美麗的謊言。這是《怒濤》小說語言的一大特色。

相對於吳新榮三月的洪水的意象，作爲書名的《怒濤》，指涉的正是處於那樣時代、那樣政權下的台灣人民憤怒之聲。憤怒顯然是因短短數月，台灣即由日本投降的歡天喜地，接收人員貪污腐化的花天酒地，及工廠關閉物價飛漲而「呼天喚地」了。從小說中，處處可看到作者對其時台灣社會現象的描述，原本以米糖爲生產大宗的台灣，卻因遭大量劫收，運送到大陸黑市，而嚴重短缺；作爲「福爾摩沙 — 美麗之島」命脈的台灣山林，卻因不肖之徒的收賄，與商人相勾結，而遭到濫伐盜賣；被接收的日本零式戰鬥機，遭部隊刻意灑上鹽水，加速其腐銹，以變賣廢鐵；對祖國文化的憧憬，得到的竟是令人失望的貪污腐敗、調戲誘姦、魚肉良民、蹂躪百姓以及傲慢無理等等。凡此種種，作者寫來無不令人怵目驚心。

除用語詞彙之外，小說真切掌握了戰後初期二二八事變前夕的台灣社會、生活習慣、民俗風情，對於居住、飲食、娛樂、穿著、物品、地名等，作者於此都有細膩而正確的描寫，對客家鄉親的讀者來說，倍感親切；對於一般讀者也可增進對客家文化、客家人的了解。當然，更重要的是作者再現了一個已經消逝的時代的全貌。

歷史可能虛構，小說卻可能呈現人間的真實，比歷史更能反映當代社會。讀完本書亦如鍾老校稿時之心情「有時是熱寫澎湃，有時熱淚難禁」，謹以此文爲逝於那場苦難動亂的亡靈禱求冥福，也爲今日的台灣人祈祝。

國文教學卷

一、新詩教學
── 談新詩的標點符號與分行

前　言

詩必須有韻律、有節奏，才能生動傳達詩人情緒的起伏與變化，使詩既富抑揚頓挫之美，又具靈動搖曳之姿。古典詩歌之聲，由於平仄、韻腳、行數，有其一定的規範，所以本身即具有聲情律動的外在音樂性。而五四時期興起的新詩，沒有格律限制，字句長短不拘，其韻律則著重於內在的旋律和節奏。

而所謂內在的旋律與節奏，其實是與分行、標點符號（或空格）、句式長短的排列組合、重複疊句等有關的。節奏舒緩快速或低沉昂揚，傳達出不同的感情狀態，這大都有作者個人（性向、性格）的偏好與題旨內容的配合，它多半也經作者不斷摸索、嘗試，體會其間的聲氣變化而日趨成熟，而稍具規範可尋。讀者在欣賞、解讀新詩時，對於這方面的處理技巧，不能不留意。本文謹就新詩在標點符號、分行運用上的情形，加以探討說明。

一、新詩要不要標點符號

用不用標點符號，詩人自有其考慮。臺灣詩人早期用標點者較多，後來不用者普遍增多，尤其行末多不用標點，行中短句則視需要加標點，或空一格以代替標點。余光中早期詩作，標點符號用得較多，後來用得少；洛夫只是在行中略有標點，其重刊詩集《無岸之河》除了明顯作了篇名的修改，另一現象就是標點符號的大量省略。羅門、蓉子夫婦寫詩，也很少用標點符號，目前中國大陸的詩人不用標點的情況亦日漸增多。這是因爲有愈來愈多的詩人，相信分行與空格已能精確表達詩之節奏、頓挫，同時他們相信詩的語言形象多義，不使用標點更能豐富詩的內容，拓展詩境，刺激讀者的想像。但仍然有人對此有爭議，或猶豫難定。

詩人施善繼曾撰〈銀河〉一詩，原詩分三節，每節七行，一行十九字。不加任何標點，也不予分行斷句。後來（三個多月後），他又將原詩予以標斷、重加分行，撰成〈銀河的變奏〉，由於標斷、分行的關係，使原詩以兩種相異的面貌出現，而二首各有優劣，可見詩之有無分行、標點，沒有絕對的優劣得失，只有根據內容，不斷反覆思索，尋找最合適的標點與分行。

以下我們試看英、美詩人以及國內詩人使用標點符號的情形：

英國詩人藍德（Walter Savage Lander）在戲劇一詩，曾以六次驚嘆句法，表明其感慨之深。論者謂其善用驚嘆號。美國羅曼諾（Tom Romano）老師一詩在第一行和最後一行該用問號的地方，卻故意用句號，以此生動形象化了這位能與學生打成一片的老師。（二詩見《英美短詩五十首選析》，書林出版社）臺灣日治時代詩人守真〈鴨〉一詩差可比擬。〈鴨〉這首詩短短八行，用了九次驚嘆號，極具震撼性，深刻表達了臺灣人在日本殖民統治下悲慘的境遇。

二、三〇年代的詩人寫詩大都使用標點符號的，如徐志摩〈誰知道〉一詩：「可不是先生？這道兒真 — 真黑！」「真」字之下用一破折號，讓人感受到聲音的感情，加強了「黑」的程度。這與「他拉 — 拉過了一條街」這句的手法相同，「拉」字後面加破折號，表示了「拉車」的使勁及動作。而在每一節結束時，立一行的刪節號，則留給了讀者弦外之音，暗示了在具體的描寫與對話外，還有意猶未盡的味道。劉半農〈一個小農家的暮〉:「怎樣了 — 我們新釀的酒？」破折號之作用亦如是。

至於不使用標點符號的情形，亦舉例說明如下：

詩人創作時，有時故意不用標點，以期達到另一種特殊的修辭效果，以強化氣勢，或凸顯意象。如余光中〈唐馬〉一詩裡其中四行寫道：

旌旗在風裡招，多少英雄
潑剌剌四蹄過處潑剌剌
千蹄踏萬蹄蹴擾擾中原的塵土
叩，寂寞古神州，成一面巨鼓

此詩寫作者面對一座唐三彩的陶馬時的心情。詩一開始即彷彿真馬出現，牠的鬃鬣飄動在大唐的雄風裡，牠正從古驛道上潑剌剌四蹄飛奔而來，叩響神州如擂大鼓，何其壯哉！作者寫馬奔，用了短句，而且不用標點，顯然是有意如此處理，以形象唐馬的飛奔之勢和快踏之聲。語句迫促，節奏快速，正是朗讀此詩時應掌握的聲情。如果我們將這幾行詩加上標點，則成爲：

旌旗在風裡招，多少英雄，
潑剌剌，四蹄過處，潑剌剌，
千蹄踏、萬蹄蹴，擾擾，中原的塵土。

「擾擾，中原的塵土」原是「中原的塵土擾擾」，這麼一倒裝，「土」與次行的「鼓」可協韻，同時氣勢較急速。但由於加上標點，停頓多，節奏減速，無法予人飛越奔騰之感。余光中在此不加標點，使此詩之內容與形式搭配得相當完美。又如葉維廉的簫孔裡的流泉中的末段：

直到
瀑布一瀉
瀉入洗衣洗菜洗肉洗化學　染料洗機身車身的
一片密不通風的馬達的人聲
人人人馬達馬達人人人馬達人
響徹雲霄

葉氏此詩寫城市物質文明對環境的汙染和對生態的破壞。當優美悅耳的山泉瀑布，混入大量的洗衣、洗菜、洗化學染料、洗機身車身的各種汙水；混入吵雜的人聲、馬達聲時，美醜立現，而自然美景不再，也就可以感知了。作者在這裡不加標點，予人「瀑布一瀉」的快速之感，並有將各種汙濁的水、喧囂的聲音與瀑布混雜一團的效果，強化了驚心怵目的景象。

用與不用標點，詩人自有其考量。余光中〈五陵少年〉一詩，分五節，每節五行，他只在每一節最後一行使用標點符號，目的在於區別內心獨白和口語。

綜合以上所述，可知詩作善用標點符號，可以使詩意精準，加深感情的深度；而不使用標點符號，則可使詩有多重豐富的韻味，呈顯與節奏的密切關係，提供讀者無比廣闊的想像空間。所以該用時，仍不能任意丟棄，不該用時，也不能不明究理畫蛇添足。

二、標點與分行的關係

新詩的分行，應是以一句完整的意義爲據，或一行爲一個完整的意思，或兩行爲一句，或三行爲一句（有時圖象詩會六、七行才一句，通常不過三，比較不會淪於遊戲之作）。其節奏及頓挫的調整，全憑恃標點及分行。照說一行語意未完，是不需要加標點的，因此以今日眼光來看早期名家之作，便有若干情形可爲借鑑。

徐志摩再別康橋一詩，全詩共七節，每節四行。詩人以前兩行和後兩行各表達一完整的意思，所以每節有兩個完整句的形式，以分行觀點來說，可以兩行合併成一行，但如此則句子太長，吟誦時無法稍事喘息，略作停頓，同時也無法領略詩人對某些詞強調的深意。所以原詩的安排，在結構上頗爲勻稱。

由於是兩句爲一完整的意義，所以原詩在標點符號的運用上，有若干處便値得斟酌。余光中在〈徐志摩詩小論〉一文中說：「第四段第二行在文法上和第三行不可分割，是爲西洋詩中所謂『跨行』，這也是歐化的，所以行末無標點。其實第二段的一、三兩行和第三段的首行，全是跨行，原不應有標點；徐志摩都加上逗點，反爲不美。」（見《分水嶺上》一書）余氏這段話，基本上也反映了他自身創作的經驗。由於新詩的分行，已有節奏上的效果，每一行基本上是一個意義單位，無形中已有句讀功能，何況因句子太長，而分成數行的詩，若每行行末再加標點，則將連貫的語意切斷或沖淡。這是現代詩人普遍的看法，他們在詩行結尾較少加標點，這和二、三〇年代作家喜歡在每一行末下面加上標點的作法頗爲不同。

詩人渡也就曾自述其創作經驗：「我平時寫詩，在詩行的結尾很少加上標點符號，……除非在行中要斷開才加標點（或是空一格），否則很少加標點符號。」（見《新詩補給站》一書）〈竹〉一詩：「向天空／步步高升」，是一句話斷爲兩行，所以亦如〈再別康橋〉：「不是清泉，是天上虹／揉碎在浮藻間」，語意貫串，標點的確可以不用。

三、新詩分行的技巧

詩人寫詩分行的原則如何？方法如何？爲何要分行？可不可以一行併成兩行，或兩行挪爲一行？這些問題弄清楚了，才算是能初步掌握新詩、欣賞新詩。也才能據此練習寫作。所以下面我們再看看一些例子。

羅青的〈水稻之歌〉第三段：

而遠處的溪水，卻是群剛出門的小牧童
推擠跳鬧，趕著小魚，吵醒了一座矮矮短短的獨木橋，

作者將溪水說成是「小牧童」，這行語意完足，不需將下句另成一行，同時這兩行也是全詩中較長的句子，具有視覺作用，顯示溪水之活潑、水源之充沛。全詩節奏，由於句子較長，不換行（隔行朗誦，節奏自然較緩），所以速度遠較其他句子爲快（這和楊喚〈夏夜〉小妹妹、小弟弟這兩行長句相同效果）。這首詩中句子較短的是最後兩節：

我體操隊形
散 — 開
一散，就是
千里！

寫成散文句式，是「成體操隊形散開，一散就是千里。」如果如是處理，則詩意減去大半。吾人可讓同學試著去做各種分行，並加以比較。如：

（1）成體操隊行
散開 —
一散就是
千里……

（2）成體操隊形散開 —

一散就是千里！

（3）成體操隊形

散 —— 開

一散　就是

千

里

經過學生自行分行後，很可能每人分行的形式都不同。從以上三種分行寫法來看，要考慮詩意是要寫和風吹過水稻時，稻浪隨風翻騰的壯闊景象。（1）「散開 —— 」，著重在「開」，聲音的拉拔、迴盪也在「開」字，而非「散」、隨風披靡的情狀。而「千里」下的「……」刪節號，顯示漫無邊際，似乎不如驚嘆號，有令人讚賞、驚喜，戛然而止的意味。（2）形成兩行，在形式上少了一節，句子散文化，不夠簡勁有力、活潑生動。（3）「一散」之下的「，」省略，代以空格是可以的，但作者習慣在頓挫之處用逗點，爲配合前面幾節，仍以原詩句爲是。至於「千里」分成兩行，一字一行，速度減至最低，雖然就視覺上來說，宛如一片稻浪風翔景象，但視覺上仍不夠遼闊，而且風吹稻田的動作近乎停止，缺少了力量，所以仍不是最好的分行方式。

經過以上的比較、說明，可知分行是一門大學問，有必要推敲。除了〈水稻之歌〉外，我們再欣賞蓉子〈傘〉一詩在標點、分行上的處理。〈傘〉這首詩除了第二節末句使用刪節號及全詩結束時用句號外，全詩不使用標點符號，在句子之間的聯繫，作者習慣空一格來處理。每一行或一完整的句子，獨立成一行，既是醒目作用，也是抓住傘初開時的刹那動作。「紅色朝暾／黑色晚雲」一行，文字簡潔，句法又稍作變化。本來也可以將之分成兩行，但如此一來，其形式會與下兩節不同，節奏不協，同時分行太多，將顯得累贅多餘，冗長囉嗦。因此，詩人只消空一格將之分開，以便讓讀者在誦讀時知道如何調節呼吸和節奏即可。「各種顏色的傘是載花的樹」一行，應與「而且能夠行走」連爲一氣，但爲了強調傘有各種顏色，就像各種不同的樹開滿各式各色的花，所以仍將之分成兩行；在「行走」之下，則以刪節號示之，就視覺上來說，如不斷延展的路，而路上則充滿著各式各樣的傘，具有動態的美感。第三、四節「頂」「開闔」字的頂針手法，可見作者對詩句之講究，「頂著豔陽／頂著雨」這一行不能上下句互易，因爲頂著雨，頂著單純兒歌的透明音符，語意一貫，如同「開則爲花爲亭／亭中藏一個寧靜的我。」

從〈傘〉一詩，可見作者對分行的運用，如果每句都自成一行，不僅形式呆滯，近乎散文。也將失去凸顯強調某句的功能。

余光中的〈一枚銅幣〉第一節第五行說：「一半是汗臭；一半，是所謂銅臭」，汗臭、銅臭原爲二事，也可以書寫爲「一半是汗臭／一半是所謂銅臭」，但作者將兩句同放一行，豈不因那正是一枚銅幣之兩面，詩形如此布置，可見其苦心。

林彧〈ㄇㄚ．ㄇㄚ〉第一節的分行是：

ㄇㄚ．ㄇㄚ用肥皂洗著我的童年
洗著我的尿布、內衣、制服
襯衫和牛仔褲，她隨在我跟後
洗著我成績單上的紅字、日記裡
晦澀陰黯的憂愁；洗著我
慘綠腥紅的苦惱；洗著我
徬東徨西的焦慮；洗著我
ㄇㄚ．ㄇㄚ洗著我走過的那條路

再交給我筆挺清新的明日

這首詩二至四行也可以寫成:「洗著我的尿布、內衣、制服、襯衫和牛仔褲/她隨在我跟後;洗著我/成績單上的紅字、日記裡/」但這樣的排列,乍看之下,「褲」與「路」可協韻,行末又排列四個「洗著我」的形式,似不壞。但細思之,作者原詩之安排仍然是較好的,一者可以避免第二行過長,再者二、四、八行以「洗著我」居於較前的位置,而五至七行以「洗著我」置於行末,朗誦時及視覺上都可以感受到和諧之美。此詩如果每句獨列一行,不跨行呈現,則詩意必然減去大半。作者的跨行處理極成功,五、六、七行所凸顯的重點,其分行寫作手法,頗可以紀弦一首壁虎詩〈存在主義〉說明:

平貼在我的窗的毛玻璃的

那邊,用它的半透明的

胴體,神奇的但醜陋的

尾巴,和有著幼稚園小朋友人物畫風格的

四肢平貼著

圖案似的

標本似的

一蜥蜴

作者透過跨行技巧,很巧妙就將蜥蜴的胴體、尾巴、四肢安排在句前。像這兩首詩的分行可說極難得,在每一行末都不能安上標點符號。

除了林彧〈ㄇㄚ·ㄇㄚ〉跨行處理的巧妙外,新詩的分行排列方式,時常有作者的弦外之音。徐志摩〈再別康橋〉一詩,每節句子排列形式相同,一高一低,回環往復,有如水波流動之身姿。守真〈鴨〉一詩亦是相同形式,特別突出「活!活!活!」

與「休！休！休！」（最後一行本應低兩格，但為凸顯「活！活！活！」，所以仍提高兩格來寫。）鄭愁予的錯誤首二行低兩格排列，以別於第二節，頗具有「序詩」的作用，釀造出充足氣氛，為後續鋪陳。

四、分行與感情節奏的關係

詩的節奏隨形式的排列，字句長短，行數多寡等，而有不同的變化。這些情形，前面已略有提及，這裡再詳加說明。好的詩人對其詩句長短，通常不會等閒視之。如蓉子〈只要我們有根〉一詩中，「仍舊是一株頂天立地的樹」和「堅忍地過這凜冽的寒冬」這兩句不分行，就詩形的視覺感來看，正顯現一種「頂天立地」和「堅忍」的氣勢。

吳晟負荷詩中最長的兩句是「有如自你們手中使勁拋出的陀螺」和「逐一轉為綿長而細密的柔情」，前句表明賣力、奮力的生命型態，後句果真呈現「綿長」「細密」的柔情。同詩當中倒數三行「只因這是生命中／最沉重／也是最甜蜜的負荷。」可成為兩行，但作者將「最沉重」獨立一行，則此句既可連上，亦可接下，同時寫出似矛盾卻又真實的感受。「最沉重」三字，措辭簡短，語氣肯定，獨列一行足見分量，短句中蘊含詩情。

鄭愁予〈錯誤〉第一行「我打江南走過」，句子短促，暗示了過客的匆匆；第二行「那等在季節裡的容顏如蓮花的開落」是一長句，正是以音響的延伸暗示等候的漫長。長短鮮明對比，使詩更為耐讀、有味。

余光中〈五陵少年〉一詩，作者在每一節間空一行，提供讀者想像的空間：詩中主角喚來酒保，添上更多的酒，而他的情緒也隨之不斷升高。

萬志爲的破靜

小屋

坐著

小路

躺著

小小的人

走著

風聲也聽不到

更何況落葉

直到一縷炊煙，嫋嫋娜娜

刀樣升起

這首詩多以二字爲一行來排列，顯然是作者的別出心裁。直排的節奏要比橫排快，橫排由於每朗誦一行跳到下一行時，必然會有頓挫，無法暢行無阻，一吟到底。所以前面數行的安排，自然營造出舒緩恬靜而幽雅的黃昏。直到那一縷炊煙出現，打破這靜態的畫面。作者在這裡用長句處理，豈不是炊煙縷縷嗎？而「刀樣升起」另立一行，不也就像渡也的〈竹〉向天空步步高升嗎？斷句、分行的處理，在這裡又可以看出作者的匠心獨運。

五、分行與押韻的關係

爲押韻而分行的現象，在余光中詩中頗有其例。如〈當我死時〉第一節：

當我死時，葬我。在長江與黃河

之間，枕我的頭顱，白髮蓋著黑土

在中國，最美最母親的國度

我便坦然睡去，睡整張大陸

　　聽兩側，安魂曲起自長江，黃河
　　兩管永生的音樂，滔滔，朝東

第一行語意到「之間」，作者為使「我」、「河」叶韻，所以跨行。新詩之分行，必然是經過作者慎重的考慮。又如余氏車過枋寮最後一節：

　　正說屏東是最甜的縣，
　　屏東是方糖砌成的城，
　　忽然一個右轉，最鹹最鹹，
　　劈面撲過來
　　那海

最後兩行應是一句：「那海劈面撲過來」，但作者運用倒裝句法，並將詩行削短，驀然一收，造成迴腸盪氣的效果。他不將「海」獨列一行，顯然是有意將「來」字安在最後，如此「來」、「海」，在聲音上相當和諧好聽。就如「正說屏東是最甜的縣」，不寫成「正說最甜的縣是屏東」、「屏東是最甜的縣正說／（屏東是方糖砌成的城）」，也是為了與「最鹹最鹹」押韻。作者愛顛倒造句，（其詩有不少倒裝句法，如「等你，在雨中」。）既為了合韻協律，也可以求新炫異，達到句型的多樣化，最後一節經過作者精心處理，至少達到四種效果：一、坐車經過的動態；二、甜鹹強烈的對比；三、倒裝凸出「那海」，然後突然結束，最令人意猶未盡；四、詩中兩組押韻，韻律和諧，節奏異於前三節的舒緩。可知作者平時對分行之運用，其實是頗費斟酌的。

六、分行與視覺效果的營造

　　詩之分行，也時與營造視覺效果有關，這一方面的例子不少。如苦苓〈漁舟唱〉：

滿艙魚族在浸水中

悄聲

　　歡

躍

「歡躍」大可放在「悄聲」之下，或獨立一行，但作者卻故意讓這兩字，一高一低，分列兩行，以顯示魚群歡躍的動態。這和白靈清晨一詩頗爲相似：

柔鬚伸出去

一行青碧的詩句

攀上籬笆

那牽牛花

　日

出

全詩一開始即以倒裝形式出現。原來應是「那牽牛花攀上籬笆，一行青碧的詩句，柔鬚伸出去」，作者既不依序處理，也不加任何標點，使詩意甚爲靈動、有韻致。「一行青碧的詩句」可以「攀上籬笆」，也可以是「柔鬚伸出去」，未必實指那牽牛花攀上籬笆，這是因沒有標點，想像空間更爲遼闊。而最妙的在結尾「日／出」二行，如果作者不如此處理，則詩題「清晨」無著落，同時缺少動態美感。

管管〈草原上之小樹呀〉：

雖然

在那幾株小樹站的地方吾又會看見遠遠的天邊的空原

在風中

在日落中

站著

幾株

瘦瘦的

小樹

在這段詩中，管管特別用長句描寫空原，以凸顯其遼闊狀，而「站著幾株瘦瘦的小樹」一句，他不獨立成一句來寫，反而斷爲四行，就詩形布置的視覺來看，四行短句的排列，就如小樹之孤單、瘦弱。蕭蕭孤鶩一詩亦如是手法，他以七個字一列排開，顯示孤鶩的孤獨感，然後再以一長句，顯示橫在它面前的路，就如一面牆一樣。

渡也〈竹〉一詩：

也只有沿著堅硬的環節

向天空

步步高升

「步步高升」原可與第二行合寫爲「向天空步步高升」，不必另列一行，但作者讓它獨立一行，就視覺上來說，可以模擬竹子向天空慢慢高升時的速度感，所以是分比不分好。這種情形就像張默〈挑磚工人〉一詩：

一塊磚

　　一隻蝴蝶

兩塊磚

　　兩隻蝴蝶

三塊磚

　　三隻蝴蝶

四塊磚

　　四隻蝴蝶

來來往往上上下下左左右右前前後後
那麼多口輕飄飄的
　　　　輕飄飄的
掠過我愈來愈矮
　　　　　愈來愈窄
　　　　　　　愈來愈小的肩膀

作者透過磚（現實）的沉重與蝴蝶（生命）的輕飄。寫挑磚工人的辛酸。長句「來來往往上上下下左左右右前前後後」，如同現實的沉重瀰漫上下左右四周，工人來來去去挑著磚，最後愈來愈承擔不住現實生活壓力的沉重。末句「愈來愈矮／愈來愈窄／愈來愈小的肩膀」，一行下降一行，愈來愈不堪負荷，似乎工人將被壓垮，將不支而倒地。

周夢蝶〈十月〉一詩，僅最後一行句末用了刪節號。他說「是的，沒有一種笑是鐵打的／甚至眼淚也不是⋯⋯」這最後一行句尾省略了「鐵打的」一詞，以省略號「⋯⋯」代替，同樣有淚珠點點的視覺形象。紀弦的〈足部運動〉

窗外：

　　　雨淅瀝

排列方式亦是有視覺、圖象之效果。似乎那雨果真是淅淅瀝瀝在「窗外」落著。洛夫詩中用了幾回「蓋章」其位置都在詩行之末。如〈長恨歌〉：

他開始在床上讀報，吃早點，看梳頭，批閱奏摺
　　　　　　　　　　　　　　　　　　　　蓋章
　　　　　　　　　　　　　　　　　　　　蓋章
　　　　　　　　　　　　　　　　　　　　蓋章
　　　　　　　　　　　　　　　　　　　　蓋章

　　從此

　　君王不早朝

透過外在的視覺感加強了讀者對詩意的感受，無聊、冗長、重複、機械的節奏，正與詩意相符。另一首〈水墨微笑〉：

　　不經意的

　　那麼輕輕一筆

　　水墨次第滲開

　　大好河山為之動容

　　為之顫慄　為之

　　暈眩

　　所幸世上還留有一大片空白

　　所幸

　　　　左下側還有一方小小的印章

　　　　面帶微笑

這首詩的「爲之暈眩」，作者故意將「暈眩」獨列一行，有強調作用；「所幸左下側還有一方小小的印章」本是一句，作者卻將「左下側還有一方小小的印章」放在隔行低兩格的地方，蓋印章的位置不就在書畫左下側嗎？詩形布置正是著意於視覺感受。

羅門〈都市方形的存在〉：

　　天空溺死在方形的市井裡

　　山水枯死在方形的鋁窗外

　　眼睛該怎麼辦呢

　　眼睛從車裡

　　　方形的窗

　　看出去
立即被高樓一排排
　　　　方形的窗
　　　　　看回來

眼睛從屋裡
　方形的窗
　　看出去
立即被公寓一排排
　　　　方形的窗
　　　　　看回來

眼睛看不出去
窗又一個個瞎在
　　方形的牆上
便只好在餐桌上

　　在麻將桌上
　　找方形的窗
找來找去　最後
　全都從電視機
　方形的窗裡
　　　　逃走

詩行之安排，頗能呈顯「方形」之象徵，寫出現代化都市文明對人心靈的扭曲。「立即被高樓一排排」、「立即被公寓一排排」二句放在「方形的窗／看出去」、「方形的窗／看回來」之中，效果絕佳，如同一禁錮、對立、疏離的狀態，是指向高樓、公寓，更是指向居於其中的都市人。

覃子豪〈吹簫者〉首節僅一行：「吹簫者木立酒肆中」，就詩句視覺意象言，孤立一行，正呈顯了吹簫者毅然、毫無依傍與特立獨行的勇者形象。一句話即簡潔勾勒出人物、動作、地點。

從這些詩例可知，新詩的標斷、分行並非率意胡亂爲之。詩人將句子分行、切斷，不但有其考量，也有其目的。雖說新詩形式極自由，但自由之中仍有一定的規範。分行時若考慮到視覺效果時，我們應留意不宜過度雕鑿、刻意安排，宜視內容之需要，做到渾然天成，形成、內容相契，才能令讀者拍手叫絕，否則極易淪爲無意義、陳腐、遊戲之作。

結　語

梵樂希（Valery）曾說：「散文是散步，詩是舞蹈。」詩是存在於語言的既斷又連之間，爲了思考的完整，需要連；爲了思考的飛躍，需要斷，而詩歌又特重斷，在斷後能再連，如果沒有斷，就會失去飛躍性，失去詩味而呈散文狀態。詩是舞蹈應即是此意。詩之斷法，除了意象、思考之跳躍，形式上經常透過音節（音步）、標點、分行，切成數個片段。我們平時說話不太可能一、二字或二、三十字一句（一行），但詩之語言卻可如此（當然，太長也應避免）。

一首新詩對於句子之處理，在什麼地方斷句、分行？用什麼方法來斷句、分行？目的何在？這些都使詩有不同的進境，如果隨意分行、斷句，通常會引起連結的鬆懈，影響詩之成敗，是創作新詩之大病。

綜合本文所述，新詩的句子安排，可以一句一行，可以數句一行，可以一句斷爲數個短句，可以一句分列（跨）爲數行。一句一行，通常語意完整，行末可用標點，也可不用，視詩人習慣、偏好，但目前詩人不用者較多，因他們認爲分行已有句讀功能。數句一行，通常是分屬相同的概念或意義，且多二、三句爲一行，中間隔以標點或空格；如果分屬不同的概念或意義連在一起，會令人突兀不暢（如太長，音節不協），仍以分開、獨列一行爲妙。一句斷爲數個短句，即一行內的分截，通常因句子太長而予以標斷（當然也有故意不標斷，以加強節奏、凸顯重點的）。一句分列數行，這種情形通常因長句而分行，或爲了視覺上的效果，或爲了押韻、節奏感。由於行末語意未完，所以無需加標點。當然詩之斷句、分行有時是爲了予人似斷非斷、似連非連的效果，它通常是數句一行的形式，且前後行屬於跨行的形式，其意念豐富，時有多種角度的解讀。

新詩是國際上肯定的文學創作項目之一，有關新詩教學的紮根工作，值得我們共同努力以赴。

二、文學也瘋狂

—— 談極短篇〈小白豬〉的教學

本篇故事：以兒子（我）的口吻敘述媽媽想養一條小豬來貼補家用，卻遭爸爸反對，因此媽媽以私房錢買下一條小白豬，但不慎丟失了，心中難過不已。一週之後爸爸找回小白豬，高高興興將牠送到媽媽面前，其實小白豬是用他省下的香菸錢買的。全家人籠罩在失而復得的喜悅氣氛中。而媽媽也一眼就看出來了，但她並未點破，直到最後才說：「我和你爸爸生活了四十年，居然不知道他有這麼好的演戲天才。」

文學輕騎兵 —— 極短篇小說

不同的文類，應有不同的教學方式。相較於古典散文、詩歌，白話文體的極短篇在人物、對話、情節上，與之有著極大不同。在進行極短篇教學時，對此一文類的獨特手採，如能善加把握，因勢利導，應可營造一場豐富的教學饗宴。尤其極短篇有故事和出人意表的結局，極易吸引學生閱讀；而極短篇的教學重點不在字句的解釋上，其本質更接近於一種情意指向的學習活動，透過故事、欣賞，以豐盈每個人的精神生活。以下謹以〈小白豬〉爲例說明。

一、應先掌握極短篇的相關概念、形式及表現技巧

界義：有人以篇幅極短，不論是散文或小說都冠之曰「極短篇」。但普遍的用法是「極短篇小說」的簡稱，與長篇、中篇、短篇小說並列。在篇幅限制下，要求以最少的文字，用最經濟的手法，描繪生活中最精彩生動，富於表現的一面，並由此表達出最大的內涵，使讀者在幾分鐘內，接受一個故事，得到一分感動和啓示。

因爲篇幅較短，極短篇有不少不同稱呼，或以字數多寡或以閱讀時間來界定極短篇，所以有「一分鐘小說」、「微型小說」、「掌上小說」、「袖珍小說」、「小小說」、「瞬間小說」、「迷你小說」、「拇指小說」等等。極短篇的要訣是：長話短說，高度濃縮；用語極淺，但用意極深；全篇通過一個單一事件的聚焦，產生巨大熱能。展現以少勝多，由小見大的藝術魅力，可說是五臟俱全的小麻雀。

極短篇在極短的字數、時間，呈現小說應有的人物、情節、動作、對話、衝突等元素，所以有關敘事觀點的選取、情節的安排、人物的刻畫、心理的描繪等，都應交代。

二、篇名是小白豬，敘述者可不是「牠」而是「我」

引起學習興趣很重要，可請同學上網查閱約克夏豬種的介紹及列印圖片（或學生自己圖畫，特色：眼溫和有神，溫順活潑，皮膚全白而平滑，無皺紋，無斑點。毛色全白，柔軟而有光澤。）。老師再播放一段（或是口述）鍾鐵民的小說〈約克夏的黃昏〉，這是一篇以約克夏爲主角及敘事觀點的故事，公視「文學過家」系列，曾以木偶傀儡的約克夏豬演出，相當生動。因爲敘述者是一頭豬，所以是非常有趣的寫法，寫活台灣老式養殖業的興衰史，全文以諧謔語氣行文，側面批評了農畜觀念與政策缺失，是篇笑

中帶淚的作品。鍾鐵民的小說篇名，很容易讓人以為主角是一位西方人，此時再讓同學猜猜本課的〈小白豬〉是某人的綽號呢？還是真有其豬？如果是豬，是不是也擬人化，由牠來發聲敘述呢？以下可藉此介紹小說的敘事觀點，並提出問題讓同學思考：如果小說敘事者是爸爸或是媽媽，甚至是小白豬，小說該如何呈現呢？效果會比第一人稱「我」好嗎？

以第一人稱「我」為敘事觀點，不僅予人親切感，最主要的是如果不選「我」來敘述，而由媽媽或爸爸來敘述，效果將差很多，也會有很多的不便，甚至也無法揭露真相。但同學也可發揮創意改編小說的敘事者，說不定會有精彩傑作哩。讓同學站在媽媽、爸爸或小白豬的立場，來敘說整個故事看看，透過參與可以明瞭誰來說故事是最好的。

三、早已瞭然於胸的真相，到最後關頭才揭曉，在短小中猶能安排伏筆呼應，寫作技巧自然呈現

小說如為賣弄懸疑，故意設下情節逆轉的意外結局，讀多了反為人所詬病。本文結局也是出乎意料之外，原來媽媽早就知道真相了，但本文簡潔精鍊、構思新奇、伏筆呼應、發人深省。

小說中爸爸騙媽媽說走失的小白豬是在湖邊找回來的，媽媽心裡有數。這裡很含蓄又深刻處理了媽媽內心的感動。她「接過小白豬」，「一遍又一遍地撫摸著牠那滿是泥巴的頭，竟流下淚來」。接著在廚房中炒菜，看到兒子（我）進來，連忙說：「好大的油煙」，隨即「撩起衣襟擦拭一下眼睛」，讀者先是以為她是為了找回小白豬「喜極而泣」，繼而又以為油煙燻得她流淚，直到最後才知道「媽媽」的流淚是出自於對老伴的感激與感動。東方人對感情的表達，總是在背後暗暗流露，不正面直接呈露，這含蓄

之情，透過此一手法委婉而盡致，紙短情長，在不說明什麼的情形下自然說明，予以讀者自然的感動。

爸爸摸口袋找不到菸，對「我」說是從菸錢省下來的私房錢。「我」說得含蓄，沒直接揭破，爸爸也回答的含蓄，沒一清二楚說私房錢買豬去了。這與前面說小白豬失蹤一個多禮拜後，爸爸才弄回來，可說相呼應，如果是隔天就弄回小白豬，感人的效果將大打折扣。在省下自己的菸錢以後，爸爸的心卻是平和舒坦的，他還特意表演的煞有其事，「碰的一聲」「開門撞進來」，兩手舉得高高的說「看！這是什麼！」小白豬交給媽媽之後，「他把頭舒服地靠著椅背」，這位爸爸的可愛可以想見。

四、人物的性格、形象透過對話與動作自然呈現

極短篇的人物數目，通常是避免把太多人物擠在短短的篇幅裡，而時間的進行從開端到結束，不要拖太長，往往幾天或幾小時；篇幅短但人物形象鮮明，小白豬此作即如此。本課中的爸爸、媽媽形象都是透過對話、動作自然呈現，可以讓同學把這些句子找出來。如：「爸嘮叨半天」「一反平日粗聲粗氣，溫柔地輕攬她肩頭」、「他把頭舒服地靠著椅背」、「一邊笑一邊摸口袋想找菸，又頹然放下」，配合情節來看，爸爸實在是一位表面性格粗獷，其實內心很溫柔體貼的人。媽媽則是：「氣不過」咬牙買下了豬，「有些臉紅，輕躲開爸的手」、「告訴你爸，衣櫥裡有我以前替他存的兩條長壽。」媽媽的堅毅刻苦、聰明、含蓄、關懷都是很容易體會到的。

整篇小說除第一、二段交代事情外，以下都是直接讓小說人物自身演出，對整件事沒有發表個人的意見或看法，但老夫老妻及家庭成員間的相互關懷之深情自然流露。

本課進行中還可以設計問題讓同學思考，例如：（一）如果小說中的小白豬沒有丟失，而是得口蹄疫或霍亂死掉了，你將如何安排小說的進行？（二）現在買小豬回來養已經較少，但仍有些家庭主婦爲了貼補家用在家中做代工之類的，如果小說時空以目前社會爲題材，你可以做怎樣的安排呢？（三）文中三人都很清楚第二頭小白豬並非是原先丟失的那頭，但一開始誰也不點破，你覺得誰最裝蒜，演得最精彩？（四）如果你是文中的任一角色，你會怎樣面對？

這一篇與賣油翁、美猴王都有精彩的故事，教學進行時比較不一樣的地方，除了凸顯極短篇出人意料的結局；後兩課尚有許多生難字詞、翻譯需交代，本課則是用語淺白，學生自己可以閱讀，但如何進一步去欣賞，讀出更深的內涵，恐怕除了需要多次細讀外，老師的指引才是關鍵性所在。

三、關於本土文學之教學

——以李潼小說〈少年傀儡師〉為例

(一)前　言

近年來，由於國內外局勢的變化，各項價值受到空前的衝擊和考驗，單一價值觀、思想觀備遭質疑，「本土化」、「多元化」的意識日漸高漲，臺灣本土文學、文化逐漸受到朝野各界人士熱烈的討論，一些縣市政府和族群，基於對一元化教科書教學的缺失，以及對自己本土文化的反省和自覺，先後編撰成不同的鄉土教材，此一文化建構工作，受到社會輿論廣泛的肯定與迴響，也促使臺灣教育當局修正走向。

教育部在中、小學課程改革方面，確立課程架構的「本土化、國際化、統整化」三項原則。自八十五學年度起，國小三年級以上必須在正式課程中排入鄉土教學，這是鄉土教學在國民教育體制中正式獲得定位，在教育改革上，具有重大的時代意義。除此之外，自八十六學年度重編之國中國文課本，包括必修本、選修本之教材，編輯委員對臺灣本土文學的分量，也很認真考慮，並選入詩歌、散文、小說各若干篇，使學生不僅對中國文學有所認識，對臺灣斯土斯民所思所感的歷程更有所了解。個人深信透過教育制度的建構、運行，學生才可能對本土文學、文化有了解，進而落實深化爲生活，「愛臺灣、愛家園」，也才不致淪爲口號。

教科書的編寫是否理想以及實際教學是否落實，是本土文學教學（也是任何科目教學）成敗之關鍵，有關教科書之編寫，此次國中、高中國文科教材，在本土文學方面的重視及審慎執筆，已跨出穩健的第一步。未來實際教學是否能落實，涉及層面相當廣，茲稍加論述之。

（二）何謂臺灣本土文學

在探討如何進行（從事）本土文學教學之前，本文擬先就臺灣本土文學一詞予以界境。臺灣本土文學是臺灣這塊土地上的人民，生活之記錄。文學從土地與人民出發，本土文學當然是發生於臺灣的文學，但過去由於政治的忌諱，本土文學不僅被抹殺、扭曲，甚至被貼上分離主義、臺獨等標籤及政治符咒，使本土文學成為禁忌，教學亦無從展開。經過長久的抗爭，本土文學已漸樹立起其主體性，其義界也可以清晰鉤勒出較無爭議的輪廓。

隨著歷史的進程，不同的族群先後移民臺灣，不同的文化和不同的語言相激相盪，文學的表現因階段性的進展而有多元的面貌，其包括範疇根據業師陳萬益先生之意大致可概約如下：

◆原住民的神話、傳說與漢語文學

原住民口頭傳述的有關大地與先民，山與海的神話、傳說，是臺灣文學的源頭和寶貴遺產，而八〇年代壯大起來的使用漢語創作的原住民文學更是最有活力最令人鼓舞的臺灣文學的新面貌。

◆臺灣民間文學

有關漢族移民拓荒的傳說、故事、歌謠、諺語、笑話等在民間傳承、不斷生發，展現人民智慧和趣味的民間文學是臺灣文學的肥沃土壤，過去有賴和、吳瀛濤、許丙丁等人的記錄和創作轉化，目前則有胡萬川的原音整理。

◆傳統詩文

明清以來，使用文言文和傳統文學形式創作的作品，如沈光文、丘逢甲、許南英、洪棄生等的舊詩，郁永河的《裨海紀遊》、黃叔璥的《臺海使槎錄》等人的文章，江日昇的小說《臺灣外紀》等都是。

◆日據時代的臺灣新文學

二、三〇年代開展的臺灣新文學是臺灣現代文學的源頭，詩、小說、戲劇、評論等都頗有可觀，四〇年代戰爭期間多使用日文創作。七〇年代末期以來，經過有心人的整理、翻譯，已累積相當成果。

◆戰後臺灣文學

包括五〇年代的反共文學、六〇年代的現代文學、七〇年代的鄉土文學，以及八〇年代的本土化和多元性，臺灣文學隨著時代思潮的變遷，呈現波瀾壯闊的局面，雖然由於政治影響，而有宗派、省籍、統獨等立場的排擊激盪，統合而觀，戰後臺灣文學的獨特面貌和作家、作品的成就均值得肯定。（見〈臺灣文學教學芻議〉一文）

綜合上述五大範疇，以臺灣爲主體的文學歷史、作家和作品，是臺灣本土文學研究的學術領域，和臺灣本土文學教學的內容。

（三）如何從事本土文學教學

本文以國中國文選修本第一冊〈少年傀儡師〉以該文為例加以說明。該文之教學重點並不在字句之解釋，而在對傳統戲劇面臨社會變遷遭受淘汰命運之反思，因此教學重心尤需透過策略設計，方能達成教學目標。

教學過程中，其要素包括教師、教材、教法、學生四方面之互動關係，教師是教學活動的主導者，教材、教法是其傳達訊息的媒介，學生是接受教育的主體，因此論及教學，此四大要素必須注意。

教師首需明白本土教學與一般教學最大之不同，是它的貼近性與綜合性。它所涉及的東西都與自己生活的時空息息相關，相當密切，如能使學生理解，必然可以對其自我生命經驗有所啓示。同時，它也是活的教育，有形、量化的評量雖不可避免，但無形的效益可能在教學活動中更形重要。有時，它也可因地而予以補充發揮，因人而有不同的啓蒙。是以除了字義的了解外，讓學生懂得如何欣賞，是本土文學的教學較諸其他學科令人著迷之處。多年後，當學生離開學校之後，本土文學仍會在適當時機開花結果，豐盈每一個人的精神生活。

本土教學之目標除知識，能力方面之培養外，其本質更是一種情意指向的學習活動。透過認知的基礎，進而發展成的情意行，才是最能夠持久而樂於踐履的，也才能夠真正認識、肯定、關懷、尊重和欣賞自己的鄉土，成為一個人最具體的意義世界和生命中終極關懷之所在。

以〈少年傀儡師〉為例，本文為短篇少年小說，文字淺明，唯內容多有民俗儀禮之專有名詞，故可先指導學生預習時向長輩詢問以為初步先備之常識。

因文章與民俗技藝關係密切，故可配合圖片、影像資料以方便教學，並提高學習動機。本文之教學目標應首先確定。李潼此篇小說，透過主角漢堂的抉擇過程，同時也讓我們在民俗傳統與現代價值之間找尋自己的觀點。對傳統技藝的漠視勢所造成文化的斷層，但社會的變遷、轉型，及普遍追求功利的取向，導致劇團在現實生活困難重重，如何延續傳統技藝，又能與現代相融合，是值得我們深思的問題。本文中漢堂的決定，帶給我們的意義也十分珍貴：瞭解自己的興趣、性向去選擇自己要走的道路。因此本文教學時宜就下列各點加以

掌握：

1、認知方面：

（1）認識本篇小說的風格及其表現手法。

（2）能細察本文內容寓意並由此獲得啓迪。

（3）知道傀儡戲此一傳統技藝發展的概況。

2、能力方面：

（1）能分析影響小說情節的關鍵點及段落安排的相互關係。

（2）熟悉生難字詞並且能加以運用。

（3）掌握小說對話及描寫技巧並善加利用。

3、情意方面：

（1）培養參與民俗活動及珍視傳統技藝的觀念。

（2）能關心文化生態，維護文化資產。

（3）主動了解民俗深層意義，以尊重不同取向的價值觀。

其次，宜對教材予以分析。就題解來說，〈少年傀儡師〉一文選自民生報叢書出版的《大蜥蜴》一書。「傀儡」一詞應加以解說，並透過解說，讓學生約略了解傀儡裁此一傳統技藝發展之概況及現狀。

在臺灣最常見的野臺戲是歌仔戲和布袋戲。野臺戲大致可分爲「大戲」和「偶戲」兩種。「大戲」是由人所扮演的戲，如歌仔戲、北管戲、南管戲、高甲戲、四平戲、客家戲、莆仙戲、崑曲、京戲、粵戲、閩戲、潮戲……，都屬於這一類。「偶戲」則是用戲偶演出的戲，在臺灣的偶戲有布袋戲、皮影戲和傀儡戲三種。臺灣的傀儡戲，謂之「懸絲傀儡」，戲偶的身體是空心的，頭、手、腳、背都繫有絲線，絲線的另一端則連在操縱桿上。表演的師傅操縱絲線，就可以讓戲偶生動活潑的表演起來。臺灣的傀儡戲，分別由大陸的漳州和泉州傳來。漳州的傀儡戲傳到臺灣後，以宜蘭爲根據地，泉州的傀儡戲則在高雄一帶發展。宜蘭地區的傀儡戲約有三、四團，其中最著名的是林贊成老生領導的「新福軒傀儡劇團」，在新廟落成、中元普度或者酬神的場合演出，目的是驅逐邪煞。高雄地區的傀儡戲較著名的劇團是「錦飛鳳」、「新錦福」、「集福軒」等，於天公生或結婚前酬神演出。

本文故事即以傀儡劇團「蘭陽軒」的最後演出爲背景，這是少年漢堂第一次（同時也是最後一次）正式參與公開表演，面對身爲團長的父親因爲現實生活考量而不得不結束劇團的決定，漢堂感到無奈而難捨。

原本傳承將因蘭陽軒的解散而中斷，但是這次的演出獲得了意外的回響，使得漢堂更難割捨與懸絲傀儡長久以來密不可分的情感。憑著掌聲的鼓勵和自我的期許，漢堂毅然決定挑起讓劇團技藝繼續薪傳的責任，做一個少年傀儡師。小說以探討傳統技藝傳承問題和青少年對未來抉擇的過程爲主，其中同樣涉及價值觀認同與實質發展機制等問題以供研討。由於少年小說旨在啓蒙，所以本篇在素材選用上以少年爲主角，著墨處多爲少年自覺的觀點，故事頗具開展性。

其次介紹作者李潼，可多搜集作者個人資料，就其幼年走失經驗談起，以引起學生學習動機，並帶出李潼寫作之過程。李潼基本資料約略介紹即可。如其本名賴西安，臺灣臺中人，民國四十二年出生於花蓮，目前定居蘭陽平原，爲專業作家。作品以少年小說、童話、現代小說及散文爲主。曾獲國家文藝獎、中山文藝獎等三十多項文藝獎。著有〈少年噶瑪蘭〉、〈大蜥蜴〉等少年小說；〈相思月娘〉、〈屏東姑丈〉等現代小說；另有散文、劇本及歌詞等創作。

緊接著是講解課文，對文中具關鍵性之字詞如「沖煞」、「扮仙」、「北管樂」等加以解說。所謂「沖煞」，因傀儡戲偶造形特殊，表演靈活生動，令人生畏，因而民間產生若干傳說禁忌，如孕婦觀看則會生出軟骨兒等……。「扮仙」是傳統戲劇表演的開場前戲。按請主酬金的多寡扮演不同的戲劇，如三仙白、加冠或加上人間戲的金榜、封王等。至於「北管樂」則是指長江以北的音樂，主要的樂器以打擊樂器爲主，樂曲較爲激烈昂揚；而「南管樂」是發源在長江以南的音樂，以泉州爲重心的南管樂具有委婉幽怨的特色。其主要的演奏樂器有拍板、洞簫、琵琶、二絃和三絃等，演奏的人最少五人，最多可達二十四人，演奏時旁邊通常會有一把平頂的涼傘，上面寫著「御前清曲」，每個演奏者的腳下，還要踩一隻木頭雕刻的獸。傳說南管樂團在清朝時，曾被康熙皇帝召至宮中演奏，後來演奏南管的人，爲了顯示身分，遂擺置涼傘，以腳踏獸，表示與眾不同。目前臺灣鹿港一地是保存南管音樂最完善的地方，現有兩個樂團：團聚英社和雅正齋。

做過前二項分析後，尤須對課文加以分析，處於社會變遷的巨大洪流中，汰換淘洗過程的迅速，讓我們無意間錯失或遺忘了許許多多彌足珍藏的瑰寶，一旦驚惶察覺，卻再也呼喚不回早先的那分光采。傳統技藝快速地消逝，薪火傳承遭受斷絕的命運。而謀生的日益見窘更使專業劇團難以生存，技藝水準既漸形低落，演出劇目亦難配合現代，做一番創造性的改變。因此，如何讓文化資產維持其永續的價值，繼而擘畫其發展前景，這顯然是相當龐大的問題與工程，因而更須要每一個人持續的關懷並付諸行動來促成。

本文提供了我們正視這些問題的機會。藉由一個傀儡劇團所面臨的解散命運，我們看到了最根本的現實問題。其實解散是可以避免的，只要我們也像漢堂一樣肯定了蘭陽軒傳承的價值，劇團就得以轉型發展；如同面對人生的每一個轉折，只要認識了自我特質，那麼做出適己的決定時便不會猶疑徬徨了。

本篇小說約略可分四個部分：

第一個部分先進入故事發生的場景，並自然帶出了主角。漢堂是一個十六歲的國中畢業生，和父親正在火災後的場地搬運傀儡戲的道具，同時因目睹父親的勤奮和辛勞而心中感到不忍。

第二部分說明了這是蘭陽軒劇團的告別演出，並倒敘了前一天晚上漢堂父親的一番感慨，使漢堂陷入回憶中，對劇團的過去與未來，他夾雜著自己難捨的記憶及對未來的思慮。

第三部分則開始了前戲扮仙，北管樂師早已解散，呼應了第一部分所安插的伏筆：「今天，所有的樂器都沒帶，要不然，貨車可要多載一趟。」樂聲的播放自此貫穿全篇，而在文末尤其具有高潮的效果。拔高的樂聲應和著漢堂的叫聲，是那樣令人心情激昂。就在扮仙的同時，漢堂明白自己和傀儡的親密關係，這是漢堂第一次的公開演出，由於前戲扮仙獲得如雷掌聲，加上年輕一代想學戲劇，說出「懸絲傀儡是中國的傳統技藝」、「這項傳統技藝是不能斷的，我們有好多同學想來學藝」的話語，這些鼓舞與關懷，對漢堂父親來說雖是結束的美好紀念；但卻使漢堂下定決心，要將蘭陽軒繼續傳承下去。在戲的正場開演之時，也正是他傀儡師生涯的正式上場，他用「微笑」來開始。

第四部分是最精彩的正場，氣氛浮托起了另一番景緻：原來會沖煞人的祭禮已經轉爲供欣賞的藝術性表演了。漢堂更從觀眾的掌聲及真摯的提醒中得到了支持的力量，他想讓戲一幕幕地演下去。這時父親卻告訴漢堂：「你還年輕，有許多路可以走。傀儡戲這條路很辛苦的。不要爲短暫的掌聲迷惑了－」父親認爲漢堂剛從國中畢業，應該繼續升學或者有更多的選擇以決定未來人生的道路。因爲父親清楚劇團經營和傳統技藝在現今社會所必須面對的困境，傳承意義即使再重大，但是生活的考量卻是必先解決的問題。掌聲與鼓勵雖足以令人奮起，去堅持夢想的延續，但短暫的掌聲過後,卻是更多的寂寞必須承擔,而漢堂能忍受得了嗎？即使漢堂願意傳承蘭陽軒，父親仍舊要他再三考慮，畢竟這條路將走得辛苦，須要的是更大的堅忍與毅力。

本篇小說在人物刻畫上相當細膩，如漢堂眼中的父親便有十分細緻的刻畫。諸如：「父親氣喘未定，又即刻攀上棚柱，彎身叫他：『時辰差不多到了，別發楞了。把木箱舉上來，我接著！』父親的汗珠墜落在一塊焦黑的木炭，剎時就被吸乾。再仰頭看他灰白的頭髮，心中實在不忍。」、「父親滿臉疲憊，像個戰敗後跌坐在壕溝的士兵，手指上的殘煙，暗處裡閃爍著微弱的紅光。」父親辛勤的努力付出及對工作的熱愛是有始有終的，並不因爲劇團即將告終而有所損折。只是長久以來的努力與執著竟無可奈何地必須被迫放棄，曾經流過的汗珠就這樣剎時消滅在焦黑木炭而無影無蹤；一場與生活現實的仗打得夠長了，戰敗的士兵滿是疲憊，手上閃爍的火光即使微弱，但是還保有的亮度與熱力仍未熄燼，在屈服之前，還未被銷磨的，是堅持到最後的意志。漢堂從灰白的頭髮看到了父親背負的重擔，心中的不忍，讓他更明白了父親做下決定的掙扎與艱難。

本文前半的情節頗有洪醒夫散戲之蕭條意味，後半收班前最後一場演出，卻意外獲得大學生的鼓舞，少年漢堂因之立志要傳承懸絲傀儡的技藝，小說至此轉而呈現樂觀而浪漫的結局。由於少年小說傾向對未來積極光明面的肯定，重視的是自我發現的啓蒙之旅，因此作者暫時放開現實困境的考量，而著重於少年小說之理想性。雖然少了些寫實的實感，但場景的安排、人物的描寫、對話等，都相當耐人尋味；文中提及的多項問題，也發人省思。

本文教學時尤須注意主角心情起伏與啓蒙影響的說明，引導學生思考多元化的價值觀，可配合討論與練習進行研討。

關於「討論與練習」部分，尤爲教學重點，可設計題目讓學生多思考。如：

一、漢堂爲什麼能夠堅決地做出決定？教師可加以解說，因漢堂十分了解父親長年維持劇團和家庭生活的辛勞；但是自小到大與傀儡之間建立的情感卻也不能說斷就斷；現實似乎遠遠戰勝理想，但難道只能絕望而屈服嗎？最後一次演出是現實和理想的一場拉鋸戰：父親對遲來的鼓勵只覺得惋惜，除了道謝之外，再無挽回頹勢的期待；漢堂卻從掌聲中聽到了希望，迴響耳邊的是傳統技藝不能中斷的殷切關懷。

二、做出決定並不容易。升學或就業？繼承或中斷？……現實或理想？這些抉擇的拿捏不會有絕對的是非對錯好壞，重要的是：你必須勇於對自己負責。在瞭解自己之後，漢堂終能堅決地做出決定。

又如：父親對漢堂說「你還年輕，有許多路可以走。傀儡戲這條路很辛苦的。不要爲短暫的掌聲迷惑了 ── 」父親想告訴漢堂什麼呢？可引導學生思考。又，本文爲小說，所以掌握小說描寫技巧，進而讓學生了解如何欣賞小說，也是很重要的事。可詢問學生漢堂心目中的父親形象在文章裡有十分細緻的刻畫，請學生仔細找出來，並思考這些句子暗示了些什麼？

另外，傳統技藝漸趨沒落的趨勢，在文章中提到了一些現象及問題，應就此點，請同學談談他們的看法，教師也是適當加以提醒，如：

（1）媒體資訊所提供的娛樂新穎而多元，傳統技藝面臨強大的競爭挑戰。

（2）民俗活動的象徵意義，在著重實用、講究功效的現代社會逐漸被遺忘，或無法被認同。

（3）傳統技藝斷層，通常是因爲沒有實質的援助，這是無法支撐的主要因素；而價值觀的不同也使得人材培訓日益困難。

（4）適應社會而轉型或保持既有民俗傳統的尺度不易拿捏。

最後，可以問同學，是否喜歡傳統技藝表演，是否曾經觀賞或參與過民俗活動的演出，並請他們試著寫下自己的心得。

本課進行教學時，可以學生經驗和感想發表爲重心，一方面由此了解學生對民俗活動的態度及看法；另一方面，教師也可據此鼓勵學生參與文化活動。並指導學生課餘時搜集民俗活動或傳統技藝相關資料，也可以剪貼圖文或攝錄影，亦可以文字、錄音的方式採訪長輩或從事民俗相關工作。（本文四，另有進一步說明）

(四)教師從事本土文學教學可能面對的困難及解決方法

「貴古賤今」是臺灣的文學教育極大的缺憾，中文系（國文系）過去課程的安排，學者的研究課題，大抵以中國古典文學爲主，雖然七〇年代以後，各學校陸續開了「現代詩」、「現代小說」、「現代散文」、「新文藝及習作」等科目，但有關本土文學的講授僅聊備一格，因現代文學包括中國、臺灣及國外新文學之創作，臺灣本地的文學常是在介紹五四迄二、三〇年代中國新文學之後（未具政治色彩的，因大陸淪陷，三〇年代左翼文學是被禁止介紹的），所能分配到的極少時間下之選擇，臺灣二、三〇年代的本土文學也通常不爲人所知，在這樣的情形下，中文系（國文系）可說因時代因素，政治局勢，及傳統重古輕今觀念之限制，對臺灣文學的教學研究長期缺席，當然，其原因相當複雜，我們無須追究，但應該自省。

因教學、研究的缺席，使得本土文學從小學到大學，長期以來未能在教育體制內受到重視，目前任教於中學的老師也因之普遍對本土文學缺乏了解，此外臺灣本土文學迄今仍列屬於中國文學的架構之中，無法形成一套完整的體系。對臺灣本土文學的了解易造成片面誤導。近幾年，因應時代的需要，及學生自身的覺醒，在各大學普遍成立臺灣研究社、客家社、山服社、臺語社、臺灣歌謠社，正說明了過去中學教科書普遍缺乏本土教材，因而學生進入大學之後，要求參與及彌補自身知識之不足。同時，在個別教授的努力之下，臺灣本土文學課程，在淡大、清大、成大、東吳、東海、靜宜、師大等學校逐漸拓展。當然，這也只是起步階段，所提供之課程仍屬有限，講授內容亦無法全面而條理，我們只能期待隨著臺灣文學研究成果的不斷累積，資料能日漸完整，師資能日漸充足，唯其如此臺灣本土文學的教學才能深化、開展。

目前中學新編國文教科書已將本土文學作品納入，如賴和、張文環、鍾理和、鍾肇政、鄭清文、洪醒夫、吳晟、林清玄、楊牧、林文月等作家之作品，雖然入選作品之篇數基於多種考量，及課程標準的限制，或許仍有缺失，但它一直是在改進之中的。較令人擔憂的問題在於：愈是資深的老師可能當年愈罕有修習本土文學的機會。如此一來，教師教學準備工作勢必更爲繁重。對本土文學認識不足的老師也需努力彌補自己過去對本土文學失之交臂的缺憾，做好周全的教學準備工作，才不致於造就一批失根的下一代。

面對未解除的聯考壓力，文史科一向被切割成一道道選擇題、填充題、簡答題，以記憶科目來處理，背誦記憶零碎的解釋、作者生平，甚而學生家長亦以此要求於教師，以期聯考取得高分。此外，教師普遍有進度之壓力，遂不免因趕進度而犧牲了知、情、意的教學情境設計。面對這些普遍存在的現象，教師宜先充實本身臺灣文史瞭解與涵養，並且融會貫通，教學時才能得心應手。過去楊逵先生〈春光關不住〉(爲避免不必要的聯想，改爲〈壓不扁的玫瑰花〉) 及黃春明先生的〈魚〉曾入選爲國中國文教材，受到讚許與肯定，但後來被刪除（當時曾有人戲謔說：壓不扁的玫瑰花被壓扁了，買來的魚被丟掉了。) 其時亦有教師有負面反映，一如對現行國中國文教材第六冊之選文：〈楊桃樹〉一樣，深表反感，建議刪除此文。尤其該文用了不少的閩南語方言，而不少教師對閩南語十分陌生，乃產生排斥。事實上，此文描述住在臺北的一個小家庭回鄉探望老家父母的經過，藉著三代六個人之間的對話，呈現種種問題。透過文章可讓現今國中生深刻體驗到：男主角昌平對家與故鄉濃烈的情感；生長於都市的女主人淑惠與先生昌平截然不同的生活態度與價值觀，以及內心對鄉下的排斥。站在孫輩立場可以感受到父母親和祖父母之間人際互動的情形。貫穿全文的楊桃樹在早年物資櫃乏的年代，是全家賴以維生的支柱，可讓學生體會處於現今生活富裕的臺灣，其實是大家經歷過一段艱苦奮鬥得來的。另外，祖孫之間由於語言的隔閡產生的溝通問題，反映了臺灣過去語言政策的問題，藉此可讓學生有正確的語言教育，讓他們明白語言沒有高下好壞之分，多學幾種語言的好處（參陳萬益老師〈鄉土文學〉一文）。遺憾的是因教師們未能深刻了解這種具鄉土特色文章之優點，教科書編輯委員，只得根據教師們的建議，將此文刪除。因此如何讓自己具備認識、解讀本土文學的能力是相當必要的。

教學既有趕進度之壓力，那麼不妨在授課時將主要概念提出，然後設計問題，由學生在習作過程中，加以學習，並涵養其情意。當然，編譯館所編纂之教師手冊應盡量完備，提供教師教學時採擇、運用。學校本身也應努力蒐集相關資料教材，供教師使用，以改善教學設施、充實教學媒體，凡此都關係著未來教學之成敗。

尤其如本文探討的「少年傀儡師」，有關傀儡戲方面的教學，可先用欣賞法實施（影帶），或請有專長的學生家長，民俗藝人現場指導（據實際情形，擇一實施，尤其後二者相當不易，需靠機緣），教師播放視聽器材之前，要先說明欣賞重點，播放過程中，再就重點予以提醒或解釋。播放時間不宜超過半節課，才有剩餘時間讓學生以分組活動方式討論、發展。另外教師在講解過程中，宜多設計一些沒有固定答案的題目，詢問學生。這些題目最好是日常生活中容易觀察、體會到的，才好讓學生有能力，有興趣發抒看法。如「你看過傳統戲曲的表演嗎？」「看過那些？」「好看嗎？」「感覺如何」之類的問題？

教師可據此補充說明，過去演傀儡戲多與鬼神有關，所以其主持者往往由道士兼任，唱道士調。依臺灣風俗，上演傀儡戲常在神廟落成或遭遇災禍時，而很少給民眾做純民間技藝的表演。如此學生才能了解傀儡戲沒落的背後原因。

本土文學之教學除特重情意目標之外，本來國文教學，即負有語文及文學兩大目標，因此有關「小說」此一文類之介紹亦是相當重要，可試著讓學生於寒暑假期間親近小說、閱讀小說，尤其在影像時代的今天，文學的閱讀、思考更顯重要，所以除由欣賞法進入教學外，趁此機會告訴學生影像時代對文學之影響，鼓勵學生多閱讀文學作品。

如果該文與任教當地有淵源，如作家爲其鄉賢或當地人士，或所述事實發生在該地，那麼可依地方資源特色，配合介紹，像宜蘭地區的傀儡戲，如學生有興趣，即可試著讓他們做做訪談，蒐集資料之類，或配合校外教學，帶領學生試做一趟知性與感性兼具的「文學戲劇之旅」(因老師們顧及學生安全問題，此項大都不易實施，但仍應盡量試試）或鼓勵學生家長支持配合，以做爲家庭休閒活動的安排。

(五)、結　語

面對社會思想開放，政治訴求多元化的現況，本土文學之編入爲教科書選文，除編輯群應掌握時代的脈動，體察社會的發展趨勢、文學的藝術外，尤需了解學生之興趣、需要、能力，如此才能藉著教學之際，培養學生愛鄉愛國的情操，加強對自己生活周遭環境的認識。雖然教法要領實因人、因時、因地、因課文性質而異，本文僅能以範文為例加以說明。但如綜言之，活潑多樣的進行教學，是達成教學目標的主要方法，教師應多用討論、辯論、角色扮演、演說、欣賞等方式來進行教學，以學生為主角，讓學生有活動、操作之機會，並善用輔助教材。

當然，今日教師之角色，已不再是傳統所賦予的期望，一位好老師不再只需具備豐富高深的專門學科知識，而在於知道如何指導學生從事有效的學習以達成預期的教育目標，創造有助於學習的環境。但由於過去本土文學長期不受重視，大部分教師未能有機會修習相關的學分，因此當今之務，教師們不妨在寒暑假時讀讀有關本土文學的作品及評論，充實這方面的能力，以豐富教學之內涵，提昇教學之境界。

附錄：原文

少年傀儡師

李　潼

戲棚子在火災後零亂的場地上搭起來了。

漢堂幫忙父親將傀儡戲的道具，一箱箱從小貨車上接下來。七個大小不等的紅木箱，裝了二十多尊傀儡，祭拜用的道具，擴音喇叭和一部新買的錄音機。今天，所有的樂器都沒帶，要不然，貨車可要多載一趟。

漢堂今年十六歲，剛從學校畢業，自覺得力氣不小了，接下木箱，卻仍覺得手臂像被拉長了一截，彎曲有些不自在。父親氣喘未定，又即刻攀上棚柱，彎身叫他：「時辰差不多到了，別發楞了。把木箱舉上來，我接著！父親的汗珠墜落在一塊焦黑的木炭，剎時就被吸乾。再仰頭看他灰白的頭髮，心中實在不忍。漢堂不敢耽擱，一一又將木箱舉上戲棚子。

這是漢堂第一次的公開演出，卻也是「蘭陽軒」最後一次的表演了。昨天晚上，父親告訴他：「我實在不願意相傳四代的「蘭陽軒」在我手上斷了，但這也沒辦法；電視、電影，餐廳秀這麼熱鬧，別說我們這個還會「沖煞」人的傀儡戲，就連布袋戲、歌仔戲也沒人看呀。大家說科學發達了，世上沒有神怪，誰來請我們「蘭陽軒」去「祭煞」？這一年我們出幾次場？爸爸不能讓一家人再吃苦受累了。我去找個工作，大家的生活會更好。」父親滿臉疲憊，像個戰敗後跌坐在壕溝裡的士兵，手指上的殘煙，在暗處裡閃爍著微弱的紅光，「明天你也上場一道演出，為我們『蘭陽軒』留個紀念。」

漢堂知道父親的決定是無可奈何，也是實情。他無話可說，但心情激動澎湃，一幕幕自小跟著父親站在矮凳，手持木板勾動懸絲的情景又清晰的浮現出來。父親再問他：「準備投考哪一所學校？」他一時答不上話，腦中只是不停地放映著往事。

一尊尊表情不同的傀儡排好之後，漢堂和父親焚香祭拜。漢堂按下錄音帶，樂聲緩緩地播放出來，兩人提起傀儡直立在布幕後，開始「份仙」。

這一首樂師解散前留下來的「北管樂」，漢堂聽過不下一百回了。這時聽來卻聲聲入耳，直扣心弦。一股熱流自手臂而下，貫穿指尖，流過懸絲，原本僵直木納的傀儡舉手抬腿彷彿自由走動，好像要開口說話一般。伴奏忽慢忽快，傀儡忽靜忽動，夕陽的光輝照在傀儡針繡的衣衫、照在布幕、照在漢堂臉上，漢堂真忘了我是手中的傀儡，或那傀儡就是我。

開場的「扮仙」演完，棚下忽然炸開一片掌聲，漢堂和他父親都楞住了，誰會賞給傀儡戲掌聲呢？多少年來不曾聽過的呀！

再放眼觀望棚下，人群如森林般站得密密麻麻，還有人忙不迭的對著戲棚拍照呢。

三個大學生模樣的年輕人，來到棚下，叫喚道：「許先生！許先生！聽說『蘭陽軒』要解散了，我們有好多同學正想跟您學藝，懸絲傀儡是中國的傳統技藝，『蘭陽軒』要是解散，這技藝就斷了呀！」

不知情的觀眾聽說這是「蘭陽軒」最後一次的演出，也交頭接耳，議論紛紛，簇擁到戲棚下來。

「這是不得已的，不得已——」漢堂的父親忙著道謝，這一番鼓勵若在早些到來，「蘭陽軒也會苦撐下去的。他扶在臺柱，回頭看漢堂。漢堂微笑著，說：「爸爸，我們開演正場吧。」

兩尊傀儡宛如真人般，又在布幕前舞動著，戲棚下的觀眾睜大眼睛看著，每一段落，總給一陣熱烈掌聲。不當這是一場祭禮，而是一齣藝術表演。熱騰騰地氣氛越聚越濃，好像要把整座戲棚浮托起來一般。

漢堂耳邊迴響著三位大哥哥說的話：「這項傳統技藝是不能斷的，我們有好多同學想來學藝……」

漢堂告訴父親：「請把「蘭陽軒」的樣子交給我，我要讓「蘭陽軒」再傳下去。」

高昂的北管樂中，父親問道：「你說什麼？」

「我要讓『蘭陽軒』再傳下去！」

「你還年輕，有許多路可以走。傀儡戲這條路很辛苦的。不要為短暫的掌聲迷惑了——」

「我要當「蘭陽軒」的第五代傳人，我是少年傀儡師－」一陣拔高的樂聲正巧應和著漢堂的叫聲，觀眾們入神的看著典雅而靈活的傀儡舞動，而戲卻一幕幕地演下去。

國家圖書館出版品預行編目資料

我心中的歌：現代文學星空 / 許俊雅著. --
初版. --臺北市：文史哲，民 95
頁； 公分. -- (現代文學研究叢刊; 22)
ISBN 957-549-656-6 (平裝)

1.中國文學 – 歷史– 現代(1900–) 2. 中國文學 – 評論

820.908 95003103

現代文學研究叢刊 22

我心中的歌：現代文學星空

著者：許俊雅
出版者：文史哲出版社
http://www.lapen.com.tw
登記證字號：行政院新聞局版臺業字五三三七號
發行人：彭正雄
發行所：文史哲出版社
印刷者：文史哲出版社
臺北市羅斯福路一段七十二巷四號
郵政劃撥帳號：一六一八〇一七五
電話886-2-23511028・傳真886-2-23965656

實價新臺幣 五〇〇元

中華民國九十五年(2006)六月初版

ISBN 957-549-656-6